A REVOGAÇÃO DOS ATOS ADMINISTRATIVOS

Renato Alessi

A REVOGAÇÃO DOS ATOS ADMINISTRATIVOS

Tradução da 2ª edição, introdução, comentários e notas explicativas de Antonio Araldo Ferraz Dal Pozzo, Augusto Neves Dal Pozzo e Ricardo Marcondes Martins

SÃO PAULO
2022

Copyright © EDITORA CONTRACORRENTE
Alameda Itu, 852 | 1º andar |
CEP 01421 002
www.loja-editoracontracorrente.com.br
contato@editoracontracorrente.com.br

EDITORES
Camila Almeida Janela Valim
Gustavo Marinho de Carvalho
Rafael Valim
Walfrido Warde
Silvio Almeida

EQUIPE EDITORIAL
COORDENAÇÃO DE PROJETO: Juliana Daglio
REVISÃO TÉCNICA: Douglas Magalhães
PREPARAÇÃO DE TEXTO E REVISÃO: Amanda Dorth
DIAGRAMAÇÃO: Pablo Madeira
CAPA: Gustavo André

EQUIPE DE APOIO
Fabiana Celli
Carla Vasconcellos
Fernando Pereira
Valéria Pucci
Regina Gomes
Nathalia Oliveira

Dados Internacionais de Catalogação na Publicação (CIP)
(Câmara Brasileira do Livro, SP, Brasil)

Alessi, Renato, 1905-1978
A revogação dos atos administrativos / Renato Alessi ; tradução da 2ª. edição, introdução, comentários e notas explicativas de Antonio Araldo Ferraz Dal Pozzo, Augusto Neves Dal Pozzo e Ricardo Marcondes Martins. -- São Paulo : Editora Contracorrente, 2022.

Título original: La revoca degli atti amministrativi
Bibliografia.
ISBN 978-65-5396-009-1

1. Direito administrativo - Itália 2. Revogação - Itália I. Título.

22-108209 CDU-35

Índices para catálogo sistemático:
1. Direito administrativo 35
Aline Graziele Benitez - Bibliotecária - CRB-1/3129

@editoracontracorrente
Editora Contracorrente
@ContraEditora

SUMÁRIO

"LA REVOCA DEGLI ATTI AMMINISTRATIVI"E O DIREITO ADMINISTRATIVO BRASILEIRO

Renato Alessi (1905-1978), natural de Voghera, foi professor de Parma desde 1945[1] e autor de uma profícua bibliografia de Direito Administrativo. Dentre suas várias obras, destacam-se: *Scritii Minori* (reunião de 61 artigos, publicada em 1982); *Principi di diritto amministrativo* – 2 volumes (1966); *Sistema istituzionale del diritto amministrativo italiano* (3ª ed. 1960; 2ª ed. 1958; 1ª ed. 1953); *Le prestazioni amministrative rese ai privati*: teoria generale (2ª ed. 1956; 1ª ed. 1946); *La responsabilità della pubblica amministrazione* (1ª ed. 1939; 2ª ed. 1951; 3ª ed. 1955); *Diritto amministrativo* (1949).

Dentre sua farta produção bibliográfica, destacam-se suas obras sobre a revogação dos atos administrativos. Em 1936, publicou *La revocabitlià dell'atto amministrativo*, com 74 páginas. Cerca de

1 Cf. BOSCO, Umberto. *Lessico universale italiano*. Roma: Istituto della Enciclopedia Italiana, 1968, p. 380.

cinco anos depois, em 1942, retomou o tema e publicou *La revoca degli atti amministrativi*, com 142 páginas. Em 1956, publicou a segunda edição, com 151 páginas. É essa segunda edição que, a seis mãos, resolvemos traduzir para o vernáculo, facilitando o acesso aos leitores brasileiros. A decisão pela tradução da 2ª edição de *La revoca degli atti amministrativi* assentou-se em várias razões.

Numa didática sistematização da história da doutrina do Direito Administrativo, é possível dividi-la em três fases. A primeira foi marcada pela submissão ao poder político, de modo que o estudo da função administrativa se deu, em geral, para viabilizar a atuação da Administração Pública. Os estudos tinham uma preocupação prática e descritiva, e o conceito de "poder" tornou-se central. A doutrina do Direito Administrativo configurava mais uma técnica, voltada a resolver os problemas práticos dos detentores do poder político, do que propriamente uma ciência. A segunda fase marcou o desenvolvimento da Ciência do Direito Administrativo, de modo que os estudos da função administrativa passaram a buscar uma sistematização coerente, tendo em vista o respeito a princípios gerais. Nessa fase, houve uma redução do objeto do Direito ao estudo das normas jurídicas; por consequência, o conceito de ato administrativo ganhou centralidade. Vivenciamos uma terceira fase, de submissão ao poder econômico, de modo que os estudos de Direito Administrativo se voltam aos assuntos de interesse econômico, mais precisamente, às parcerias, em sentido amplo, com o particular. A doutrina passa novamente a ser mera técnica, agora voltada a atender os interesses do poder econômico. Coerentemente, vivencia-se uma "crise do ato administrativo", entendida como a falta de interesse em seu estudo.

Na busca de atender os interesses dos agentes econômicos, o Direito Administrativo foi reduzido a uma "caixa de ferramentas", os conceitos são manipulados sem compromisso com a coerência conceitual, o que importou na desconstrução de toda teoria desenvolvida na fase anterior. Os efeitos dessa desconstrução foram catastróficos: sem Ciência não há resposta correta, e sem esta não há segurança na solução dos problemas jurídicos. Urge retomar a análise científica do Direito Administrativo e, para tanto, é imperioso retomar sua base conceitual. O melhor caminho é, sem dúvida, a retomada dos estudos do ato administrativo.

Na doutrina brasileira, a segunda fase referida foi bastante marcada pelo trabalho de Celso Antônio Bandeira de Mello. O ínclito professor paulista foi o responsável por um pioneiro curso de especialização em Direito Administrativo, ministrado na PUC-SP, antes do surgimento, no Brasil, dos cursos de Mestrado e Doutorado em Direito. Após, durante décadas, ministrou os cursos de pós-graduação em Direito Administrativo na PUC-SP, com absoluta ênfase à teoria do ato administrativo. Em suas aulas, sempre deixou claro que Renato Alessi era seu autor preferido. A tradução da obra de Alessi dá-se também em homenagem ao querido Professor Celso Antônio Bandeira de Mello.

A revogação de atos administrativos é um tema bastante valorizado em Estados autoritários. Em geral, por meio dela a retirada do ato depende da "vontade" do agente competente. A Administração púbica brasileira, por força de uma longa história avessa à democracia, é culturalmente autoritária. Logo, entre nós, a extinção dos atos administrativos é quase sempre denominada de "revogação". Ademais, nesse contexto, é comum o equívoco de se supor possível a extinção sem maiores formalidades. Por força disso, evidencia-se a importância de examinar, com profundidade, a revogação dos atos administrativos. A tradução da obra de Alessi não apenas tem o condão de contribuir para o aprimoramento científico do Direito Administrativo brasileiro, mas também, em termos práticos, para a correção de equívocos no exercício da própria função administrativa.

Registradas as razões que presidiram a realização deste trabalho, impõem-se alguns esclarecimentos sobre ele. A obra *La revoca...* de Renato Alessi é própria de seu tempo. Por um lado, consiste num estudo de densa profundidade conceitual, bastante incomum nos dias de hoje. É própria de uma época em que a Teoria do Direito era levada a sério. Por outro lado, porém, é anterior a muitos dos avanços da teoria do ato administrativo. Ao traduzir a obra, inserimos "notas" com vários intuitos.

Primeiro: explicar certas opções de tradução, como, por exemplo, em relação às palavras *provvedimento* (nota 83 do §1° do Cap. I), *provvere* (nota 03 do §2° do Cap. I), *revocazione* (nota 1 e 29 do §4° do Cap. I), *decadenza* (rodapé 60 do §4 do Cap. I), tendo em vista a língua portuguesa e o Direito brasileiro.

Segundo: explicar certos conceitos utilizados por Alessi, por ele desenvolvidos em outras obras, como o conceito de *provvedimento* (nota 83 do §1° do Cap. I), de *ato negocial* (nota 49 do §1 do Cap. I); *algumas categorias de atos* (nota 27 do §2° do Sec. I do Cap. II); os *diritti affievoliti* (nota 07 do §4° da Sec. 1 do Cap. II).

Terceiro: trazer ao leitor brasileiro a redação de alguns textos normativos citados por Alessi (como fizemos nas notas 90 do §1° do Cap. I; 11 do §2° do Cap. I; 57 e 88 do §3° do Cap. I; 63 do §4° do Cap. I; 02 do §2° da Sec. 1 do Cap. II; 04 do §3° do Cap. II; 43, 53, 65 e 69 do Cap. III; nota 54 do Cap. IV).

Quarto: verificar a compatibilidade da afirmação de Alessi com o Direito brasileiro atual (como, por exemplo, fizemos nas notas 35 do §4° do Cap. I; 14 da Sec. 2 do Cap. II; 84 do Cap. III; 49 do Cap. IV).

Quinto: principalmente, apontar nossas divergências com o pensamento do autor.

Identificamos nossos comentários apondo a marca "N.T." – nota dos tradutores.

Em relação às divergências, algumas merecem uma menção especial. Alessi adota o conceito, muito difundido na doutrina italiana, de provimento (*provvedimento*) administrativo, que tem por nota característica o exercício da "autoridade", do "poder de império" (vide nota 83 ao §1º do Capítulo I). Ademais, adota um conceito restrito de ato administrativo, abrangente apenas dos atos concretos. Apesar de muito comum na época da elaboração da obra, essas restrições conceituais mostraram-se, com o passar dos anos, bastante inconvenientes.

A ênfase no exercício da autoridade decorre de um insistente apego ao passado, que persiste ainda hoje — apesar da notável contribuição de Leon Duguit[2] para superá-la —, vale dizer, à ideia de poder como conceito central da teoria do Estado e, por conseguinte, da teoria da administração pública. A doutrina, há muito, já superou a dicotomia "atos de império e atos de gestão", mas não superou, por completo, esse apego. Aliás, como enfatizamos na nota 08 ao §1 do Capítulo I, em italiano, francês e espanhol, ao contrário do que ocorre em português, há as palavras *potestà*, *puissance* e *postestad*, distintas de "poder" — *potére*, *pouvoir* e *poder* —, que se referem a uma situação em que prevalece a ideia de dever, dever de satisfação do interesse público. Por isso, preferirmos traduzir a palavra "potestà" por "dever-poder", expressão proposta por Celso Antônio Bandeira de Mello para caracterizar a situação jurídica de "função", em que o poder é posto como meramente ancilar, instrumental, ao dever. Se no Estado de Direito, nem poderes autônomos existem, a ideia de poder não pode, por óbvio, ser a tônica da teoria do Estado. Haja ou não exercício da autoridade, o regime de Direito Administrativo incidirá.

Ademais, ao contrário do que sustenta Alessi, não é imprestável uma teoria ampla do ato administrativo. Ao revés: as manifestações da Administração Pública, abstratas ou concretas, individuais ou gerais, unilaterais ou bilaterais, submetem-se a um regime jurídico comum, a justificar uma teorização uniforme. Ao restringir o estudo dos atos administrativos às decisões concretas e

---

2 DUGUIT, Léon. *Las transformaciones del derecho público*. Trad. de Adolfo Posada e Ramón Jaén. Reimpressão. Navarra: Analecta, 2006, pp. 54 e ss.

unilaterais, a doutrina não percebeu que muito do que afirmava se aplicava integralmente aos regulamentos e contratos administrativos. A adoção de uma teoria ampla de atos administrativos, resulta em divergências com as conclusões de Alessi sobre a revogação: para nós, a ab-rogação é uma espécie de revogação (cf. rodapés 28 do §4° do Cap. I); a revogação de atos administrativos segue, regra geral, o mesmo regime da revogação de leis e regulamentos administrativos (cf. rodapé 27 do §4° do Cap. I).

Na época em que Alessi escreveu a obra *La revoca...*, além disso, era corrente na doutrina associar a invalidade à ideia de nulidade e a esta à ideia de inexistência. Em italiano, ao contrário do que ocorre no português, a palavra "nullà" significa "nada" (cf. nota 09 ao §1° do Cap. I). Por isso, entendia-se que a invalidação retroagia sempre ao momento em que o ato foi editado e tinha o condão de desconstituir todos os efeitos por ele gerados. Isso porque não haveria propriamente "desconstituição", mas declaração de que o ato não existiu e, por isso, não gerou efeitos. Demorou muitos anos para se perceber que esse entendimento é desastroso. Atos inválidos existem no mundo jurídico e, se eficazes, podem gerar efeitos. A depender do tempo decorrido, dos efeitos gerados, da boa-fé dos envolvidos, dentre outros fatores, o Direito não admite que esses efeitos sejam desconstituídos. Com a distinção entre a invalidade e a inexistência, a invalidação passou a ser vista como desconstitutiva e não apenas declaratória. Admite-se, então, a modulação dos efeitos da invalidação, de modo que ela pode, além de ser *ex tunc et ab initio*, ser também *ex tunc et non ab initio*, *ex nunc* e até mesmo *pro futuro*.

Em relação à revogação, ainda hoje seus efeitos são considerados tão somente *ex nunc*. O motivo é óbvio: a revogação tem por objeto um ato válido; se o ato é válido, não é lícito, de modo retroativo, desconstituir seus efeitos.

Alessi dissocia, ao contrário de nós, a discricionariedade e a revogação; e chega até a admitir a revogação vinculada (cf. nota 21 do §1° da Sec. 1 do Cap. II; nota 06 do §3° da Sec. 1 do Cap. II). Para nós, a revogação consiste na retirada de um ato administrativo por um juízo de conveniência e oportunidade, juízo ínsito ao exercício da competência discricionária. Assim, se a competência é vinculada, não é possível a revogação.

Ao contrário do que sustenta Alessi, porém, distinguimos a revogação da *cassação* — retirada do ato em decorrência do descumprimento pelo administrado das condições a ele impostas — e do *decaimento* ou *caducidade* — retirada do ato em decorrência de novas circunstâncias fáticas ou jurídicas terem tornado o ato incompatível com o Direito. Se na revogação o Direito faculta a retirada do ato — sendo a decisão entre deixá-lo no mundo jurídico ou extingui-lo típica escolha discricionária; na vinculação, o Direito exige a retirada do ato. Alessi não adota esses conceitos e segue caminho diverso. Como afirmamos, apesar de propor importantes limitações à revogação dos atos administrativos, sua obra, por mais avançada que seja para a época, é própria do momento histórico em que foi elaborada. Com o aprimoramento do Estado de Direito, a competência revocatória é mais intensamente limitada. Muitas das hipóteses que eram consideradas abrangidas pela revogação, hoje são qualificadas de outro modo (cf. rodapés 09, 18 do §3° do Cap. I; 80 do §4° do Cap. I).

Essa síntese das divergências, expostas nas notas explicativas, parece-nos suficiente para evidenciar a riqueza da obra. Estamos certos de que a publicação deste estudo terá importância ímpar para a Ciência do Direito Administrativo e, pois, para o exercício da função administrativa.

ANTONIO ARALDO FERRAZ DAL POZZO

AUGUSTO NEVES DAL POZZO

RICARDO MARCONDES MARTINS

CAPÍTULO I

CONCEITO E NATUREZA

§1 Conceito e limites de admissibilidade da retirada do ato jurídico na Teoria Geral do Direito

Sumário: 1. Posição do problema inerente à retratabilidade do ato jurídico validamente editado, na teoria geral do direito. 2. Crítica à teoria pela qual o instituto da coisa julgada seria aplicável também ao ato jurídico privado. 3. *Irretratabilidade* do ato jurídico em si mesmo considerado. 4. Em que sentido, no campo da teoria geral do direito, pode-se falar de uma *retirada*, ou *revogação*, do ato jurídico: no sentido de uma eliminação, com eficácia meramente *ex nunc*, dos *efeitos* produzidos pelo ato – crítica à teoria pela qual o *ato jurídico* se identificaria com seus *efeitos*. 5. Ulteriores esclarecimentos da suposta noção de revogação do ato jurídico – a *disponibilidade*, por parte do sujeito, dos *efeitos* do ato a ser revogado, fundamento do dever-poder de revogação; quando tal *disponibilidade* subsiste; esclarecimentos e distinções no âmbito da noção de *efeitos* de um ato jurídico. 6. A *disponibilidade dos efeitos* do ato jurídico pressupõe a *titularidade atual*, por parte do declarante, da relação jurídica a respeito da qual o ato produziu os seus efeitos. 7. Consequente *irrevogabilidade* dos atos editados no que respeita as relações em que o declarante permanece estranho, com base num especial dever-poder de ação diverso do geral dever-poder de agir; irrevogabilidade dos atos intervenientes no que respeita as relações de *duração instantânea*; irrevogabilidade dos *meros atos jurídicos*. 8. Revogabilidade *abstrata* dos atos com conteúdo *negocial* editados tendo em vista relações de caráter *continuado*, das quais o declarante continue sendo, *atualmente*, *titular* — possibilidade de limites concretos, formais e substanciais do *concreto* dever-poder de revogação. 9. Conclusões extraídas das indagações a respeito da natureza e da admissibilidade de revogação de um ato jurídico. 10. Corolários que se podem deduzir a respeito da natureza da revogação e do fundamento do deve-poder de revogar.

1 Posição do problema inerente à retratabilidade do ato jurídico validamente editado, na Teoria Geral do Direito

Admite-se, geralmente, a possibilidade de uma retirada, ou revogação[1] [2] de um *ato* jurídico pelo sujeito que o editou, buscando-

---

1 Sobre o tema, além de obras gerais, cf.: ROMANO, Salvatore. *La revoca degli atti giuridici privati*. Padova: Cedam, 1935; RAGNISCO, Leonida. "Revoca ed annullamento di atti amministrativi". *Il Foro Italiano*, 1907, III, pp. 280 e ss.; *Rivista di Diritto Pubblico*, 1911, II, p. 195; *Rivista di Diritto Pubblico*, 1912, III, p. 173; RAGGI, Luigi. "Sull'atto amministrativo: concetto, classificazione, validità: la revocabilità degli atti amministrativi". *Rivista di diritto pubblico*, 1917, I, pp. 316 e ss.; RESTA, Raffaele. *La revoca degli atti amministrativi*. Milano: A. Giuffrè, 1935; ROMANELLI, Vincenzo Maria. *L'annullamento degli atti amministrativi*. Milano: A. Giuffrè, 1939, pp. 69 e ss.; ROMANO, Santi. *Corso di diritto amministrativo*. 3ª ed. Padova: Cedam, 1937, p. 287; GUICCIARDI, Enrico. "L'abrogazione degli atti amministrativi". *In*: ______. *Scritti di diritto pubblico in onore di Giovanni Vacchelli*. Milano: Vita e pensiero, 1937; IPSEN, Hans Peter. *Widerruf gültiger Verwaltungsakte*. Hamburg: Kommissionsverlag von Lütcke & Wulff, 1932; KORMANN, Karl. *System der rechtgeschäftlichen Staatsakte*. Berlim: Springer, 1910, pp. 330 e ss.; MERKL, Adolf. *Allgemeine Verwaltungsrecht*. Vienna & Berlin: Julius Springer, 1927, pp. 201 e ss.; JELLINEK, Walter. *Verwaltungsrecht*. 2ª ed. Berlim: Springer, 1929, p. 269; JÈZE, Gaston. "Du retrait des actes juridiques". *Revue du droit public*, 1913, p. 225.

2 N.T.: Alessi, no início da obra, parece utilizar as palavras *retirada* (*ritiro*) e *revogação* (*revoca*) como sinônimas. Consagrou-se, porém, tanto no Direito brasileiro como no estrangeiro, a utilização da palavra "retirada" como gênero abrangente de todas as extinções por ato administrativo. Sendo, assim, a revogação seria apenas uma das espécies de *ato de retirada*. Na doutrina brasileira, por todos: BANDEIRA DE MELLO, Celso Antônio. *Curso de direito administrativo*. 34ª ed. São Paulo: Malheiros, 2019, cap. VII-107, p. 459. No preciso conceito de Olguín Juarez, a *retirada* (*el retiro*, em espanhol), "é produto de um novo ato administrativo, que reage contra o conteúdo do ato anterior" (OLGUÍN JUÁREZ, Hugo Augusto. *Extinción de los actos administrativos*: revocación, invalidación y decaimiento. Santiago: Editorial Jurídica de Chile, 1961, p. 34, tradução nossa). Ao contrário de Celso Antônio Bandeira de Mello, porém, que utiliza o rótulo para denominar tanto a extinção por efeito típico do ato — como se dá na cassação, revogação, decaimento ou caducidade e invalidação — como a extinção por efeito atípico — como se dá na contraposição ou derrubada, preferimos restringir a *retirada* à extinção por efeito típico de ato administrativo. Cf. MARTINS, Ricardo Marcondes. "Ato administrativo". *In*:

-se sua fundamentação na autonomia da vontade humana,[3] a qual se considera pertencer, correlativamente, tanto como a eliminação e a produção dos atos jurídicos e dos efeitos que deles se seguem; também se admitindo, em linha geral, a possibilidade de limites de ordem subjetiva ou objetiva à faculdade de retirada,[4] e observando que, enquanto a produção é fenômeno normal, geral, a retirada dos atos é claramente um fenômeno particular e excepcional, de maneira que os fenômenos de produção e de retirada, conquanto sejam verdadeiramente correlativos de um ponto de vista subjetivo, não são de um ponto de vista objetivo, uma vez que, ao genérico *poder* [*potere*] de um sujeito, tanto de editar como de retirar o ato editado, não corresponde sempre a uma objetiva possibilidade de retirada.[5]

Essa abstrata possibilidade de retirada de um ato jurídico é, de outra parte, geralmente reconhecida, embora se admita que o próprio ato, uma vez editado, destaca-se de seu autor, entrando na vida do Direito como uma entidade autônoma, de modo independente,[6] por um fenômeno, por assim dizer, de objetivação da declaração depois da emissão.[7]

______; BACELLAR FILHO, Romeu Felipe. *Tratado de direito administrativo*: Ato administrativo e procedimento administrativo. vol. 5, 2ª ed. São Paulo: Revista dos Tribunais, 2019, p. 326; MARTINS, Ricardo Marcondes. *Estudos de direito administrativo neoconstitucional*. São Paulo: Malheiros, 2015, pp. 189/190. Assim, exclui-se do conceito de retirada a chamada *contraposição* ou *derrubada*, extinção de um ato por efeito *atípico* de outro.

3 Cf. RESTA, Raffaele. *La revoca degli atti amministrativi*. Milano: A. Giuffrè, 1935, p. 11; ROMANO, Salvatore. *La revoca degli atti giuridici privati*. Padova: CEDAM, 1935, p. 33.

4 RESTA, Raffaele. *La revoca degli atti amministrativi*. Milano: A. Giuffrè, 1935, p. 11.

5 RESTA, Raffaele. *La revoca degli atti amministrativi*. Milano: A. Giuffrè, 1935, p. 12.

6 RESTA, Raffaele. *La revoca degli atti amministrativi*. Milano: A. Giuffrè, 1935, p. 12.

7 BARASSI, Lodovico. *La notificazione necessaria delle dichiarazioni stragiudiziali*. Milano: Società Editrice Libraria, 1906, p. 171, nota (I), que se refere a CROME, TITZE, SAVIGNY.

De outro lado, no próprio campo da Teoria Geral do Direito, pode-se questionar como a *retirada*, ou *revogação*, de um ato jurídico deva ser entendida, e até que ponto possa ser admitida: a questão, a saber, da natureza e da importância desse fenômeno da *retirada* de um ato.

Certamente, não obstante essa objetivação, ora acenada, da declaração depois da sua edição, não se pode negar que o sujeito declarante conserve algum dever-poder [*potestà*][8] para fazer sobreviver, ou não, no mundo do Direito, a própria declaração e seus efeitos, conservando, às vezes, um dever-poder de fazê-lo cair no nada [*nel nulla*]:[9] assim, é certo que o declarante mantém

---

8 N. T.: Em italiano, além do substantivo *potére* — poder —, há o substantivo *potestà* — que não possui equivalente em português. Trata-se da "capacidade, reconhecida pelo ordenamento, de editar atos jurídicos no interesse de outrem". ZINGARELLI, Nicola. *Vocabolario della lingua italiana*. 12ª ed. Bologna: Zanichelli Editore, 2006, p. 1388. No francês também há a dicotomia: *pouvoir* – poder — e *puissance*. Também ocorre no espanhol: *poder* e *potestad*. Sobre a última, explicam Eduardo García de Enterría e Tomás-Ramón Fernández: "La potestad es siempre una derivación de un *status* legal, por lo cual resulta inexcusable una norma previa que, además de configurarla, la atribuya en concreto" (*Curso de derecho administrativo*. vol. 1, 11ª ed. Madrid: Civitas, 2002, p. 445). *Potestà*, *puissance* ou *potestad* referem-se, pois, à *função pública*, ao dever de tutelar o interesse alheio e ao poder instrumental para se desincumbir desse dever. Sobre o conceito de função, por todos: BANDEIRA DE MELLO, Celso Antônio. *Curso de direito administrativo*. 34ª ed. São Paulo: Malheiros, 2019, cap. I-54, pp. 72/73; II-5, pp. 100/101. Diz respeito ao que Santi Romano chamou de poder-dever (ROMANO, Santi. *Frammenti di un Dizionario Giuridico*. Milano: Giuffré, 1947, Doveri. Obblighi, § IV, pp. 97/98; Poteri. Potestà, §XV, p. 203), ou, na feliz inversão proposta por Celso Antônio, dever-poder, pois o poder é sempre instrumental do dever (ROMANO, Santi. *Frammenti di un Dizionario Giuridico*. Milano: Giuffré, 1947, Doveri. Obblighi, § IV, pp. 97/98; Poteri. Potestà, §XV, p. 203). Por esses motivos, traduzimos "potére" por "poder" e "potestà" por dever-poder.

9 N. T.: Em italiano "nullà" significa "nada". Cf. ZINGARELLI, Nicola. *Vocabolario della lingua italiana*. 12ª ed. Bologna: Zanichelli Editore, 2006, p. 1195. Corresponde, também, à flexão de "nùllo", que significa "nulo" (ZINGARELLI, Nicola. *Vocabolario della lingua italiana*. 12ª ed. Bologna: Zanichelli Editore, 2006, p. 1195). Nesse trecho, Alessi se utiliza da ambiguidade que não é passível de ser traduzida em português. Coerente com o

tal dever-poder de reação — trate-se de reação *direta*, ou então, mais frequentemente, pelo menos no campo do Direito Privado, de reação *indireta*[10] — no caso de declarações *inválidas*, para o fim de estabelecer a *anulação*[11] [12] dela mesma.

significado etimológico, originariamente "nulo" correspondia à inexistente. Por todos, afirma Ricardo D. Rabinovich-Berkman: "'Nulo' es un adjetivo que en latín significa literalmente 'ninguno', da la idea de que el ente al que se refiere no existe, que no lo hay. Por ejemplo: 'las noticias son nulas', quería decir 'no hay noticias', 'no existen noticias'. De modo que, referido al negocio, daba a entender que no había tal negocio. Ésa es, a nuestro entender, la verdadera clave de la nulidad: en realidad, no 'hay un acto nulo', sino que 'no hay ningún acto'". (*Derecho Romano*. Buenos Aires: Astrea, 2001, p. 459). Ocorre que, atualmente, na Ciência do Direito, pacificou-se a distinção entre "nulo" e "inexistente", de modo que o ato nulo existe no mundo jurídico e, pois, pode gerar efeitos jurídicos. Por todos: MARTINS, Ricardo Marcondes. "Ato administrativo". *In*: ______; BACELLAR FILHO, Romeu Felipe. *Tratado de direito administrativo*: Ato administrativo e procedimento administrativo. vol. 5, 2ª ed. São Paulo: Revista dos Tribunais, 2019, pp. 244 e ss.; MARTINS, Ricardo Marcondes. *Efeitos dos vícios do ato administrativo*. São Paulo: Malheiros, 2008, pp. 121 e ss.

10 *Reação direta* é, por exemplo, a *anulação de ofício* dos atos ilegítimos por parte da administração pública; *reação indireta* é, por sua vez, aquela que deve ser realizada através da intervenção da autoridade judiciária. Cf. ROMANO, Salvatore. *La revoca degli atti giuridici privati*. Padova: Cedam, 1935, p. 81.

11 Sobre o tema, além das obras gerais, v. os recentes estudos de ROMANELLI (ROMANELLI, Vincenzo Maria. *L'annullamento degli atti amministrativi*. Milano: A. Giuffrè, 1939) e de CODACCI-PISANELLI, Giuseppe. *L´annullamento degli atti amministrativi*. Milano: Giuffrè, 1939.

12 N.T. O autor utiliza-se do verbo "annullare", do latim "adnullare", que significa "declarar nulo". Cf. ZINGARELLI, Nicola. *Vocabolario della lingua italiana*. 12ª ed. Bologna: Zanichelli Editore, 2006, p. 115. Com a diferenciação jurídica entre "nulo" e "anulável", o uso da palavra "anular" gera um problema, pois traz à mente a anulabilidade — a invalidação do que é anulável — e não a nulificação — a invalidação do que é nulo. No Direito Administrativo, a dicotomia "nulo/anulável" é deveras problemática. Por todos: MARTINS, Ricardo Marcondes. "Ato administrativo". *In*: ______; BACELLAR FILHO, Romeu Felipe. *Tratado de direito administrativo*: Ato administrativo e procedimento administrativo. vol. 5, 2ª ed. São Paulo: Revista dos Tribunais, 2019, pp. 164 e ss.; MARTINS, Ricardo Marcondes. *Efeitos dos vícios do ato administrativo*. São Paulo: Malheiros, 2008, pp. 481-539.

Todavia, esse fenômeno *da anulação* de um ato inválido pode ser facilmente concebido e admitido, tendo em vista justamente a estrutura *viciada* da declaração, fonte de uma divergência desta última com o ordenamento jurídico, onde, em substância, embora ocorrendo através da ação do declarante, é possível considerar que é o próprio ordenamento jurídico que reage contra a declaração dele divergente;[13] assim como pode ser facilmente concebida e admitida, com base nas mesmas considerações, o dever-poder do sujeito de reagir a fim de fazer cair no nada — com eficácia *ex tunc* —[14] a

De nossa parte, rejeitamos a distinção e, por isso, preferimos a utilização do verbo "invalidar". Sem embargo, respeitamos, na tradução, a posição do autor.

13 Daí a concepção de *invalidade* — entendida como inidoneidade para produzir efeitos aos quais o ato tende — como *sanção* disposta pelo ordenamento jurídico para a declaração dele divergente: cf, mais recentemente, CODACCI-PISANELLI, Giuseppe. *L´annullamento degli atti amministrativi*. Milano: Giuffrè, 1939, pp. 25 e ss.; CODACCI-PISANELLI, Giuseppe. *L'invalidità come sanzione di norme non giuridiche*. Milano: A. Giuffrè, 1940, pp. 1 e ss.

14 N.T. Nesse trecho e na nota precedente, Renato Alessi deixa claro que adota a posição, corrente na época, de equiparação do *nulo* ao *inexistente*. A declaração de nulidade equivalia, pois, a uma declaração de inexistência, desconsiderando o ato, desde sua edição, e todos os efeitos que ele gerou. Por isso, segundo esse entendimento, teria sempre eficácia *ex tunc et ab initio*. Consagrada a dissociação entre o nulo e o inexistente, a declaração de nulidade não é propriamente uma declaração, mas uma desconstituição do ato — sua efetiva retirada do mundo jurídico — e possível desconstituição de seus efeitos. Admite-se, então, contemporaneamente, a modulação dos efeitos da invalidação: *ex tunc et non ab initio*; *ex nunc* ou *pro futuro*. Por todos: MARTINS, Ricardo Marcondes. "Ato administrativo". *In*: ______; BACELLAR FILHO, Romeu Felipe. *Tratado de direito administrativo*: Ato administrativo e procedimento administrativo. vol. 5, 2ª ed. São Paulo: Revista dos Tribunais, 2019, pp. 366 e ss.; MARTINS, Ricardo Marcondes. *Efeitos dos vícios do ato administrativo*. São Paulo: Malheiros, 2008, pp. 406 a 423.

declaração viciada ou, pelo menos, os seus efeitos jurídicos.[15] [16]

---

15 Discute-se, além disso, como se sabe (v. a propósito FORTI, Ugo. *Diritto amministrativo*: parte generale. vol. 2. Napoli: Jovene, 1937, pp. 190/191; ROMANELLI, Vincenzo Maria. *L'annullamento degli atti amministrativi*. Milano: A. Giuffrè, 1939, pp. 13 e ss., o último com referências muito amplas da doutrina), se a anulação opere sobre o *ato*, ou, então, sobre seus *efeitos*. A questão tem sido julgada ociosa (ROMANELLI, Vincenzo Maria. *L'annullamento degli atti amministrativi*. Milano: A. Giuffrè, 1939, pp. 13 e ss.) e fruto de uma hipercrítica de conceitos jurídicos (ROMANO, Santi. "Osservazioni sull'invalidità successiva degli atti amministrativi". *In*: ______. *Studi in onore di G. Vacchelli*. Milano: Giufrrè, 1937, p. 434). Não me sinto, porém, em condições de poder subscrever um tal juízo, já que, embora seja verdadeiro que um ato se torna jurídico e se qualifica com base nos seus efeitos, resta sempre, porém, de um ponto de vista conceitual, que uma coisa é o ato em si e outra são os seus efeitos, assim como outra é a causa e outra são os efeitos, embora a primeira seja qualificada pelos segundos.

Nem se diga que com isso se vem considerar o ato jurídico meramente sob o aspecto de ação ou evento histórico (cf. FORTI, Ugo. *Diritto amministrativo*: parte generale. vol. 2. Napoli: Jovene, 1937, pp. 190/191), eis que numa declaração de vontade os dois aspectos, histórico e jurídico, estão estreita e intimamente conexos, de maneira que não se pode considerar a própria declaração de um ponto estritamente jurídico, prescindindo daquilo que ela é do ponto de vista histórico, e, por isso, também de um ponto de vista jurídico, a declaração, em si mesma, conceitualmente, permaneça coisa distinta dos seus efeitos.

A questão poderá ser, *às vezes*, ociosa, mas isto apenas de um ponto de vista essencialmente *prático*: o que ocorre, por exemplo, justamente em matéria de anulação, dado que, aqui, de um lado, a reação — sendo baseada num elemento (a *invalidade*) que se refere de modo intrínseco ao ato a ser anulado — pode ser considerada como dirigida a atacar e a fazer cair o próprio ato, enquanto, de outro lado, o caimento do ato é causa do caimento de seus efeitos: por isso, em substância se tem, ao mesmo tempo, o caimento do ato e de seus efeitos. Como se verá, isso não ocorre em matéria de revogação, dado que, aqui, ao contrário, a reação — fundada num elemento (a divergência entre a situação, como atualmente se apresenta, nascida de um ato, e o interesse do declarante) que não pode referir-se de modo intrínseco ao ato em si, mas apenas aos efeitos do ato — não pode ser considerada como dirigida a atacar o ato em si — o que, de outra parte, como se dirá, não parece nem conceitualmente admissível — mas, meramente os efeitos do ato, por isso, de um lado, não se pode, por ilação, deduzir um caimento do ato em si, do caimento, *ex nunc*, de seus efeitos, e, de outro lado, não se pode identificar a queda de um ato com aquela de seus efeitos, de maneira que a questão aqui não se apresenta como ociosa, nem conceitual e nem praticamente.

16 N.T. Na nota precedente, Alessi discute o tormentoso tema do "objeto da invalidação": se ela atinge o ato ou os efeitos deste ou ambos. Como explicamos

Mais discutível pode, ao contrário, resultar se o sujeito conserva um análogo poder — análogo na importância, não no fundamento, entenda-se — de *retirada* ou de modificação de precedentes declarações, que sejam perfeitamente *válidas* do ponto de vista estritamente jurídico, no caso em que o sujeito tenha a opinião de que a manutenção dos *efeitos* produzidos pela própria declaração no mundo jurídico não corresponda efetivamente, ou pelo menos não corresponda mais, ao interesse do próprio sujeito; no caso, então, de divergência entre a declaração feita, relativamente aos seus efeitos atuais, e o interesse do declarante: contrariedade a esse interesse do declarante, cuja satisfação constituía a finalidade da edição da declaração, — seja, pois, em decorrência de uma divergência *originária* — quando, a saber, o declarante não tinha, por errônea apreciação, valorado suficientemente a inoportunidade da edição do ato —, seja em decorrência de divergência *superveniente* — em decorrência de uma modificação das circunstâncias objetivas, de modo que, embora tenha sido oportuna, inicialmente, a formulação da declaração, essas circunstâncias tenham, sucessivamente, tornado inoportuna a permanência dos efeitos... poder de *retirada* cuja explicação constitui, justamente, a *revogação* dos atos jurídicos.

Mais discutível, porque não se tem aqui, diferentemente do caso da anulação, um vício de estrutura da declaração, e não se tem, portanto, alguma divergência entre a declaração propriamente e o

---

na nota 14, admite-se atualmente a extinção do ato inválido sem que haja concomitante extinção de seus efeitos. Assim, se a questão do ponto de vista prático poderia ser considerada ociosa, hoje é de evidente pertinência. Para nós, o ato de retirada sempre atinge o ato administrativo. A extinção deste é efeito típico do ato de retirada. A extinção dos efeitos, porém, é efeito não necessário, mas possível. Discordamos, portanto, de Alessi, quando este afirma que a revogação atinge apenas os efeitos do ato e não o próprio ato. Vide sobre o tema: MARTINS, Ricardo Marcondes. "Ato administrativo". *In*: ______; BACELLAR FILHO, Romeu Felipe. *Tratado de direito administrativo*: Ato administrativo e procedimento administrativo. vol. 5, 2ª ed. São Paulo: Revista dos Tribunais, 2019, pp. 387 e ss.; MARTINS, Ricardo Marcondes. *Efeitos dos vícios do ato administrativo*. São Paulo: Malheiros, 2008, pp. 283-288.

ordenamento jurídico, que possa fornecer uma justificação análoga àquela oferecida no caso de anulação, não podendo ser avaliada pela simples divergência, seja ela originária ou superveniente, entre a declaração ou seus efeitos e o interesse do declarante.

Portanto, faz-se necessário refletir um pouco para indagar, no campo da Teoria Geral do Direito, acerca da admissibilidade abstrata de um tal instituto de revogação dos atos jurídicos, bem como acerca de seu conteúdo e de sua efetiva importância.

2 Crítica à teoria pela qual o instituto da coisa julgada seria aplicável também ao ato jurídico privado

Foi revelada, como é notório, principalmente por obra da escola vienense,[15] uma teoria com base na qual se deveria considerar aplicável, em linha geral, ao ato jurídico uma espécie de "*coisa julgada*", da qual decorreria uma irretratabilidade normal do ato jurídico quando editado.[16]

---

15 V. principalmente MERKL, Adolf. *Die Lehre von der Rechtskraft entwickelt aus dem Rechtsbegriff*. Viena: Deuticke, 1923, pp. 329 e ss.; MERKL, Adolf. *Allgemeine Verwaltungsrecht*. Vienna & Berlin: Julius Springer, 1927, pp. 201 e ss.; KELSEN, Hans. *Allgemeine Staatslehre*: Enzyklopädie der Rechtsund Staatswissenschaft. vol. 23. Berlim: J. Spinger, 1925, pp. 149, 301; KELSEN, Hans. *Grundriss einer allgemeinen Theorie des Staates*. Belim: Rohrer, 1926, *passim*; VERDROSS, Alfred. "Zum Problem der Rechtsunterworfenheit des Gesetzgebers". *Juristische Blätter*, nº 45, Jahrgang, 1916, pp. 441 e ss.).

16 Trata-se, como se sabe, da assim chamada *Stufentheorie* ou *formação do direito por graus*, com base na qual toda a atividade jurídica do Estado — de fato, mas geralmente, toda a atividade jurídica em geral — decorreria da posição da norma, cada uma das quais hierarquicamente subordinada a uma norma mais geral e de grau superior, e da qual representa a concretização: segundo essa teoria o instituto da coisa julgada aplicar-se-ia a todo tipo de ato jurídico, no sentido de que a norma nele contida seria ilimitadamente considerada válida no tempo e, portanto, imutável, salvo disposição expressa em contrário (a esse respeito v. também ESPOSITO, Carlo. *La validità delle leggi*: studio sui limiti della potestà legislativa, i vizi degli atti legislativi e il

Ora, ainda que prescindindo do obstáculo decorrente de razões terminológicas, porquanto — diferentemente de quanto ocorre na língua germânica, a qual exprime o instituto da *coisa julgada* com uma palavra (*Rechtskraft*) que tem um significado literal muito genérico (*força jurídica*) — em nossa língua o instituto em questão se exprime com uma terminologia específica, referente a um significado técnico bem preciso estabelecido na teoria do processo, que mal se presta a uma extensão do conceito a outros campos;[17] [18] a prescindir, digo, de tal consideração da terminologia, não parece que o instituto da coisa julgada possa estender-se para fora do processo, para servir de base à irretratabilidade do ato jurídico.

Na verdade, admite-se, geralmente, que a *coisa julgada* deva ser entendida em dois distintos significados, *formal* e *material*,[19]

---

controllo giurisdizionale. Padova: Cedam, 1934, p. 76, que defende, nesse ponto, uma posição muito próxima). A doutrina em exame, portanto, afasta-se da noção de *coisa julgada* dos efeitos da decisão do juiz sobre a validade do ato jurídico (cf. LIEBMAN, Enrico Tullio. *Efficacia ed autorità della sentenza.* Milano: A. Giuffrè, 1935, p. 32), tem entendido a noção como "duração da validade do ato" (*Geltungsdauer*) (v. MERKL, Adolf. *Die Lehre von der Rechtskraft entwickelt aus dem Rechtsbegriff.* Viena: Deuticke, 1923, p. 166).

Para um exame crítico mais ou menos aceitável dessa *Stufentheorie* v. BENEDICENTI, Luigi. *Contributo allo studio dell'autorità della cosa giudicata nelle giurisdizioni amministrative.* Genova: La Poligrafica Ligure, 1930, p. 54; CARRÉ DE MALBERG, Raymond. *Confrontation de la théorie de la formation du droit par degrés avec les idées el les institutions consacrées par le droit positif français relativement à sa formation.* Paris: Sirey, 1933; HENRICH, Walter. "Zur Theorie der Rechtskraft". *Archiv des öffentlichen Rechts*, vol. 46, nº 3, 1924, p. 329.

17 Cf. LIEBMAN, Enrico Tullio. *Efficacia ed autorità della sentenza.* Milano: A. Giuffrè, 1935, p. 107.

18 N.T. As afirmações de Alessi feitas em relação ao idioma italiano estendem-se, nesse ponto, integralmente ao português.

19 Cf. por todos: LIEBMAN, Enrico Tullio. *Efficacia ed autorità della sentenza.* Milano: A. Giuffrè, 1935, p. 45; a doutrina é, ademais, absolutamente pacífica nesse ponto; v. também IPSEN, Hans Peter. *Widerruf gültiger Verwaltungsakte.* Hamburg: Kommissionsverlag von Lütcke & Wulff, 1932, pp. 28-89.

que dizem respeito, respectivamente, às duas características da sentença, de um lado, a *imutabilidade*, e, de outro, a *imperatividade*.[20]

O conceito da coisa julgada *material* ou *substancial*, realmente, exprime-se no princípio pelo qual "a coisa julgada diz respeito à situação jurídica deduzida em juízo",[23] querendo significar justamente a eficácia *imperativa* do comando jurisdicional: imperatividade objetiva a respeito de uma dada situação jurídica, no sentido de que se expande também para fora do processo e para além do âmbito das partes, toda vez que seja contestada a mesma situação jurídica.[24]

O conceito, por sua vez, de coisa julgada *formal* se refere à *imutabilidade* da sentença, tratando-se da falta de poder, em qualquer juízo, para julgar novamente aquilo que já está julgado.[25]

---

20 V. CARNELUTTI, Francesco. *Istituzioni del nuovo processo civile italiano*. Roma: Foro Italiano, 1941, pp. 72 e ss.; CARNELUTTI, Francesco. *Lezioni di diritto processuale civile*. vol. IV. Padova: CEDAM, 1933, pp. 174 e ss.

23 CARNELUTTI, Francesco. *Istituzioni del nuovo processo civile italiano*. Roma: Foro Italiano, 1941, p. 74.

24 CARNELUTTI, Francesco. *Istituzioni del nuovo processo civile italiano*. Roma: Foro Italiano, 1941, pp. 74/75. "Precisamente porque a eficácia material da coisa julgada se resolve na constatação ou na constituição de uma situação jurídica e, portanto, explica-se fora do processo, manifesta-se em relação a todos, não somente em relação às partes, no sentido de que em relação a todos essa situação é fixada...; nesse sentido, não é exato dizer que a eficácia da coisa julgada é limitada às partes; o antigo aforismo *res iudicata tertio nequet nocet neque prodest* significa, antes, que a sentença não se refere a outra situação jurídica senão a que as partes tenham deduzido no processo, mas que essa situação entre as partes não pode ser desconsiderada por terceiros...". (CARNELUTTI, Francesco. *Istituzioni del nuovo processo civile italiano*. Roma: Foro Italiano, 1941, p. 75).

25 CARNELUTTI, Francesco. *Istituzioni del nuovo processo civile italiano*. Roma: Foro Italiano, 1941, p. 76.

Ora, qualquer que seja a relação entre os dois conceitos,[26] não há dúvida de que a coisa julgada, no seu aspecto substancial — embora não seja provavelmente exato considerá-la uma característica peculiar ao comando jurisdicional,[27] porquanto também em relação à lei é de se reconhecer a característica da *imperatividade*, no sentido objetivo acima referido[28] — não pode ser conceito aplicável ao ato jurídico em geral, a respeito do qual tal conceito não pode ter algum significado, já que, ao ato jurídico pode-se, quando muito, reconhecer uma limitada imperatividade *subjetiva*, vale dizer, limitada estritamente às partes da relação substancial na qual o negócio se estabelece, não havendo sentido, por outro lado, falar de uma imperatividade *objetiva*, no sentido suscitado, do ato jurídico.[29]

Mas nem mesmo no seu aspecto *formal* o instituto da coisa julgada pode ser um conceito aplicável ao ato jurídico. Na verdade, ele implica, como já se disse, na imutabilidade do comando, não apenas em si mesmo, mas também no que diz respeito à relação jurídica: coisa julgada quer dizer que não apenas *aquela* sentença deverá manter-se imutável — razão pela qual o mesmo juiz não poderá nunca mais modificá-la —, mas implica também que *nenhum outro juiz* poderá pronunciar uma sentença diversa, referindo-se à

---

26 É sabido que para a doutrina tradicional (v. por todos CHIOVENDA, Giuseppe. *Istituzioni di diritto processuale civile*. Napoli: Jovene, 1933, I, p. 341; BETTI, Emilio. *Lezioni di diritto processuale civile italiano*. Roma: Il Foro Italiano, 1933, pp. 72/73) a *coisa julgada formal* é o pressuposto da coisa julgada *material*; v., no entanto, LIEBMAN, Enrico Tullio. *Efficacia ed autorità della sentenza*. Milano: A. Giuffrè, 1935, p. 40.

27 Nesse sentido, v. por sua vez: RESTA, Raffaele. *La revoca degli atti amministrativi*. Milano: A. Giuffrè, 1935, p. 75; IPSEN, Hans Peter. *Widerruf gültiger Verwaltungsakte*. Hamburg: Kommissionsverlag von Lütcke & Wulff, 1932, p. 28; LIEBMAN, Enrico Tullio. *Efficacia ed autorità della sentenza*. Milano: A. Giuffrè, 1935, p. 40.

28 Cf. CARNELUTTI, Francesco. *Istituzioni del nuovo processo civile italiano*. Roma: Foro Italiano, 1941, p. 76.

29 N.T. As conclusões de Alessi estendem-se perfeitamente ao Direito brasileiro. Para nós, todos os atos legislativos e administrativos são passíveis de controle jurisdicional e, pois, incompatíveis com a coisa julgada.

mesma relação:[30] os dois conceitos de coisa julgada, substancial e formal, são, por isso, estritamente conexos, o que parece verdadeiro tendo em vista que a doutrina tradicional deposita na coisa julgada formal o pressuposto da coisa julgada substancial.[31]

Ao contrário — seja ou não de se admitir uma imutabilidade, como se verá, do ato jurídico em si mesmo —, é claro que tal imutabilidade não existe quanto à relação: é claro que o declarante — mesmo onde se admita que ele não possa, em teoria, retirar ou mudar a precedente declaração em si mesma considerada — terá, indubitavelmente, o dever-poder de emitir uma *nova* declaração, a qual, intervindo na mesma relação, valerá para modificar ou destruir, embora, naturalmente, *ex nunc*, os efeitos da relação produzida pela antecedente; não parece ser exato sustentar que a coisa julgada sob o perfil formal constitua uma nota comum aos vários atos de Direito Público ou Privado, e um conceito genérico aplicável a todos os atos que sejam introduzidos no mundo jurídico.[32]

3 *Irretratabilidade* do ato jurídico em si mesmo considerado

A concepção de uma fundamental irretratabilidade do ato jurídico, *em si mesmo considerado*, pode ser alcançada por outra via: e não apenas com base na consideração da inadmissível dificuldade[33] que daria lugar, no seio do sistema jurídico, a admissão de uma retroatividade dos atos jurídicos — e a *retirada* de um precedente ato se coloca, sem dúvida, entre os atos jurídicos — diante

---

30 Cf. CARNELUTTI, Francesco. *Istituzioni del nuovo processo civile italiano*. Roma: Foro Italiano, 1941, p. 76.

31 Cf. os autores cit. *supra*, nota 19.

32 Em sentido contrário, RESTA, Raffaele. *La revoca degli atti amministrativi*. Milano: A. Giuffrè, 1935, p. 74.

33 Cf. RESTA, Raffaele. *La revoca degli atti amministrativi*. Milano: A. Giuffrè, 1935, pp. 17/18; SOMLÓ, Felix. *Juristische Grundlehre*. Leipzig: Meiner, 1927, p. 382.

do princípio fundamental da normal (para o nosso ordenamento)[34] [35] irretroatividade da norma;[36] mas sim, também e sobretudo, com base na consideração de que os atos jurídicos contêm um *comando*, um ato de volição, que logicamente não pode ser destinado a não ser para prover [*provvedere*] para o futuro[37] e não também para o passado: para o passado, aquilo que se passou, se passou, e a vontade humana não pode, ao menos no campo jurídico, fazer que

---

34 Já que é sabido (v. BARASSI, Lodovico. *Istituzioni di diritto civile*. 2ª ed. Milano: Vallardi, 1921, p. 671) que a questão da retroatividade ou não da lei está além do campo da lógica jurídica, permanecendo questão de oportunidade política, que cada legislador poderia resolver, em via excepcional, de modo diverso daquele que resolveu em via normal, consagrando, por exemplo, para uma lei determinada, uma retroatividade que derroga a normal irretroatividade consagrada às normas em geral.

35 N.T. Alessi, por óbvio, refere-se ao ordenamento italiano da época da promulgação de sua obra (1956). Consideramos que, atualmente, vigora idêntico princípio no ordenamento jurídico brasileiro: em decorrência do princípio constitucional da *segurança jurídica*, as normas jurídicas, também entre nós, devem ser, regra geral, irretroativas. Por todos: ÁVILA, Humberto. *Teoria da segurança jurídica*. 3ª ed. São Paulo: Malheiros, 2014, pp. 282, 250 e 424 e ss.

36 Sobre esse tema v. GABBA, Carlo Francesco. *Teoria della retroattività delle leggi*. 3ª ed. Torino: Unione Tipografico Editrice, 1891-1898; COVIELLO, Nicola. *Manuale di diritto civile*: parte generale. vol. 1. Milano: Società editrice libraria, 1910, p. 96; SIMONCELLI, Vincenzo. *Studi per Scialoia*, I, pp. 358 e ss.; DONATI, Donato. "Il contenuto del principio della irretroattività della legge". *Rivista Italiana di Scienze Giuridiche*, Roma, agosto, 1915, p. 235; FAGGELLA, Donato. *La retroattività delle leggi*. 2ª ed. Torino: UTET, 1922; DE FRANCESCO, Giuseppe Menotti. "La retroattività della legge e la giurisdizione esclusiva del Consiglio di Stato e della Giunta provinciale amministrativa". *Rivista di diritto civile*, Milano, nº 2, nº 18, 1926, pp. 149-168, 148 e ss.; VAREILLE-SOMMIÈRES. "Une nouvelle théorie sur la rétroactivité des lois". *Revue Pratique de législation*, 1899; SAVIGNY, Federico Carlo Di. *Sistema del diritto romano attuale*. Trad. de Vittorio Scialoja. Torino: [s.n.], 1888, VIII, pp. 376 e ss.; ROUBIER, Paul. *Les conflits de lois dans les temps*. Paris: Sirey, 1929; FITTING, Hermann. *Über den Begriff der Rückziehung*. Erlangen: Deichert, 1856; HELLWIG, Konrad. "Grenzen der Rückwirkung". *In*: FRANK, Reinhard (Coord.). *Festschrift für die Juristische Fakultät in Giessen zum Universitätsjubiläum*. Giessen: A. Töpelmann, 1907.

37 RESTA, Raffaele. *La revoca degli atti amministrativi*. Milano: A. Giuffrè, 1935, p. 15.

tenha ocorrido aquilo que em realidade não ocorreu, ou fazer com que não tenha ocorrido aquilo que em realidade ocorreu.[38] A um tal resultado não parece possa alcançar o próprio direito subjetivo:[39] tanto é verdade que, no caso da *anulação* dos atos inválidos — cuja admissibilidade apoia-se na norma positiva, e na qual se encontra, como já se acenou, uma reação do próprio ordenamento jurídico contra o ato dele divergente —, a retroatividade da própria anulação — retroatividade que encontra seu fundamento na estrutura viciada do ato anulável — não pode ser concebida senão como uma ficção,[40] ou melhor, como tem sido sustentado recentemente,[41] como implicando, prescindindo de qualquer ficção, um mero restabelecimento, *no presente*, da situação jurídica antecedente, embora a situação jurídica restabelecida — e na qual estaria a noção de *retroatividade* — seja *tal como se* o ato anulado não tivesse jamais ocorrido; mas, repito, isto sempre *para o presente*, não *para o passado*, já que para o passado nenhuma força, nem mesmo a do direito objetivo, pode fazer com que se possa considerar como

---

38 Cf. ROMANELLI, Vincenzo Maria. *L'annullamento degli atti amministrativi*. Milano: A. Giuffrè, 1939, pp. 345 e ss.; JÈZE, Gaston. "Du retrait des actes juridiques". *Revue du droit public*, 1913, pp. 225 e ss.; SALEILLES, Raymond. *De la déclaration de volonté*. Paris: LGDJ, 1929, pp. 340 e ss.

39 Cf. ROMANELLI, Vincenzo Maria. *L'annullamento degli atti amministrativi*. Milano: A. Giuffrè, 1939, p. 546; JÈZE, Gaston. "Du retrait des actes juridiques". *Revue du droit public*, 1913, pp. 225 e ss.; FITTING, Hermann. *Über den Begriff der Rückziehung*. Erlangen: Deichert, 1856, p. 68; MERKL, Adolf. *Allgemeine Verwaltungsrecht*. Vienna & Berlin: Julius Springer, 1927, p. 194.

40 Nesse sentido, por último CODACCI-PISANELLI, Giuseppe. *L´annullamento degli atti amministrativi*. Milano: Giuffrè, 1939, p. 9; cf. também o meu *La revocabilità dell'atto amministrativo*. Milano: Giufrrè, 1936, p. 68; sobre o conceito de *ficção* como procedimento da técnica do Direito cf. SCIALOJA, Vittorio. *Negozi giuridici*. Roma: Società editrice del foro italiano, 1933, p. 19; BERNHÖFT, Franz. *Zur Lehre von den Finktionen, Aus röm. und bürg*. R. f. E., I; FORTI, Ugo. *Il realismo nel diritto pubblico*. Camerino: Tipografia Savini, 1903, pp. 69 e ss., 148 e ss.

41 V. ROMANELLI, Vincenzo Maria. *L'annullamento degli atti amministrativi*. Milano: A. Giuffrè, 1939, pp. 345 e ss., 356 e ss.

não tendo existido uma situação que em realidade, ao contrário, existiu, e, pois, foi realizada e teve temporária vida.[42]

Ora, se é dessa forma até no caso de anulação, cuja admissibilidade é explicada pela estrutura viciada do ato anulável, e cuja eficácia reativa em face do ato em si mesmo é fundada na divergência entre ele e o ordenamento jurídico, podendo ser explicada como resultante do próprio ordenamento, por maior razão é de se considerar o caso da retirada do ato válido baseada num mero ato de vontade do sujeito. Deve-se, portanto, considerar que o ato validamente editado seja, *em si mesmo considerado*, propriamente *irretratável*, porquanto, repito, a sua retirada implicaria a admissibilidade de um alcance retroativo de um ato de vontade: implicaria, vale dizer, admitir-se que o sujeito possa — *deixando de querer* aquilo que precedentemente *quis* — prover [*provvedere*] retroativamente para um momento anterior, vale dizer, para o momento no qual o ato a ser retirado teve vida válida, eliminando o próprio ato da vida do direito relativamente àquele momento.[43]

---

42 N.T. Discordamos da compreensão de Alessi. Por um lado, a invalidação que extingue o ato inválido não o faz por ficção: ela desconstitui, no mundo jurídico, a norma jurídica, podendo fazê-lo desde o momento em que ela fora editada ou a partir de um momento subsequente. Por outro lado, como já afirmamos na nota 09, hoje se reconhece que a norma inválida gera efeitos e estes podem ou não ser desconstituídos pela invalidação. Conforme retomado na nota 44, nossa discordância com Alessi assenta-se na própria concepção de ato administrativo. Este não se confunde com a própria declaração, evento histórico em si impossível de ser suprimido.

43 Os juristas romanos já acreditavam que a vontade não teria mais poder sobre o efeito jurídico já estabelecido (cf. WINDSCHEID, Bernhard. *Diritto dele Pandette* - I. Trad. com notas de Emilio Fadda e Paolo Bensa. Torino: Unione Tipografico-Editrice Torinese, 1930, 90, nº 303, nota 4), tanto que a condição resolutiva foi concebida apenas como um pacto de resolução submetida à condição suspensiva (cf. BONFANTE, Pietro. *Istituzioni di diritto romano*. 8ª ed. Milano: F. Vallardi, 1925, pp. 78/79), sendo somente no Direito moderno, através de uma lenta evolução, que a retroatividade da condição resolutiva foi admitida, retroatividade entendia, no entanto, no mínimo como uma ficção: cf. DE RUGGIERO, Roberto. *Istituzioni di diritto civile*. 5ª ed. Messina: Giuseppe Principato, 1928, pp. 228, 282.

4 Em que sentido, no campo da Teoria Geral do Direito, pode-se falar de uma retirada, ou revogação, do ato jurídico: no sentido de uma eliminação, com eficácia meramente *ex nunc*, dos efeitos produzidos pelo ato – crítica à teoria pela qual o ato jurídico se identificaria com seus efeitos

Conclui-se, portanto, mas sem aplicar de modo aceitável ao ato jurídico o instituto da *coisa julgada*, que se deve, contudo, reconhecer a inadmissibilidade da *retirada* verdadeira e própria do ato em si considerado.[44] Nessa linha, o sujeito que queira prover

---

[44] N.T. É inquestionável que o evento histórico da enunciação normativa é irrevogável. Nossa divergência com Alessi está no conceito de ato jurídico. Assim como não se confundem a enunciação parlamentar que deu origem à norma legislativa e a respectiva norma, também não se confundem a enunciação do agente administrativo que deu origem ao ato administrativo e o respectivo ato. Sobre a distinção entre a enunciação verbal da norma e a norma enunciada vide, por todos: MOUSSALLEM, Tárek Moysés. *Fontes do direito tributário*. São Paulo: Max Limonad, 2001, pp. 133 e ss. Antes dele: KELSEN, Hans. *Teoria pura do Direito*. Trad. de João Baptista Machado. 6ª ed. Coimbra: Armênio Amado, 1984, pp. 18-28. Para nós, o ato administrativo consiste na norma jurídica administrativa ou, mais precisamente, no veículo introdutor da norma administrativa — que não deixa de ser uma norma administrativa — ou, por metonímia, tanto o veículo introdutor como a norma introduzida. Cf. MARTINS, Ricardo Marcondes. "Ato administrativo". *In*: ______; BACELLAR FILHO, Romeu Felipe. *Tratado de direito administrativo*: Ato administrativo e procedimento administrativo. vol. 5, 2ª ed. São Paulo: Revista dos Tribunais, 2019, p. 67; MARTINS, Ricardo Marcondes. *Efeitos dos vícios do ato administrativo*. São Paulo: Malheiros, 2008, pp. 105 e ss. Sendo uma norma, que não se confunde com a enunciação normativa que a estabeleceu, nada impede que a norma, dantes introduzida no mundo jurídico, seja dele retirada. O ato de retirada — outra norma — tem por efeito a retirada de uma norma anterior. Nesses termos, para nós, o ato administrativo de revogação tem por objeto o próprio ato revogado, e não apenas seus efeitos. Dito isso, enfatizamos: a divergência com a Alessi está no conceito de ato e não na irrevogabilidade do fato histórico da enunciação. Cf. MARTINS, Ricardo Marcondes. *Estudos de direito administrativo neoconstitucional*. São Paulo: Malheiros, 2015, p. 196. Em sentido próximo, concluiu Daniele Coutinho Talamini em sua excelente monografia sobre o tema: "É certo que o que se visa com a revogação é à supressão dos efeitos inconvenientes do ato administrativo. Todavia, o mecanismo jurídico que permite a extinção dos efeitos de um ato jurídico é sua extinção,

[*provvedere*] no sentido de remediar uma divergência *atual* entre o próprio interesse e a situação jurídica nascida de um ato precedentemente praticado — trate-se de divergência originária, ou de divergência superveniente —, não pode, certamente, declarar pura e simplesmente *não querer o querido, retirando* a precedente declaração, com a intenção de derrubar a situação jurídica por ela estabelecida: o passado, como se disse, é subtraído de qualquer ação direta do sujeito.

Ao contrário, quando pretenda corrigir a divergência referida, o sujeito deverá se limitar a atuar, quando muito, sobre os efeitos da precedente declaração: vale dizer, diretamente sobre a situação jurídica atual, buscando eliminá-la em seu benefício, no sentido de apenas restaurar *ex nunc* a situação antecedente à edição do ato de que se trata.

Eis, portanto, em primeiro lugar, em que sentido se pode falar de *retirada* ou de *revogação* de um ato jurídico: no sentido, então, de uma jurídica eliminação, com eficácia *ex nunc*, dos *efeitos* da declaração antecedente; no sentido, ainda, de um reestabelecimento *ex nunc* da situação jurídica antecedente.

Poder-se-ia, de outro lado, objetar que — dado o fato de que um ato pode ser considerado como *jurídico* justamente tendo em vista as modificações que ele venha a produzir no mundo do Direito, razão pela qual, precisamente, o ato é qualificado pelos seus efeitos, de modo que o ato pode, sem dúvida, identificar-se com eles[45] — a eliminação, embora com eficácia *ex nunc*, dos efeitos de um ato, equivale, portanto, à eliminação do próprio ato, de modo que, quando se admita um tal dever-poder do sujeito declarante, isso poderia derrubar a tese da irretratabilidade do

---

como fonte produtora de efeitos". (TALAMINI, Daniele Coutinho. *Revogação do ato administrativo*. São Paulo: Malheiros, 2002, p. 144).

45 Cf. ROMANELLI, Vincenzo Maria. *L'annullamento degli atti amministrativi*. Milano: A. Giuffrè, 1939, p. 22, com amplíssimas indicações bibliográficas.

próprio ato jurídico. Pode-se, porém, replicar que, apesar de um ato jurídico receber seu caráter e sua qualificação em vista de seus efeitos, também não pode ser, de um ponto de vista conceitual, confundido com eles, assim como não pode ser confundida a causa com o efeito, apesar de a primeira ser qualificada tendo em vista o segundo: assim, sempre de um ponto de vista conceitual — mas, como se verá, também de um ponto de vista prático, a diferença é relevante — uma coisa é a retirada do ato em si considerado, e outra é eliminar, com eficácia *ex nunc*, os seus efeitos.

Nem se diga que, com isso, o ato jurídico — querendo considerá-lo em si mesmo como isolado dos seus efeitos — seria considerado meramente como evento histórico e material, como *ação*;[46] na verdade, em uma declaração de vontade os dois aspectos, histórico e jurídico, são necessariamente conexos de maneira inseparável, já que os efeitos da declaração existem, precisamente, somente porque o declarante historicamente os quis, pois não seria concebível uma eliminação do ato jurídico prescindindo-se de uma eliminação também da declaração de vontade como evento histórico. É que uma retirada da declaração, embora se queira considerá-la meramente sob o aspecto jurídico, não pode ser concebida como se nunca houvesse existido a declaração mesma, sob o aspecto histórico: coisa inadmissível, como já se disse, porquanto o sujeito não pode prover [*provvedere*] — relativamente a momentos anteriores *desquerendo* aquilo que previamente *quis*.

---

46 Cf. FORTI, Ugo. *Diritto amministrativo*: parte generale. vol. 2. Napoli: Jovene, 1937, pp. 190/191.

5 Ulteriores esclarecimentos da suposta noção de revogação do ato jurídico – a *disponibilidade*, por parte do sujeito, dos *efeitos* do ato a ser revogado, fundamento do dever-poder de revogação; quando tal *disponibilidade* subsiste; esclarecimentos e distinções no âmbito da noção de *efeitos* de um ato jurídico

Já se pode, portanto, afirmar que, no campo da Teoria Geral do Direito, é possível falar de uma *retirada*, ou *revogação*, dos atos jurídicos, não no significado de uma retirada da declaração em si mesma — que é propriamente *irretratável* —, mas sim apenas no sentido de uma eliminação, com eficácia meramente *ex nunc*, dos *efeitos* da declaração que atualmente permanecem, e cujo permanecer seja considerado pelo declarante inoportuno em relação ao seu próprio e atual interesse, de modo a reestabelecer a situação jurídica precedente à edição do ato.

Nesse sentido, portanto, a noção de *retirada*, ou *revogação*, de um ato jurídico se enquadra na noção mais ampla de *modificação* de situações jurídicas,[47] podendo-se, no entanto, falar de uma revogação de um ato apenas quando a modificação se resolver na restauração da situação antecedente à edição do ato.

---

47 N.T. Preferimos utilizar o signo "modificação" para se referir ao fenômeno de alteração retroativa de um ato administrativo, como se dá nas hipóteses de convalidação, redução ou reforma e conversão. Cf. MARTINS, Ricardo Marcondes. "Ato administrativo". *In*: ______; BACELLAR FILHO, Romeu Felipe. *Tratado de direito administrativo*: Ato administrativo e procedimento administrativo. vol. 5, 2ª ed. São Paulo: Revista dos Tribunais, 2019, pp. 399 e ss.; MARTINS, Ricardo Marcondes. *Estudos de direito administrativo neoconstitucional*. São Paulo: Malheiros, 2015, pp. 219 e ss. A expressão "modificação do ato administrativo", nesse sentido, é utilizada por: GORDILLO, Agustín. *Tratado de derecho administrativo*: el acto administrativo. tomo 3. Belo Horizonte: Del Rey, 2003, capítulo XII. Feito esse esclarecimento, respeitamos, na tradução, a terminologia usada por Alessi.

Igualmente, o *dever-poder* do sujeito de proceder a retirada de atos jurídicos decorre, nela se enquadrando, do dever-poder genérico de modificar as situações jurídicas atualmente existentes. Trata-se, então, sempre que se queira investigar quando subsiste em concreto um dever-poder de revogação, de investigar quando um tal dever-poder genérico de modificação subsiste.

Pode-se, no entanto, afirmar que o dever-poder, dantes referido, do sujeito, de modificar as situações jurídicas atuais — e com ele, portanto, o dever-poder de eliminação dos efeitos de um ato precedente; no que, como se disse, reside o dever-poder de retirada do próprio ato — está relacionado com uma *disponibilidade* da situação a modificar, e, na espécie, dos efeitos a eliminar, por parte do sujeito.

Quando existe uma tal disponibilidade?

É conveniente, para esse fim, proceder a oportunos esclarecimentos e distinções no âmbito da noção de *efeito* de um ato jurídico.

Tem-se que recordar, em primeiro lugar, a distinção, que se reconecta com outra, bem conhecida, entre *negócios* e *meros atos jurídicos*,[48] [49] entre efeitos *queridos*, tendo em conta essencialmente

---

48 Sobre essa distinção, cf. especialmente: REGELSBERGER, Ferdinand. *Pandekten*. Leipzig: Duncker & Humblot, 1893, pp. 475 e 480; MANIGK, Alfred. *Willenserklärung und Willensgeschäft*. Berlim: Vahlen, 1907, p. 634; KORMANN, Karl. *System der rechtgeschäftlichen Staatsakte*. Berlim: Springer, 1910, pp. 22 e ss.; CAMMEO, Federico. *Corso di Diritto Amministrativo*. Padova: La Motolitotipo, 1911, pp. 1112 e ss.

49 N.T. Segundo Celso Antônio Bandeira de Mello, os *ato negociais* ou *negócios administrativos* são aqueles em que a manifestação administrativa cria imediatamente os efeitos jurídicos, embora dentro dos quadros legais; já os *meros* ou *puros atos administrativos* são aqueles em que os efeitos descendem diretamente da lei, como as manifestações de conhecimento (certidões) ou de desejo (voto). Cf. BANDEIRA DE MELLO, Celso Antônio. *Curso de direito administrativo*. 34ª ed. São Paulo: Malheiros, 2019, cap. VII- 78, p. 433. Essa classificação é bastante criticável. Como bem observa Maria Sylvia Zanella Di Pietro, é inapropriado utilizar o signo "negócio" para os

o sujeito, e efeitos que, embora não queridos de modo expresso e essencial, decorrem diretamente do direito objetivo em face de uma manifestação de atividade humana, sem ter em conta a eventual vontade do sujeito em produzi-los.[50] A esse propósito, observe-se que, se os efeitos produzidos pelos assim chamados *meros atos jurídicos* pertencem sempre à segunda espécie, ao revés, não é de se considerar que os efeitos dos *negócios* pertençam sempre e necessariamente à primeira espécie: a ela realmente pertencerá o efeito principal, essencial, que caracteriza o negócio, mas não eventuais efeitos secundários, porventura decorrentes do direito objetivo pelo fato objetivo da realização do negócio, sem ter em conta a eventual vontade do sujeito de produzi-los.[51]

Em segundo lugar, é preciso distinguir aquelas que são as verdadeiras e próprias modificações no mundo jurídico produzidas *diretamente* pelo ato de que se trata, de outras modificações que apenas indiretamente se podem ligar ao ato, no sentido de que elas derivam de um sucessivo ato jurídico, que encontra, no primeiro, o seu pressuposto.[52]

---

atos dotados de *imperatividade* (DI PIETRO, Maria Sylvia Zanella. *Direito administrativo*. 25ª ed. São Paulo: Atlas, 2012, p. 228). Contudo, ao contrário do que entende a ínclita administrativista, mesmo a restrição do signo aos atos condicionados à aquiescência do particular também é passível de crítica: o signo "negócio" possui uma carga semântica muito mais apropriada para as relações privadas patrimoniais do que para as relações de Direito Público. Cf. MARTINS, Ricardo Marcondes. "Ato administrativo". *In*: ______; BACELLAR FILHO, Romeu Felipe. *Tratado de direito administrativo*: Ato administrativo e procedimento administrativo. vol. 5, 2ª ed. São Paulo: Revista dos Tribunais, 2019, pp. 182/183. Registrada a crítica, o fato é que Alessi utiliza os rótulos de acordo com os conceitos apresentados por Celso Antônio Bandeira de Mello.

50 Cf. os autores citados na nota 48.

51 Por exemplo: a obrigação de pagar imposto sobre transferências imobiliárias, estabelecida pela lei aos contratos que realizam tais transferências.

52 Tais são, por exemplo, as modificações produzidas mediante atos jurídicos editados por um funcionário público: apenas indiretamente elas podem ser ligadas, como efeito e causa, ao ato de nomeação do funcionário. Sobre as

Ainda. As modificações jurídicas diretamente produzidas por um ato jurídico se referem necessariamente a uma relação jurídica, seja porque a criam, modificam ou a extinguem, seja porque mudem, de qualquer modo, a situação jurídica objetiva ou subjetiva, seja ela, por assim dizer, intrínseca à relação, ou extrínseca, porém, de qualquer modo referente à relação.[53] Ora essa relação pode ter por titular o sujeito do qual a modificação em questão decorre, caso em que o próprio sujeito age simplesmente com base no genérico dever-poder de agir de competência de todo sujeito jurídico, e na qualidade justamente de titular da relação.[54] Ou pode tratar-se de

---

questões disso decorrentes, precisamente sobre a validade ou não dos atos praticados pelo funcionário cuja nomeação foi posteriormente anulada, referir-me-ei apenas à extensa indicação bibliográfica dada por ROMANELLI, Vincenzo Maria. *L'annullamento degli atti amministrativi*. Milano: A. Giuffrè, 1939, pp. 149 e 361.

53 Cf. MANIGK, Alfred. *Das Anwendungsgebiet der Vorschriften für die Rechtsgeschäfte*. Breslávia: M&H Marcus, 1901, p. 16; KOHLER, Josef. *Juristische Enzyklopädie*, II, [s.d.], [s.n.], p. 127; CAMMEO, Federico. *Corso di Diritto Amministrativo*. Padova: La Motolitotipo, 1911, p. 1152.

Modificações intrínsecas são, por exemplo, a *criação*, a *modificação* real e própria, a *extinção* da relação; modificações extrínsecas são, por exemplo a aquisição de *causa jurídica, ilegitimidade, excesso de poder* (ALESSI, Renato. *Intorno ai concetti di causa giuridica, illegittimità, eccesso di potere*. Milano: Giuffrè, 1934, p. 39).

54 Exemplos no Direito Privado são um *contrato*, uma *renúncia*, a assunção de uma obrigação, e assim por diante; em Direito Público uma *ordem*, uma *proibição*, uma *concessão*, uma *autorização* etc. Para melhor clarificar o conceito, no Direito Público, não se deve esquecer:

a) que a *modificação* (em sentido amplo) de uma relação compreende também a *criação* da relação: assim, por exemplo, uma *ordem*, uma *proibição*, e similares, são atos unilaterais constitutivos de uma relação cujo conteúdo é a obrigação imposta a um indivíduo de fazer ou não fazer algo;

b) que a relação pode também ser de natureza instantânea: assim uma autorização é em si um ato constitutivo de uma relação instantânea (ver, contudo, a esse propósito, o que será dito *infra*, no cap. II, seção I, §2°, n. 4).

À luz desses conceitos não será impossível conceber como a Administração, editando uma ordem, uma proibição, uma autorização etc., age como sujeito — mais precisamente pode-se dizer sujeito futuro — da relação que com a edição do ato em questão vem a constituir.

uma relação substancialmente estranha ao sujeito, cuidando-se de relação intercorrente entre sujeitos diversos, caso em que ele — não sendo mais suficiente, para legitimar a produção ou modificação jurídica relativamente à relação, o genérico e normal dever-poder de agir, o qual não pode se externar senão relativamente a relações das quais o sujeito seja titular[55] — age na qualidade de titular de um especial dever-poder de agir de natureza substancialmente publicista,[56] tendo por conteúdo específico justamente a produção de uma modificação jurídica — quase sempre extrínseca,[57] mas não necessariamente[58]— relativamente a uma relação substancialmente estranha ao sujeito agente.[59]

Enfim, relativamente ao caso de modificações referentes a relações tendo por titular o sujeito agente, é preciso fazer distinção

55 Que o normal dever-poder de agir não possa se exteriorizar senão relativamente a relações das quais o sujeito que age seja titular é verdade não apenas no Direito Privado, onde o fenômeno é mais largamente visível e compreensível (com base na recíproca independência dos sujeitos privados), mas também no campo do Direito Público. A diferença entre Direito Privado e Direito Público está no fato de que no Direito Privado a criação ou modificação de uma relação não pode ocorrer — quando se trate de relações que interessam diretamente a mais de um sujeito — senão com o consenso de todos os sujeitos titulares (cf. a minha obra *La revocabilità dell'atto amministrativo*. Milano: Giufrrè, 1936, p. 24); enquanto que no Direito Público, onde falta uma correspondente posição de recíproca independência entre os sujeitos e, por isso, ao contrário, tem-se a prevalência da Administração sobre os cidadãos, as relações entre a própria Administração e os cidadãos podem ser criadas e modificadas simplesmente mediante declarações unilaterais por parte dela; isto nos limites, naturalmente, em que tal dever-poder é concedido: cf. ALESSI, Renato. *Sistema istituzionale del diritto amministrativo italiano*. Milano: A. Giuffrè, 1953, pp. 148 e ss.

56 E isso também no campo do Direito Privado: por exemplo, o dever-poder concedido aos tutores e curadores.

57 Por exemplo, os *vistos* e as *aprovações* expedidos pela autoridade tutora no controle dos entes locais.

58 Dado que uma modificação (extintiva) intrínseca ocorre, por exemplo, na anulação, por parte do Governo do Rei, dos atos de entes locais.

59 V. os exemplos nas três notas anteriores.

entre o caso em que se trate de relações de duração instantânea[60] e o caso em que se trate de relações de duração continuada.[61]

6 A *disponibilidade dos efeitos* do ato jurídico pressupõe a *titularidade atual*, por parte do declarante, da relação jurídica a respeito da qual o ato produziu os seus efeitos

Prossigamos. Foi dito que, afora o caso de modificações estabelecidas em face de relações substancialmente estranhas ao sujeito agente, com base num especial dever-poder expressamente decorrente do direito objetivo,[62] o dever-poder de produzir modificações jurídicas deve normalmente considerar-se fundado no genérico dever-poder de agir do sujeito, e, pois, como se disse, no fato da titularidade, de sua parte, da relação em face da qual as próprias modificações ocorrem. Disso decorre que, inserindo-se, como se disse, a eliminação de modificações já produzidas anteriormente, no grupo das modificações jurídicas de uma relação, aquela *disponibilidade*, por parte do sujeito, dos efeitos do ato a se retirar — que se disse constituir o fundamento lógico da concreta admissibilidade da *retirada* —, estando em direta relação com a *disponibilidade*, por parte do sujeito, da relação em face da qual as modificações dantes mencionadas ocorrem,[63] também está

---

60 Por exemplo: as relações que nascem da concessão de um subsídio *una tantum*, ou, então, de *ordens, proibições, autorizações*, que são relativas a comportamentos instantâneos, etc.

61 Por exemplo: as relações criadas por um contrato *obrigatório*, de uma *concessão administrativa*, ou, então, de *ordens, proibições, autorizações*, que são relativas a comportamentos de trato continuado.

A distinção referida no texto corresponde um pouco àquela entre atos de *efeitos instantâneos* e atos de *efeitos continuados*: cf. RESTA, Raffaele. *La revoca degli atti amministrativi*. Milano: A. Giuffrè, 1935, pp. 105-107.

62 V. *supra*, nota precedente.

63 Deve-se entender por *disponibilidade* da relação por parte do sujeito o dever-poder que a este incumbe de produzir modificações jurídicas que a ela são inerentes.

em relação direta com a *titularidade atual* da relação por parte do sujeito. *Titularidade atual* que implica uma dúplice exigência conceitual, vale dizer:

a) de um lado, a *atualidade* da titularidade: em outras palavras, o sujeito deve ainda, no momento da retirada, ser titular da relação, que deve ser, portanto, uma relação de duração *continuada*, já que no caso de relação de duração *instantânea* a titularidade vive o espaço de um instante, vindo a cessar com a cessação da relação;

b) de outro lado, ao menos no Direito Privado, a titularidade da relação implica em que a retirada seja invocada por *todos* os seus titulares, faltando uma natural disponibilidade da relação por parte de apenas um dos titulares, por causa da recíproca independência dos sujeitos privados, razão pela qual nenhum deles pode promover modificações jurídicas que repercutam *diretamente*[64] sobre a esfera jurídica dos outros sujeitos.[65] [66] Essa conclusão não vale, porém, como

---

64 Repercussões *diretas* sobre a esfera de outros sujeitos são, na verdade, as modificações jurídicas da esfera mesma; repercussões *indiretas* são, ao contrário, aquelas constituídas por um *dano* genérico sofrido pelo sujeito na sua qualidade de credor de um dos sujeitos, ou em outra qualidade análoga, sem, todavia, que esse dano se configure como uma modificação jurídica da esfera do sujeito que o suporta: cf. também minha obra *La revocabilità dell'atto amministrativo*. Milano: Giufrrè, 1936, pp. 24/25.

65 Cf. a minha obra *La revocabilità dell'atto amministrativo*. Milano: Giufrrè, 1936, p. 24; isto, mesmo no caso em que a repercussão importe uma vantagem para o terceiro: já que, dado o princípio da autonomia de todo sujeito individual em relação aos associados, princípio no qual é inspirado o nosso ordenamento privado, vigora nesse ordenamento o princípio pelo qual ninguém pode ser constrangido a adquirir direitos senão com sua aceitação, do que decorre a nulidade do contrato a favor do terceiro (art. 1372 do Código Civil); por todos, cf. BARASSI, Lodovico. *La teoria generale delle obbligazioni*: le fonti. vol. 2. Milano: A Giuffrè, 1946, pp. 440 e ss.

66 N.T. Na nota precedente Alessi cita o art. 1372 do Código Civil italiano (de 16.03.1942), que preceitua: "O contrato tem força de lei entre as partes. Não pode ser dissolvido a não ser por mútuo consentimento ou por causa admitida

se sabe, para o Direito Público, no qual a administração pública — expressão do Estado que age em concreto para a satisfação das necessidades públicas — em virtude de seu poder de império, tem o dever-poder abstrato de produzir modificações que afetam diretamente a esfera de outros sujeitos, mediante declarações unilaterais, de modo que, pela admissibilidade do dever-poder de retirada, será suficiente a titularidade *unilateral* da relação por parte da administração.

---

por lei. O contrato não produz efeitos em relação a terceiros a não ser nos casos previstos em lei". No Direito brasileiro, tanto Código Civil vigente como o anterior admitem a estipulação em favor de terceiro, mesmo que este não aquiesça. Dispõe, nesse sentido, o art. 436 do Código Civil/2002: "Art. 436. O que estipula em favor de terceiro pode exigir o cumprimento da obrigação". E seu parágrafo único: "Ao terceiro, em favor de quem se estipulou a obrigação, também é permitido exigi-la, ficando, todavia, sujeito às condições e normas do contrato, se a ele anuir, e o estipulante não o inovar nos termos do 438". A redação do dispositivo é idêntica à do art. 1098 do CC/1916. Sobre esse texto normativo, explica Pontes de Miranda: "Em muitos sistemas jurídicos, ainda se faz a eficácia da estipulação a favor de terceiro depender da adesão do terceiro ao contrato. Faltou-lhes exatamente a solução técnica da aquisição à semelhança do que se passa com os herdeiros, a respeito da herança. Sem que intervenham, os terceiros adquirem; se o terceiro repudia o favor, tudo se passa como se não houvesse adquirido". (PONTES DE MIRANDA, Francisco Cavalcanti. *Tratado de direito privado*. vol. 26. São Paulo: Revista dos Tribunais, 2012, §3.153, pp. 353/354). Em suma: no Direito brasileiro, a estipulação de terceiros consiste numa exceção à relatividade contratual: a estipulação é válida em relação ao terceiro, independentemente da aquiescência deste, mas, em decorrência da horizontalidade própria das relações privadas, o terceiro tem a prerrogativa de renunciar ao benefício.

7 Consequente *irrevogabilidade* dos atos editados no que respeita as relações em que o declarante permanece estranho, com base num especial dever-poder de ação diverso do geral dever-poder de agir; irrevogabilidade dos atos intervenientes no que respeita as relações de *duração instantânea*; irrevogabilidade dos *meros atos jurídicos*

Posto isso:

a) Antes de tudo, é claro que o problema da retirada se estabelece apenas em relação àqueles que são os efeitos *diretos* de um ato, porquanto não haveria sentido estabelecer o problema em relação àquelas modificações que encontram no ato — ou melhor, nos efeitos diretos deste — o seu *pressuposto*: é claro que quanto a tais modificações — desde que, naturalmente, não se considerem relações que tenham o sujeito por titular —, este não tem nenhuma *disponibilidade*, ou dever-poder de eliminação.

b) Em segundo lugar, não será admissível uma retirada que diga respeito àquelas modificações jurídicas que o sujeito provoca com base num dever-poder especial que eventualmente lhe incumba, em face de relações intercorrentes entre outros sujeitos, e aos quais ele seja estranho:[67] é claro que, faltando ao sujeito agente a titularidade da relação a respeito da qual as modificações por ele provocadas são produzidas, falta ao próprio sujeito qualquer dever-poder de modificação da relação, e, pois, — já que a eliminação de uma precedente modificação pertence ao gênero das modificações de uma relação — qualquer dever-poder de eliminação das modificações em questão: numa palavra, qualquer dever-poder de retirada.

[67] A respeito desse caso v. RESTA, Raffaele. *La revoca degli atti amministrativi*. Milano: A. Giuffrè, 1935, p. 12.

c) Ainda. Com base numa análoga ordem de considerações não é de se supor admissível um dever-poder de retirada no que respeita a modificações[68] ocorridas em relações de duração *instantânea*,[69] ou, então, que digam respeito a relações já extintas. Também aqui, de fato, falta aquela titularidade *atual* da relação, que deve valer como fundamento do dever-poder de modificar a própria relação, e, pois, de eliminar as precedentes modificações.

d) Por fim, um dever-poder de eliminação não parece admissível em relação às modificações introduzidas diretamente pelo direito objetivo, sem qualquer consideração à eventual vontade do sujeito: daí a irretratabilidade dos *meros atos*

68 Não se esqueça que, como já foi dito, aqui se fala de modificações em sentido amplo, compreendendo também a *criação* da relação: no caso de relações *instantâneas* a modificação consistirá justamente na *criação* da relação: por exemplo, a concessão de um subsídio *una tantum*.

69 Cf. nesse sentido também RESTA, Raffaele. *La revoca degli atti amministrativi*. Milano: A. Giuffrè, 1935, pp. 106/107, embora o ato que ele deu como exemplo (um visto) seja por vezes irrevogável por outra razão fundamental, a saber, pelo fato de que é um ato que produz modificações a respeito de relação (que envolve, por exemplo, os entes submetidos à autoridade tutelar da qual o visto decorre) estranha ao sujeito (representado justamente pela autoridade tutelar) que emitiu o visto. Um exemplo mais adequado, em contrapartida, é o exercício da *renúncia*, evidentemente quando aceita (cf. também ROMANO, Salvatore. *La revoca degli atti giuridici privati*. Padova: Cedam, 1935, pp. 302 e ss.) (da qual deriva que uma *retirada* da mesma, embora com o consentimento da outra parte, não seria propriamente *revogação*, mas, sim, nova criação do direito ao qual a renúncia se refere; assim como não seria propriamente revogação a retirada consensual de um contrato de venda que já operou a transferência da propriedade: cf. ROMANO, Salvatore. *La revoca degli atti giuridici privati*. Padova: Cedam, 1935, p. 61); a concessão de um subsídio *una tantum*; uma autorização relativa a um comportamento instantâneo (irrevogável, portanto, uma vez que o comportamento tenha sido posto em prática), e assim por diante. No sentido, ao revés, de admitir a revogabilidade também para atos que constituam relações com eficácia instantânea, v. ROMANO, Salvatore. *La revoca degli atti giuridici privati*. Padova: Cedam, 1935, p. 14.

jurídicos que conduziram às modificações em questão.[70] Justamente porque, tratando-se de modificações diretamente desejadas pelo direito objetivo, não podem se submeter a uma *disponibilidade* por parte do sujeito em relação a elas.[71]

8 Revogabilidade *abstrata* dos atos com conteúdo *negocial* editados tendo em vista relações de caráter *continuado*, das quais o declarante continue sendo, *atualmente*, *titular* — possibilidade de limites concretos, formais e substanciais do *concreto* dever-poder de revogação

e) Diversamente é de se dizer, em contrapartida, no caso de modificações desejadas pelo sujeito referentes às relações de *caráter continuado*, *ainda subsistentes*, e *tendo por titular o próprio sujeito*. Diferentemente dos casos anteriores, aqui o sujeito, com base simplesmente no genérico dever-poder de agir, tem pleno dever-poder de modificar, da forma que ele crê mais adequada ao próprio interesse, as relações que tenham o próprio sujeito por titular, e, pois, também pleno dever-poder de eliminar (naturalmente com eficácia *ex nunc*) precedentes modificações por ele mesmo efetuadas na relação, já que, repito, a eliminação com eficácia *ex nunc* de uma precedente modificação equivale a uma ulterior modificação da relação.

---

70 Nesse sentido também RESTA, Raffaele. *La revoca degli atti amministrativi*. Milano: A. Giuffrè, 1935, p. 229; FORTI, Ugo. *Diritto amministrativo*: parte generale. vol. 2. Napoli: Jovene, 1937, p. 133; em sentido contrário, ROMANO, Salvatore. *La revoca degli atti giuridici privati*. Padova: Cedam, 1935, p. 328.

71 V. também a minha obra *La revocabilità dell'atto amministrativo*. Milano: Giufrrè, 1936, pp. 21 e ss.

Dever-poder, de outro lado, abstrato, isto é, suscetível de ser subordinado, no Direito Público bem mais que ao Direito Privado,[72] a bem conhecidos limites substanciais, razão pela qual se pode, sem dúvida, afirmar que o dever-poder de retirada — abstratamente admissível no que respeita às modificações jurídicas antecedentemente estabelecidas nas relações em que o sujeito é titular — deve submeter-se aos mesmos limites *substanciais* (isto vale, repito, bem mais para o Direito Público do que para o Direito Privado, em que os limites são, ao contrário, mais *formais*)[73] aos quais se sujeita o normal dever-poder de agir, ou dever-poder de efetuar ulteriores modificações nas relações jurídicas: princípio, este, que será analisado e aplicado mais adiante.

9 Conclusões extraídas das indagações a respeito da natureza e da admissibilidade de revogação de um ato jurídico

Concluindo e resumindo:

a) Apenas com os esclarecimentos e limitações ora expostas, no campo da Teoria Geral do Direito, pode-se formular e admitir uma noção de *retirada*, ou *revogação*, de atos jurídicos, a saber, entendendo a retirada como simples eliminação, com eficácia meramente *ex nunc*,[74] das modificações antecedentemente realizadas pelo sujeito, mediante o ato de revogação,

---

72 Cf. a observação e o desenvolvimento desse ponto na minha obra *Sistema istituzionale del diritto amministrativo italiano*. Milano: A. Giuffrè, 1953, pp. 153 e ss.

73 Cf. ALESSI, Renato. *Sistema istituzionale del diritto amministrativo italiano*. Milano: A. Giuffrè, 1953, pp. 153 e ss.

74 Dessa forma restam vivos os eventuais direitos dos terceiros decorrentes do ato revogado; desse modo, a subsistência dos direitos adquiridos não pode ser considerada, ao contrário do que considera a doutrina, como obstáculo à revogabilidade de um ato: sob este ponto, porém, vide exposição mais ampla que será feita *infra* Capítulo II, Seção II, §4.

relativamente a uma relação, de modo que a revogação se resolve numa *ulterior* modificação da própria relação. Dessa forma, ainda se pode falar de uma revogação de um ato apenas tendo em vista o fato que a ulterior modificação da relação se resolve no restabelecimento, relativamente à própria relação, da situação jurídica anterior ao ato de revogar.

b) Um *dever-poder de revogação*, por parte do declarante, poder-se-á admitir em concreto, apenas relativamente aos atos que, tendo caráter *negocial*, hajam produzido os seus efeitos relativamente às relações nas quais o sujeito seja ainda *atualmente titular*: somente em face de tais relações o próprio sujeito pode fruir do dever-poder de produzir modificações *ulteriores* à relação.

10 Corolários que se podem deduzir a respeito da natureza da revogação e do fundamento do dever-poder de revogar

De tal noção de revogação derivam vários e importantes *corolários*:

a) Não se pode acolher a opinião[75] que define o dever-poder de revogação como *poder negativo*:[76] ao contrário, trata-se

---

75 V. nesse sentido: RESTA, Raffaele. *La revoca degli atti amministrativi*. Milano: A. Giuffrè, 1935, p. 173; ROMANO, Salvatore. *La revoca degli atti giuridici privati*. Padova: Cedam, 1935, pp. 56 e ss.

76 Sobre o conceito de *poder negativo* cf. BEKKER, Ernst Immanuel. *System der heutigen Pandektenrechts* - I. Weimar: Hermann Böhlau, 1886, p. 89; HELLWIG, Konrad. *Wesen und subjektive Begrenzung der Rechtskraft*. Leipzig: Deichert, 1901, pp. 3 e ss.; CROME, Carl. *System des deutschen bürgerlichen Rechts*. Leipzig: Mohr, 1900, p. 176; ROMANO, Salvatore. *La revoca degli atti giuridici privati*. Padova: Cedam, 1935, pp. 56 e ss.

Como se sabe, a doutrina entende por *poderes negativos* os poderes jurídicos com um conteúdo negativo, enquanto tendentes a elidir, a cancelar, a eliminar um ato ou uma relação do mundo jurídico: por exemplo, os chamados direito de impugnação, de denúncia, de rescisão, de retratação

de um dever-poder de ação jurídica de conteúdo *positivo*, dado que dirigido a *ulterior* modificação de uma relação; não me parece que seja suficiente o fato de que a nova modificação seja constituída pela eliminação, *ex nunc*, das modificações antecedentes, para definir como *negativo* o dever-poder em questão.

b) Nem pode encontrar acolhimento a opinião[77] que vê na *retirada* uma simples contraposição à *edição* dos atos jurídicos, de modo que o dever-poder de *retirar* decorreria simplesmente do dever-poder de *editar*: é verdade que o dever-poder de revogação é fundado simplesmente no genérico dever-poder de agir do sujeito, mas não no sentido de que se constitua simplesmente na contraposição ao dever-poder de editar o ato a ser revogado, mas, antes, no sentido de que ele se apresenta quando subsiste o dever-poder de modificar ulteriormente a relação em face da qual ocorreram as modificações estabelecidas pelo ato a ser revogado. E é nesse sentido que se pode acolher, como veremos, a opinião[78] segundo a qual o poder de revogação é coligado ao poder de *iniciativa*: ele é, efetivamente, coligado à subsistência de um poder de iniciativa, mas não com o poder de iniciativa referente à edição do ato a ser revogado, mas, sim, com a existência de um poder de iniciativa que se refere a uma ulterior modificação *ex nunc* da relação.

---

etc. (cf. ROMANO, Salvatore. *La revoca degli atti giuridici privati*. Padova: Cedam, 1935, pp. 56 e ss.).

Sobre essa figura, parece-me que haveria muito a dizer; pelo menos pelo que tem sido apontado até agora pela doutrina, parece-me pouco persuasivo.

77 Cf. RESTA, Raffaele. *La revoca degli atti amministrativi*. Milano: A. Giuffrè, 1935, p. 173.

78 Cf. AMORTH, Antonio. *Il merito dell'atto amministrativo*. Milano: A. Giuffrè, 1939, p. 64.

c) Nem, ainda, pode-se acolher a opinião[79] segundo a qual o critério distintivo entre revogação e outros institutos[80] estaria no fato de que a revogação, diferentemente deles, atingiria o ato no qual a relação teve origem, ao invés da própria relação. Alguns autores,[81] recentemente, aproximaram-se da verdade, sustentando que, substancialmente, o investir contra uma relação significa investir contra o ato, e vice-versa; a verdade é que, afora a inadmissibilidade de investir diretamente contra o ato em si, afora, então, a impossibilidade de investir diretamente contra o ato, também a revogação investe propriamente contra a relação jurídica, em face da qual elimina, com efeito *ex nunc*, as antecedentes modificações produzidas pelo ato a ser revogado.

d) A revogação de um ato jurídico, assim como se resolve na ulterior modificação da relação a respeito da qual o ato a ser revogado havia produzido seus efeitos, ao invés da retirada

---

79 Cf. RESTA, Raffaele. *La revoca degli atti amministrativi*. Milano: A. Giuffrè, 1935, pp. 141 e ss.; ROMANO, Salvatore. *La revoca degli atti giuridici privati*. Padova: Cedam, 1935, pp. 12 e ss. V., contudo, a perspicaz observação de GUICCIARDI, Enrico. "L'abrogazione degli atti amministrativi". *In*: _____. *Scritti di diritto pubblico in onore di Giovanni Vacchelli*. Milano: Vita e pensiero, 1937, p. 249 e de ROMANELLI, Vincenzo Maria. *L'annullamento degli atti amministrativi*. Milano: A. Giuffrè, 1939, p. 16. Cf. igualmente ROMANO, Santi. "Osservazioni sull'invalidità successiva degli atti amministrativi". *In*: _____. *Studi in onore di G. Vacchelli*. Milano: Giufrrè, 1937, p. 434.

80 Por exemplo, a condição resolutiva, a rescisão unilateral [*disdetta*], o resgate [*riscatto*] (v. *infra*, §4): ver, contudo, para um desacordo interessante e sintomático entre os autores, ao distinguir entre os meios que atuariam sobre o ato e os meios que atuariam sobre a relação, a observação de ROMANELLI, Vincenzo Maria. *L'annullamento degli atti amministrativi*. Milano: A. Giuffrè, 1939, pp. 14 e ss.

81 Assim, por exemplo ROMANELLI, Vincenzo Maria. *L'annullamento degli atti amministrativi*. Milano: A. Giuffrè, 1939, pp. 16 e ss.; v. também GUICCIARDI, Enrico. "L'abrogazione degli atti amministrativi". *In*: _____. *Scritti di diritto pubblico in onore di Giovanni Vacchelli*. Milano: Vita e pensiero, 1937, p. 249.

verdadeira e própria do ato, em si mesmo, é exercida com base num fundamento inerente à relação (precisamente, de uma divergência entre a permanência da modificação antecedentemente produzida pelo ato e o interesse do sujeito agente), em vez de ser exercida com base num fundamento inerente ao ato: então, diferentemente, como se verá, do instituto da *anulação*, instituto que, assim como atinge o ato e não a relação, encontra seu fundamento numa condição intrínseca (a *invalidade*) do ato anulado.

Além disso, deve tratar-se de uma divergência *atual*, de maneira que:

aa) Tem direto relevo a divergência sobrevinda, derivante, isto é, de uma mutação das circunstâncias objetivas;

bb) Por outro lado, a divergência *originária*, resultante de uma inoportunidade do ato em si, originariamente mal apreciado pelo sujeito, pode ter relevo, em relação aos efeitos da retirada,[82] [83] apenas indiretamente, vale

---

82 Note-se, realmente, que, se em Direito Público, como se verá, a divergência *originária*, enquanto *vício de mérito* do provimento [*provvedimento* – vide próxima nota] administrativo, pode ter relevo *direto* (além de relevo *indireto*, através da divergência *atual* que pode dar origem), isso já não ocorre pelos efeitos da revogação, mas, sim, pelos efeitos da anulação.

No Direito Privado, ao contrário, a divergência originária, em si mesmo considerada, não pode, em regra, ter qualquer relevância, assim como não pode ter relevância, em regra, os *vícios de mérito* (vale dizer: inoportunidade em face do interesse do declarante) que afetem o negócio.

83 N. T. A palavra italiana "*provvedimento*" costuma ser traduzida como *medida* ou *disposição*. Por todos: ZANICHELLI. *Dicionário italiano-português/português-italiano*. 8ª ed. Bologna: Zanichelli; Porto, 2006, p. 429. Sem embargo, a doutrina italiana diferencia o *atto amministrativo* do *provvimento amministrativo*. Afirma, por todos, Renato Alessi: "Diante dessa heterogeneidade apresentada da atividade executada pela autoridade administrativa, não parece de qualquer utilidade a construção de uma teoria unitária do *ato administrativo* (explicação genérica das atividades administrativas), por meio da qual se poderia enunciar apenas princípios generalíssimos e,

---

portanto, de escassa utilidade. Deve-se, ao revés, com o intuito de construir uma teoria orgânica que resulte útil, isolar uma categoria homogênea de atos aos quais se possa aplicar o maior número possível de princípios, mas que seja suficientemente vasta a fim de evitar excessivos fracionamentos, categoria que se apresente como a mais significativa e a principal entre as várias categorias de atos administrativos (...)". (ALESSI, Renato. *Principi di diritto amministrativo*. vol. 1. Milano: A. Giuffrè, 1966, §161, p. 278, tradução nossa, grifos do autor).

Após, indaga: "Então, qual é a principal e mais significativa categoria da atividade administrativa da autoridade administrativa? Obviamente, é aquela que responde, fundamentalmente, de um lado à posição normal e significativa da administração pública, e de outro à sua natural função. Posição e função natural, normal, significativa, da administração pública, resultam da definição que foi dada: expressão do Estado agente em concreto para a realização dos interesses públicos concretos confiados a ela, mediante a posição existente de disposições diretas a dar concreta operatividade a um preceito normativo. Posição jurídica, portanto, *soberana*, vale dizer, de um ente que realiza, embora dentro de limites bem definidos e limitados, o poder de império do Estado; função de realizar interesses públicos concretos confiados a ela, justamente mediante a edição de disposições que tenham valores e *funções complementares*. Eis os elementos com base nos quais se pode dissociar do conjunto díspar da atividade administrativa a categoria que se pode considerar principal e mais significativa: elementos, note-se, que se refletem no sentido de uma recíproca relação, de um sobre o outro. De fato, de um lado, a posição soberana da administração deve entender-se (além de limitada, como veremos, à edição de disposições complementares) no sentido de edição de disposições *para a realização de interesses próprios* e, portanto, editadas na *qualidade de parte* das relações nas quais o exercício da soberania ocorre; de outro lado, a função de realizar interesses públicos concretos deve entender-se no sentido de realização mediante disposições editadas *na qualidade de autoridade*". (ALESSI, Renato. *Principi di diritto amministrativo*. vol. 1. Milano: A. Giuffrè, 1966, §161, pp. 278/279, tradução nossa, grifos do autor). Pouco adiante, conclui: "Agora, tal como o exercício de qualquer atividade administrativa pode ser denominado *atto amministrativo* em geral (subjetivamente entendido), o exercício em particular dessa ora delineada categoria de atividade pode a meu ver ser denominado *provvedimento amministrativo*, por um lado, na consideração de que, com isso, a autoridade provê a realização de interesses públicos; e, por outro, tendo em vista que na doutrina moderna se contrapõe o conceito de *provvedimento* de uma parte daquele de *atto* em geral, e de outra parte daquele de *negozio*, querendo com isso indicar o *exercício de um poder* por parte da autoridade". (ALESSI, Renato. *Principi di diritto amministrativo*. vol. 1. Milano: A. Giuffrè, 1966, §161, p. 279, tradução nossa, grifos do autor).

dizer, apenas sob o perfil da divergência *atual* da qual aquela eventualmente seja fonte.

e) A *revogação* como já se acenou, pelo menos no campo do Direito Privado, deve ser exercida consensualmente por todos os sujeitos *cotitulares* da relação, já que no Direito Privado seria inadmissível a modificação de uma relação jurídica (que interesse diretamente, pois, a mais de um sujeito) por obra de uma declaração unilateral proferida por apenas um deles.[84]

Por força disso, preferimos traduzir *provvimento* por "provimento", no sentido de providência administrativa para realização do interesse público no exercício de autoridade. Fixada a tradução do termo e explicada, em linhas gerais, o significado e a razão de ser da expressão "*provvedimento amministrativo*" (provimento administrativo), registramos nossa discordância, nesse ponto, com a doutrina do autor. Primeiro, consideramos, ao contrário do que afirma Alessi na passagem transcrita, que há, sim, utilidade, numa *teoria unitária* do ato administrativo. Cf. MARTINS, Ricardo Marcondes. "Ato administrativo". *In*: ______; BACELLAR FILHO, Romeu Felipe. *Tratado de direito administrativo*: Ato administrativo e procedimento administrativo. vol. 5, 2ª ed. São Paulo: Revista dos Tribunais, 2019, pp. 128/129. Segundo, consideramos equivocada toda inclinação doutrinária de restrição ou de ênfase no que se refere à *atuação autoritária* da Administração Pública. Cf. MARTINS, Ricardo Marcondes. *Teoria jurídica da liberdade*. São Paulo: Contracorrente, 2015, pp. 99 e ss.

84 Uma concepção diferente é, ao contrário, a de Romano Salvatore (*La revoca degli atti giuridici privati*. Padova: Cedam, 1935, pp. 58 e ss.) pela qual a revogação é ato essencialmente unilateral, devendo o assim chamado *mútuo dissenso* (chamada *revogação consensual*) ser excluído do conceito de revogação. A questão, afinal, não nos interessa, uma vez que diz respeito particularmente ao campo do Direito Privado; já no campo do Direito Público a revogação dos atos administrativos é sempre unilateral; também observo que muitas vezes o *mútuo dissenso* ou *consentimento contrário* (por exemplo relativamente a uma renúncia já aceita, ou a uma venda que já tenha transferido a propriedade da coisa vendida: cf. também ROMANO, Salvatore. *La revoca degli atti giuridici privati*. Padova: Cedam, 1935, p. 61) não pode ser considerada verdadeira revogação, isso em decorrência de faltar outros elementos (por exemplo, nos casos referidos, porque se trata de relação de duração instantânea) e não por força da bilateralidade propriamente dita; então, em outros casos não vejo por que não se poderia falar de verdadeira revogação: por exemplo, na revogação consensual de um contrato que deu vida a uma obrigação ainda não extinta — nesse caso, ROMANO vê,

f) A revogação é admissível, como já se disse, apenas relativamente a *negócios* verdadeiros e próprios, com exclusão dos *meros atos jurídicos*;[85] e, também, no caso dos negócios não são elimináveis as modificações decorrentes do direito objetivo independentes da vontade dos declarantes.

g) Assim concebida a revogação, é óbvio que o dever-poder de revogar decorre diretamente do dever-poder de agir do sujeito, sem que seja necessário, para seu fundamento, uma expressa concessão por parte do direito objetivo:[86] isto, como se disse, prescindindo dos limites substanciais que, particularmente no Direito Público, como se verá, possam existir para limitar o exercício do próprio dever-poder, assim como o exercício do genérico dever-poder de ação dos sujeitos.[87]

Ocorrerá, ao contrário, uma expressa concessão desse dever-poder por parte da norma quando se trate de uma revogação que exceda, de qualquer maneira, os limites da normal capacidade de

---

contudo, um *contrato liberatório* (ROMANO, Salvatore. *La revoca degli atti giuridici privati*. Padova: Cedam, 1935, p. 60). ROMANO é induzido a tal concepção em decorrência do fato de que ele concebe a revogação como uma operação sobre o ato e não sobre a relação, enquanto no caso mencionado os sujeitos agem indubitavelmente sobre a relação.

Coerentemente à sua concepção, ROMANO é, então, forçado a estabelecer como fundamento direto e imediato da revogação a explícita disposição de direito objetivo, em uma lei (ROMANO, Salvatore. *La revoca degli atti giuridici privati*. Padova: Cedam, 1935, p. 71), ao invés de o poder de agir de todo sujeito (cf., em sentido contrário, RESTA, Raffaele. *La revoca degli atti amministrativi*. Milano: A. Giuffrè, 1935, p. 179).

85 Cf. RESTA, Raffaele. *La revoca degli atti amministrativi*. Milano: A. Giuffrè, 1935, p. 229; contra: ROMANO, Salvatore. *La revoca degli atti giuridici privati*. Padova: Cedam, 1935, p. 328.

86 Cf. também RESTA, Raffaele. *La revoca degli atti amministrativi*. Milano: A. Giuffrè, 1935, p. 179.

87 Cf. ALESSI, Renato. *Sistema istituzionale del diritto amministrativo italiano*. Milano: A. Giuffrè, 1953, pp. 153 e ss.; v. a discussão que se fará *ex professo*: *infra*, cap. II, §3.

agir, ultrapassando os limites do instituto há pouco delineado,[88] vale dizer:

> aa) de revogação por parte de apenas um dos sujeitos da relação ou dos autores da declaração a ser revogada;[89] [90]
>
> bb) de revogação dos atos que dão origem a relações de duração instantânea;
>
> cc) de revogação com efeito *ex tunc*, com eliminação, então, dos direitos dos terceiros, que encontram seu pressuposto na relação nascida do ato revogado.
>
> dd) de revogação de *meros atos jurídicos*;
>
> ee) de revogação a pedido de sujeitos estranhos à relação.[91]

---

88 N.T. Registramos nossa discordância com a Alessi nesse ponto. Ele afirma que, em relação a esses atos, a revogação não decorre do dever-poder de agir do sujeito, mas sim de uma concessão normativa de dever-poder. Para nós, esses atos não são passíveis de revogação. Cf. MARTINS, Ricardo Marcondes. "Ato administrativo". *In*: ______; BACELLAR FILHO, Romeu Felipe. *Tratado de direito administrativo*: Ato administrativo e procedimento administrativo. vol. 5, 2ª ed. São Paulo: Revista dos Tribunais, 2019, p. 335. Se o Direito admite a extinção desses atos, essa extinção não terá a natureza de revogação. Deveras: é possível, por exemplo, *desapropriar* o direito, mas a desapropriação não se confundirá com a revogação. Nesse sentido, por todos: BANDEIRA DE MELLO, Celso Antônio. *Ato administrativo e direito dos administrados*. São Paulo: Revista dos Tribunais, 1981, pp. 173-191.

89 Por exemplo, a revogação de doações: art. 800 e seq. do Código Civil.

90 N.T.: Dispõe o art. 800 do Código Civil italiano, citado na nota precedente, por Alessi: "A doação pode ser revogada por ingratidão ou por superveniência de filhos". De modo similar, o art. 555 do Código Civil brasileiro (de 2002) estabelece: "A doação pode ser revogada por ingratidão do donatário, ou por inexecução do encargo".

91 Por exemplo, a revogação dos atos em fraude dos credores: art. 2901 e seq. do Código Civil.

h) Enfim, não é, portanto, de se acolher a opinião[92] segundo a qual, diante do genérico *dever-poder de revogação* deveria corresponder, no caso concreto, quando se admitir em concreto a possibilidade da revogação, uma *revogabilidade* objetiva, inerente, intrinsecamente ao ato a ser revogado: uma vez que a retirada não investe contra o ato, mas contra a relação, não pode existir uma revogabilidade ou irrevogabilidade objetivamente inerente ao ato; ao contrário, para a admissão ou não, em concreto, da revogação é necessária e suficiente a existência do dever-poder de modificar ulteriormente a relação, dever-poder esse em que está contido, como se disse, também o dever-poder de revogação.

§2 Concepção e limites da admissibilidade abstrata da revogação no campo dos atos administrativos

Sumário: 1. Inaceitabilidade da teoria segundo a qual a revogabilidade seria uma característica objetiva do ato administrativo. 2. Inaceitabilidade da teoria segundo a qual a revogabilidade seria uma característica do ato administrativo *discricionário*. 3. Plena aplicabilidade, também no campo do ato administrativo, dos princípios precedentemente estabelecidos sobre a natureza da revogação e o fundamento do dever-poder de revogar.

---

92 Cf. RESTA, Raffaele. *La revoca degli atti amministrativi*. Milano: A. Giuffrè, 1935, pp. 12, 87 e ss.

1 Inaceitabilidade da teoria segundo a qual a revogabilidade seria uma característica objetiva do ato administrativo

Estabelecida a noção de revogação e os limites de sua admissibilidade abstrata no campo mais amplo da Teoria Geral do Direito — vale dizer, para aquilo que diga respeito à revogação do ato jurídico genericamente considerado —, deve-se realizar uma análoga pesquisa no campo mais restrito do Direito Administrativo, fazendo aplicação dos princípios precedentemente fixados.

Em primeiro lugar, é claro que os princípios acima referidos, se aplicados ao campo do ato administrativo, resultam em nítido contraste com a opinião dominante até época bastante recente, segundo a qual a *revogabilidade* seria uma característica objetiva do ato administrativo,[1] limitada, unicamente — para os atos que conferem vantagens aos cidadãos — pelos *direitos adquiridos* que o ato tenha dado origem:[2] ao contrário, a revogação, como se estabeleceu, afeta a relação ao invés do ato em si mesmo, a revogabilidade depende unicamente de um elemento extrínseco e subjetivo, aquele oferecido pelo dever-poder de modificar ulteriormente a própria relação: a revogabilidade mesma, por isso, não pode ser um requisito intrínseco ao ato, em si, mas um elemento extrínseco a ele, podendo mesmo, para uma mesma categoria de atos, existir, ou não, em concreto, segundo subsista em concreto,

---

1 Cf. RAGGI, Luigi. "Sull'atto amministrativo: concetto, classificazione, validità: la revocabilità degli atti amministrativi". *Rivista di diritto pubblico*, 1917, I, p. 318; ROMANO, Santi. *Corso di diritto amministrativo*. 3ª ed. Padova: Cedam, 1937, p. 275; VITTA, Cino. "La revoca degli atti amministrativi". *Foro amministrativo*, IV, 1, 1930, p. 7.

2 Cf. ROMANO, Santi. *Corso di diritto amministrativo*. 3ª ed. Padova: Cedam, 1937, p. 296; D'ALESSIO. *Istituzioni di diritto amministrativo italiano*. vol. 2. Torino: Unione tipografico editrice torinese, 1934, p. 204; RANELLETTI, Oreste. *Le guarentigie della giustizia nella pubblica amministrazione*. 4ª ed. Milano: A. Giuffrè, 1934, p. 139.

ou não, para a administração, o dever-poder de introduzir modificações na relação e, pois, de eliminar os efeitos do ato.

De outro lado, não se vê como uma tal pretensa revogabilidade objetiva do ato administrativo poderia brotar. Não do genérico dever-poder da administração de avaliar as sobrevindas mutações no interesse público, e de prover [*provvedere*][3] em conformidade,[4] uma vez que não se vê como de um tal dever-poder — mesmo considerando o fato de que se trata de um dever-poder não ilimitado, mas, sim, limitado não apenas para tutela dos indivíduos, mas também e sobretudo para tutela da coletividade,[5] de modo que o dever-poder de revogação poderá ser limitado também no caso de atos que imponham ônus aos particulares, ao invés de somente vantagens —, que tem, indubitavelmente, um caráter subjetivo e extrínseco em relação ao ato, possa derivar de uma condição

---

3 N.T.: O verbo italiano *provvedere* é utilizado no sentido de "adotar um provimento, estabelecer uma medida mais oportuna para obter um determinado fim, para resolver uma situação crítica ou para corrigir um inconveniente" (ZINGARELLI, Nicola. *Vocabolario della lingua italiana.* 12ª ed. Bologna: Zanichelli Editore, 2006, p. 1433). Zingarelli dá como exemplo: "o governo já proveu" (ZINGARELLI, Nicola. *Vocabolario della lingua italiana.* 12ª ed. Bologna: Zanichelli Editore, 2006). Advém, etimologicamente, do verbo latino "*provideo, es, ere, vidi, visum*", que significa: "ver antecipadamente, prever, pressentir; prover a, olhar por, fazer provisão" (ZINGARELLI, Nicola. *Vocabolario della lingua italiana.* 12ª ed. Bologna: Zanichelli Editore, 2006; FARIA, Ernesto. *Dicionário latino-português.* Belo Horizonte: Garnier, 2003, p. 814). A palavra mais apropriada, no português, para esse verbo é prover, que também deriva do referido verbo latino (Cf. HOUAISS, Antônio; VILLAR, Mauro de Salles (Coord.). *Dicionário Houaiss da língua portuguesa.* Rio de Janeiro: Objetiva, 2009, p. 1568). A palavra "prover", não adquiriu, contudo, em português, o sentido técnico a ela atribuída ao verbo italiano. Aliás, não existe, s.m.j., palavra com sentido equivalente na língua portuguesa.

4 Cf. ROMANO, Santi. *Corso di diritto amministrativo.* 3ª ed. Padova: Cedam, 1937, p. 275; RAGGI, Luigi. "Sull'atto amministrativo: concetto, classificazione, validità: la revocabilità degli atti amministrativi". *Rivista di diritto pubblico*, 1917, I, p. 318.

5 Cf. ALESSI, Renato. *Sistema istituzionale del diritto amministrativo italiano.* Milano: A. Giuffrè, 1953, pp. 151 e ss.

intrínseca ao próprio ato, comparável, por exemplo, à invalidade em relação à anulação, de forma que se possa considerar, de um lado, que a revogação afeta diretamente o ato em si, e, de outro lado, que a revogabilidade constitua uma característica objetiva e intrínseca do próprio ato.

2 Inaceitabilidade da teoria segundo a qual a revogabilidade seria uma característica do ato administrativo *discricionário*

Não se pode admitir, com fundamento nos princípios expostos precedentemente, que a revogabilidade seja uma característica objetiva e intrínseca, senão do ato administrativo em geral, pelo menos do ato discricionário.[6]

A discricionariedade,[7] com efeito, não é uma qualidade intrínseca de um ato, mas simplesmente uma qualidade extrínseca, dado que sua existência, ou não, depende da relação intercorrente — no que diz respeito ao ato determinado — entre a lei e o dever-poder de ação da administração, de forma que resulta discricionário, em concreto, aquele ato em face do qual o dever-poder de ação da administração resulte vinculado de modo *não preciso*.[8] [9]

6 Cf. por todos: RESTA, Raffaele. *La revoca degli atti amministrativi*. Milano: A. Giuffrè, 1935, pp. 87 e ss.; ZANOBINI, Guido. *Corso di diritto amministrativo*. 7ª ed. Milano: Giuffrè, 1955, pp. 324 e ss.

7 Sobre esse conceito, v. amplamente minha obra *Sistema istituzionale del diritto amministrativo italiano*. Milano: A. Giuffrè, 1953, pp. 156 e ss., com as necessárias indicações referentes à doutrina.

8 Cf. amplamente minha obra *Sistema istituzionale del diritto amministrativo italiano*. Milano: A. Giuffrè, 1953, pp. 151 e ss.

9 N.T. Renato Alessi, como toda doutrina de seu tempo, possui uma visão *legalista* da discricionariedade; adotamos, ao revés, uma visão *neoconstitucionalista*. Sobre ambas: MARTINS, Ricardo Marcondes. "Ato administrativo". *In*: ______; BACELLAR FILHO, Romeu Felipe. *Tratado de direito administrativo*: Ato administrativo e procedimento administrativo. vol. 5, 2ª ed. São Paulo: Revista dos Tribunais, 2019, pp. 140 a 150; MARTINS,

Não pode, portanto, de tal elemento de natureza extrínseca e concreta, derivar uma condição intrínseca e abstrata do ato discricionário, de forma a poder considerar, de um lado, que a revogação afete diretamente o ato em si mesmo, e, de outro lado, que a revogação constitua uma característica objetiva e intrínseca do ato discricionário.

Nem parece lícito sustentar o argumento, como fazem normalmente, explícita ou implicitamente, os que sustentam a teoria em exame, da existência de uma esfera de liberdade de avaliação concedida à administração no momento da edição do ato discricionário — liberdade de avaliação concedida para o fim de apreciar se a execução do ato em questão é, ou não, oportuna — para sustentar que uma análoga esfera de liberdade de avaliação deve ser mantida com a própria administração para o fim de apreciar se é, ou não, oportuna a permanência dos efeitos do ato discricionário; para o fim, ainda, de apreciar se é conveniente, ou não, proceder à revogação dele; em verdade, estabelecida a natureza de elemento extrínseco que é reconhecida à discricionariedade — dado que ela depende do fato de o dever-poder de ação da administração relativamente à edição do ato não ser vinculado de modo *preciso* —, não é dito que a discricionariedade do ato — vale dizer, repito, o fato de o dever-poder de proceder à sua edição não ser vinculado de modo preciso — implique necessariamente um dever-poder de produzir ulteriores modificações na relação que veio a resultar da edição do ato discricionário; ulteriores modificações, nas quais, como se disse, sempre que forem dirigidas ao reestabelecimento

---

Ricardo Marcondes. *Teoria jurídica da liberdade*. São Paulo: Contracorrente, 2015, pp. 111 e ss. Em absoluta síntese, enquanto para a concepção legalista a fonte da discricionariedade é a lei, para a neoconstitucionalista a fonte é o direito globalmente considerado. Sem embargo, é de se registrar a proximidade, nesse ponto, com a doutrina de Alessi, para quem a discricionariedade se revela em concreto e não em abstrato. Justamente por isso consideramos inapropriada a expressão "ato discricionário", discricionária é a competência, não o ato.

da situação jurídica antecedente, consistem, substancialmente, em revogação. Dever-poder discricionário de editar o ato, e dever-poder de modificar discricionariamente a relação que dele deriva, são elementos considerados essencialmente distintos, uma vez que não há razão para considerar que o segundo deva decorrer, necessariamente, do primeiro.

Se uma estreita relação entre *revogabilidade* de um ato e *poder discricionário* da administração indubitavelmente deva subsistir, uma tal relação deve ser entendida num sentido diverso, precisamente no sentido que subsiste a revogabilidade de um ato — sempre entendendo essa expressão no sentido impróprio, diante do que já se esclareceu —– onde exista para a administração pelo menos um *dever-poder de prover* [*provvedere*][10] *discricionariamente para modificar ulteriormente a relação* em face da qual o ato em questão tenha produzido os seus efeitos, podendo, eventualmente, então, essa ulterior modificação consistir na eliminação das precedentes modificações; em outras palavras, onde subsista para a administração pelo menos um genérico dever-poder discricionário de *prover, ulteriormente, na matéria.*

Mas essa discricionariedade para prover [*provvedere*] *em um momento sucessivo* ao da edição do ato (discricionariedade para modificar ulteriormente a relação que resulta da edição do próprio ato) não se identifica, necessariamente, de *per si*, com a *discricionariedade anterior*, vale dizer, com a discricionariedade relativa à edição do ato em questão: as duas discricionariedades são consideradas distintas, já que pode ocorrer que uma se exaura, por assim dizer, com a edição do ato, sem que sobreviva para a administração algum dever-poder discricionário relativo à modificação ulterior da relação, naquele caso em que é evidente, com base nos princípios expostos, que o ato em questão não poderá ser havido como revogável, embora fosse discricionário no momento de sua edição.

10 N.T.: Vide supra, Capítulo 1, §2°, nota 3.

Tanto isso é verdade que são comumente considerados irrevogáveis certos atos cuja edição é, sem alguma dúvida, discricionária: por exemplo, a autorização à sociedade anônima para aumento de capital superior a um milhão (art. 8 do D. L. de n. 1613, de 5 de setembro de 1935)[11] e, em geral, todas as autorizações para realização de atos jurídicos:[12] irrevogabilidade que não se concilia com a teoria mencionada segundo a qual a discricionariedade do ato deveria ser fonte de sua revogabilidade, mas bem se justifica com a teoria aqui propugnada, segundo a qual não é ao momento da edição do ato, e da eventual discricionariedade que exista em tal momento, que importa dar relevo, mas, sim, ao momento sucessivo, e à discricionariedade para produzir ulteriores modificações na relação, sendo apenas a discricionariedade subsistente neste segundo momento que possui estreita relação com a revogabilidade do ato.

É claro, portanto, que assim como é o momento da revogação que é preciso examinar, ao invés do momento da edição do ato, para decidir sobre a existência de um dever-poder discricionário apto a servir de fundamento à revogabilidade do ato, igualmente a estreita conexão entre revogabilidade e discricionariedade deve ser entendida exclusivamente no sentido, ora clarificado, de relação direta entre a subsistência de um dever-poder de modificar

---

11 N.T. O *decreto-lei* (*decreto-legge*) é um ato com força de lei, previsto no art. 77 da Constituição italiana vigente, de 1947, editado pelo Governo nos casos excepcionais de necessidade e urgência. É correlato, no Direito brasileiro vigente, à medida provisória. O Decreto-lei de n. 1613, de 05 de setembro de 1935, limitou temporariamente a distribuição de lucros nas sociedades comerciais. Foi convertido, com modificações, na Lei de n. 573, de 26.03.1936, que se encontra revogada. Dispunha o referido artigo 8º: "São sujeitas à prévia autorização do Ministro das Indústrias, em conjunto com o Ministro das Finanças, a constituição de sociedades com capital social superior a um milhão de libras, bem como os aumentos de capital e a emissão de títulos de sociedades por ações. Os referidos atos não podem ser transcritos, afixados e publicados se não estiverem acompanhados da mencionada autorização".

12 Cf. VITTA, Cino. *Diritto amministrativo*. 4ª ed. Torino: Unione tipografico-editrice torinese, 1955, p. 451.

discricionária e ulteriormente a relação, e a revogabilidade do ato pelo qual, antecedentemente, foram produzidas as modificações referentes à própria relação, sem ter em conta, no entanto, a discricionariedade ou não da edição, em si mesma, do ato precedente.[13]

3 Plena aplicabilidade, também no campo do ato administrativo, dos princípios precedentemente estabelecidos sobre a natureza da revogação e o fundamento do dever-poder de revogar

Em conclusão, portanto, não há qualquer razão para não se considerar aplicáveis ao campo dos atos administrativos os princípios anteriormente estabelecidos quanto à retirada do ato jurídico em geral.

Assim, também no que respeita aos atos administrativos, podem ser fixados os seguintes pontos essenciais, que valem como um primeiro delineamento sumário do instituto da *revogação*:

a) A revogação de um ato administrativo se resolve na eliminação, com eficácia meramente *ex nunc*, dos efeitos antecedentemente produzidos, no tocante a uma relação jurídica, pelo ato a ser revogado: resolve-se, portanto, na *ulterior modificação* da própria relação.

---

13 N.T. Concordamos com Alessi quando este afirma que a discricionariedade da revogação não se confunde com a discricionariedade da edição do ato revogado, pois é possível que este tenha sido fruto de competência discricionária e, apesar disso, não seja possível a revogação. Sem embargo, há uma vinculação conceitual entre a revogação e a discricionariedade. Por isso, subscrevemos o comentário de Daniele Talamini à conclusão de Alessi: "Apesar desta consideração acerca da necessidade de subsistência da discricionariedade em um momento sucessivo, não se pode negar que a revogação do ato administrativo tem um dos seus suportes na discricionariedade administrativa". (*Revogação do ato administrativo*. São Paulo: Malheiros, 2002, p. 58). Sobre a referida vinculação: MARTINS, Ricardo Marcondes. *Estudos de direito administrativo neoconstitucional*. São Paulo: Malheiros, 2015, pp. 191-193.

b) A revogação, pois, assim como não afeta propriamente o ato a ser revogado, em si mesmo, mas, antes, a relação à qual se referem os efeitos produzidos por esse ato, deve ser exercida com fundamento na *relação* em si, e não com fundamento no próprio *ato*: vale dizer, sob o fundamento de uma divergência atual entre o interesse da administração e a permanência dos efeitos produzidos, na relação, pelo ato a ser revogado.

c) A revogabilidade concreta de um ato administrativo não depende de uma condição objetiva e intrínseca ao ato, mas, isto sim, de um elemento extrínseco, ou seja, da existência, no caso concreto, de um *dever-poder de revogação*, que, por sua vez, quando falta uma atribuição expressa, decorre de um dever-poder discricionário de modificar ulteriormente a relação a respeito da qual venham a incidir os efeitos do ato a ser revogado: noutros termos, de um dever-poder discricionário de ulteriormente prover (*provvedere*) sobre essa matéria.

d) Esse concreto dever-poder de revogação, portanto, será limitado da mesma forma que o concreto dever-poder de *prover* (*provvedere*) do qual decorre.

e) A afirmação de que a revogação constitui exercício de atividade da mesma natureza da que constitui o exercício do ato a ser revogado[14] é exata, e pode ser aceita apenas se entendida no sentido de que a revogação constitui exercício de *administração ativa* e não de *atividade de controle*:[15] com ela, realmente, a administração procede à modificação

---

14 Cf. AMORTH, Antonio. *Il merito dell'atto amministrativo*. Milano: A. Giuffrè, 1939, p. 64; CODACCI-PISANELLI, Giuseppe. *L´annullamento degli atti amministrativi*. Milano: Giuffrè, 1939, p. 126.

15 Cf. RAVÀ, Paolo. *La convalida degli atti amministrativi*. Padova: Cedam, 1937, p. 66. Incorreta, parece-me, a afirmação de AMORTH (*Il merito dell'atto amministrativo*. Milano: A. Giuffrè, 1939, p. 64), de que a anulação constituiu exercício de atividade jurisdicional.

de uma relação do modo mais adequado à realidade e ao atual interesse, sem qualquer relação com a consideração se o ato a ser revogado foi, em si mesmo, no momento de sua realização, mais ou menos conforme ao interesse da própria administração.

f) Assim, também, como aliás já foi dito, resulta exata a afirmação de que o dever-poder de revogação é coligado ao *dever-poder de iniciativa*,[16] naturalmente entendendo-o não no sentido referente à *iniciativa* concernente à edição do ato a ser revogado, mas, isto sim, à *iniciativa* relativa à ulterior modificação discricionária da relação sobre a qual o ato em questão veio a incidir.

§3 Distinção entre a revogação e a anulação dos atos administrativos

Sumário: 1. Questão se a bipartição tradicional "revogação-anulação" deve ser substituída por uma tripartição "revogação/anulação/ab-rogação"; exame crítico da tripartição proposta por Guicciardi. 2. Segue: exame crítico da tripartição proposta por Romano. 3. Os vários critérios propostos pela doutrina para a distinção entre revogação e anulação. 4. Diversidade de finalidade e de fundamento dos dois institutos. 5. Questão se se deve considerar revogação ou anulação a eliminação dos atos viciados em relação mérito: noção de *mérito* do ato administrativo – crítica ao modo pelo qual o problema da admissibilidade de um vício (*invalidante*) do mérito vem sendo tratado usualmente. 6. Segue: problema dos limites de uma eventual admissibilidade de um vício invalidante de mérito. 7. Segue: noção de *legalidade do ato* administrativo contraposta à noção de *legitimidade* em sentido estrito. 8. Segue: como o vício

---

16 Cf. AMORTH, Antonio. *Il merito dell'atto amministrativo*. Milano: A. Giuffrè, 1939, p. 64.

de mérito pode ser incluído no conceito de ilegalidade do ato administrativo. 9. Segue: limites necessários ao vício de mérito, tendo em vista sua eficácia invalidante como fundamento de uma anulabilidade do ato administrativo – em particular, deve tratar-se de vício *originário*. 10. Segue: limites à eficácia invalidante do vício de mérito. 11. Inadmissibilidade de uma anulação de ofício por vício de mérito. 12. Qual é, em consequência, o critério adotado para a distinção entre revogação e anulação.

1 Questão se a bipartição tradicional "revogação-anulação" deve ser substituída por uma tripartição "revogação/anulação/ab-rogação"; exame crítico da tripartição proposta por Guicciardi

As considerações expendidas até aqui serviram para esboçar, para delinear, de modo sumário e aproximativo, o instituto da *revogação*. É preciso agora ir além e delinear o instituto de um modo mais nítido e preciso. Para tal finalidade é conveniente proceder a uma nova análise com o escopo de distinguir exatamente o instituto em exame de outros institutos jurídicos que têm alguns ou muitos pontos de contato ou de afinidade com ele.

O instituto ao qual a revogação mais se avizinha, e onde parece mais incerta na doutrina a linha de demarcação entre eles, é talvez o da *anulação*,[1] [2] de maneira que convém proceder, antes de tudo, a uma investigação, sem rodeios, e diferenciá-los.

---

1 Sobre esse instituto ver a ampla monografia de ROMANELI (*L'annullamento degli atti amministrativi*. Milano: A. Giuffrè, 1939) e de CODACCI-PISANELLI (*L´annullamento degli atti amministrativi*. Milano: Giuffrè, 1939).

2 N.T. Cf. *supra*, Cap. 1, §1°, rodapé 12, contrário de Alessi preferirmos utilizar a expressão "invalidação" ao invés de "anulação", tendo em vista a problemática decorrente da nulidade/anulabilidade. Sem embargo, respeitamos, na tradução, a terminologia utilizada pelo autor.

Em primeiro lugar, convém perguntar se, entre os dois institutos tradicionais da *revogação* e da *anulação*, é admissível um *tertium genus*: indagação que se torna necessária pelo fato de que alguns autores,[3] talvez nos rastros de uma decisão do Conselho de Estado,[4] distinguem uma *ab-rogação* dos atos administrativos em antítese tanto da *revogação*, como da *anulação*, de maneira que a bipartição tradicional, se acolhida tal doutrina, deveria transformar-se em uma tripartição.

Considera, de fato, de um lado, GUICCIARDI,[5] depois de uma aguda e original indagação sobre os diversos modos de cessação dos atos administrativos,[6] que — sob a reflexão de que o caso da supressão do ato que advenha de sua *inoportunidade originária* deve ser considerado distinto da eliminação pelo desaparecimento da situação de fato (*inoportunidade superveniente*) — deva restringir-se à primeira situação a noção de *revogação* (com eficácia *ex tunc*), devendo-se, porém, definir como *ab-rogação* (com eficácia *ex nunc*) a segunda situação: ambas naturalmente em antítese, e, além delas,

---

3 Assim, GUICCIARDI, Enrico. "L'abrogazione degli atti amministrativi". *In*: ______. *Scritti di diritto pubblico in onore di Giovanni Vacchelli*. Milano: Vita e pensiero, 1937; e ROMANO, Santi. *Corso di diritto amministrativo*. 3ª ed. Padova: Cedam, 1937, pp. 293 e ss.; contra cf. RESTA, Raffaele. "Revoca, revocazione, abrogazione di atti amministrativi". *Foro Amministrativo*, I, 2, c. 97, 1936 ; ROMANELLI, Vincenzo Maria. *L'annullamento degli atti amministrativi*. Milano: A. Giuffrè, 1939, pp. 54 e ss. V. também RAVÀ, Paolo. *La convalida degli atti amministrativi*. Padova: Cedam, 1937, p. 94 nota (I).

4 V. Seção de 28 de janeiro de 1936 (*Foro Amministrativo*, 1936, I, 2, 95); v. também V Seção, 18 de agosto 1936 (*Foro Amministrativo*, 1937, I, 2,34).

5 N.T. Trata-se de Enrico Guicciardi, nascido em Novara, aos 18 de maio de 1909 e falecido em 3 de dezembro de 1970. Lecionou em várias Universidades até assumir a cátedra de Direito Administrativo, em 1936, na Universidade de Pádua, ali permanecendo até seu falecimento.

6 GUICCIARDI, Enrico. "L'abrogazione degli atti amministrativi". *In*: ______. *Scritti di diritto pubblico in onore di Giovanni Vacchelli*. Milano: Vita e pensiero, 1937, pp. 245 e ss.

a cessação do ato por exaurimento espontâneo[7] e a eliminação por motivos de ilegitimidade, esta designada como *anulação*.

Todavia, primeiramente, antecipando também o quanto se dirá em seguida, sinceramente não consigo compreender como se possa propriamente falar de uma *inoportunidade superveniente* de um ato. Para apreciar a oportunidade ou não de um ato em si, se não se quiser cair em uma perniciosa confusão entre os dois conceitos, idealmente distintos, de *ato* e de *efeito* do ato, é o momento de sua edição que se deve analisar; se o ato em tal momento era oportuno, não pode se tornar inoportuno depois, por uma variação da situação de fato. O que poderá tornar-se inoportuno, às vezes, é o *efeito* do ato, vale dizer, a *relação*, na condição em que se venha encontrar devido às modificações jurídicas produzidas pelo ato em questão; vale dizer, em substância, inoportuno poderá tornar-se a permanência das próprias modificações, não o ato em si e *per si*, que permanece aquele que era, mesmo defronte a variação das condições de fato; parece-me, portanto, extremamente impróprio falar de uma *inoportunidade superveniente* do ato.

Se isso é verdadeiro, não se poderá estabelecer uma contraposição entre *inoportunidade originária* e *inoportunidade superveniente*, já que uma contraposição de conceitos pode ser feita, utilmente, apenas entre conceitos homogêneos, enquanto aqui falta a homogeneidade, pois a inoportunidade originária se refere ao ato, enquanto a inoportunidade superveniente se refere à relação: tanto menos se poderá, sobre uma tal contraposição, basear uma distinção entre os vários meios de eliminação dos atos administrativos.

A contraposição, se alguma vez é feita para fundamentar uma distinção, será, ao contrário, entre situações que permitam o uso de um meio, como a anulação, apto a afetar o ato em si, e situações

---

7 GUICCIARDI, Enrico. "L'abrogazione degli atti amministrativi". *In*: ______. *Scritti di diritto pubblico in onore di Giovanni Vacchelli*. Milano: Vita e pensiero, 1937, pp. 247 e ss.

que permitam apenas o uso de meios, como a revogação, que afetam somente a relação. Ora, isso porque a *inoportunidade originária* — admita-se, pelo menos, que ela expresse um verdadeiro e próprio *vício* (invalidante) de mérito — uma vez que se admita a sua eficácia para eliminar o ato inoportuno, é elemento que, analogamente à invalidade, atém-se ao ato em si e não apenas à relação; é claro que em substância, aquilo que GUICCIARDI chama de *revogação* — considerado o mesmo fundamento e os mesmos efeitos (*ex tunc*) da eliminação — viria a constituir uma inútil duplicação da anulação, enquanto a *ab-rogação* outra coisa não seria que o instituto que tradicionalmente vem sendo chamado de *revogação*.[8] [9]

---

8 Cf. ROMANELLI, Vincenzo Maria. *L'annullamento degli atti amministrativi*. Milano: A. Giuffrè, 1939, p. 56; cf. também SANDULLI, Aldo M. *Il procedimento amministrativo*. Milano: Giuffrè, 1940, pp. 384 e ss.

9 N.T. Cf. afirmado no Cap. 1, §1º, rodapé 16, não acolhemos essa distinção proposta por Alessi. Para nós, tanto a invalidação como a revogação atingem o próprio ato. O ato administrativo pode extinguir-se por fato administrativo, como se dá com o cumprimento dos seus efeitos jurídicos (esgotamento de seu conteúdo jurídico, execução material ou implemento de condição resolutiva ou termo final) ou com o desaparecimento do sujeito ou do objeto; ou por ato administrativo. Nesse caso, a extinção dá-se por *retirada*, quando for efeito típico do ato extintivo, em quatro hipóteses: cassação, decaimento ou caducidade, revogação e invalidação; ou por contraposição ou derrubada, quando for efeito atípico do ato extintivo. Cf. MARTINS, Ricardo Marcondes. "Ato administrativo". *In*: ______; BACELLAR FILHO, Romeu Felipe. *Tratado de direito administrativo*: Ato administrativo e procedimento administrativo. vol. 5, 2ª ed. São Paulo: Revista dos Tribunais, 2019, pp. 322 e ss. A extinção por motivo superveniente dá-se tanto na *cassação*, quando no *decaimento* ou *caducidade*: no primeiro caso, o administrado deixou de observar as exigências impostas pelo Direito para que continuasse gozando do benefício estabelecido pelo ato; no segundo caso, alterações fáticas ou jurídicas tornaram o ato incompatível com o Direito. (MARTINS, Ricardo Marcondes. "Ato administrativo". *In*: ______; BACELLAR FILHO, Romeu Felipe. *Tratado de direito administrativo*: Ato administrativo e procedimento administrativo. vol. 5, 2ª ed. São Paulo: Revista dos Tribunais, 2019, pp. 326 e 336). Concorda-se, porém, com Alessi quando este considera impertinente a "inconveniência originária" como hipótese autônoma de extinção. Se o agente, no exercício de competência discricionária, por dolo ou por erro, não considerava o ato conveniente e oportuno quando da edição, há, respectivamente, presunção absoluta ou relativa de vício de finalidade ou de

2 Segue: exame crítico da tripartição proposta por Romano

Também outro ilustre autor, Romano,[10] [11] contrapõe a *ab-rogação* à *revogação* e à *anulação*, chegando, assim, a uma tripartição em lugar da bipartição tradicional. Ele, pois, define como *anulação* a eliminação do ato inválido por motivos tanto de *ilegitimidade* como de *mérito*; *ab-rogação*, a eliminação do ato válido por mutação da situação de fato; *revogação*, por fim, a eliminação com efeito *ex tunc*, de atos plenamente válidos com base num *jus poenitendi*[12] que compete à administração.[13]

Todavia, como já foi exata e substancialmente afirmado por outros,[14] dado que evidentemente a autoridade administrativa não poderá usar tal *jus poenitendi* por sua livre e espontânea vontade, será levada à eliminação do ato ou pela modificação da situação objetiva (e, então, estaremos diante da *ab-rogação*) ou com base numa verdadeira e própria crítica ao juízo de oportunidade

---

contentorização. (MARTINS, Ricardo Marcondes. "Ato administrativo". *In*: _____; BACELLAR FILHO, Romeu Felipe. *Tratado de direito administrativo*: Ato administrativo e procedimento administrativo. vol. 5, 2ª ed. São Paulo: Revista dos Tribunais, 2019, pp. 276 e ss.). Nesse caso, se for o caso de extinguir o ato, a hipótese é de invalidação.

10 Cf. ROMANO, Santi. *Corso di diritto amministrativo*. 3ª ed. Padova: Cedam, 1937, pp. 293 e ss.

11 N.T.: Trata-se de Santi Romano, nascido na cidade de Palermo, aos 31 de janeiro de 1875, vindo a falecer em 11 de março de 1947. Foi professor de diversas universidades, dentre elas Pisa, Milão e La Sapienza.

12 N.T.: A expressão latina "jus poenitendi" é traduzida por "direito de arrepender-se". Cf. FERREIRA, Douglas Dias. *Verba juris* – dicionário latim jurídico e dos costumes. Leme: LiberLux, 2019, p. 784.

13 Cf. ROMANO, Santi. *Corso di diritto amministrativo*. 3ª ed. Padova: Cedam, 1937, pp. 287 e ss.

14 V. ROMANELLI, Vincenzo Maria. *L'annullamento degli atti amministrativi*. Milano: A. Giuffrè, 1939, pp. 57 e ss.; v. também SANDULLI, Aldo M. *Il procedimento amministrativo*. Milano: Giuffrè, 1940, pp. 392/393.

formulado no momento da edição do ato:[15] e, então, é evidente que cabe no caso a eliminação do ato viciado por *inoportunidade inicial*, vale dizer, a *anulação* por *vício* de *mérito*.

Mesmo aqui, portanto, a tripartição pode facilmente se resolver na tradicional bipartição, vale dizer, na contraposição de duas ordens de fenômenos jurídicos que na terminologia de Romano corresponderia aos institutos da *anulação* e da *ab-rogação*, mas que na terminologia comum se identificam substancialmente com os institutos da *anulação* e da *revogação*, ou seja, de um lado, a eliminação do ato por *vício inicial*, seja este de *legitimidade* ou de *mérito*, e, de outro lado, a eliminação por defeito *superveniente* de oportunidade: defeito que, como se disse, deve ser considerado referente à relação ao invés de ao ato em si mesmo.

Concluindo, pois, pode-se concordar com a afirmação[16] de que um conceito de *ab-rogação*, distinto do de *revogação*, não existe em nosso Direito Administrativo, pelo menos relativamente aos atos administrativos em sentido substancial,[17] porquanto aqueles que queriam introduzi-lo são obrigados a justificá-lo recorrendo a subdistinções não essenciais, tornando supérfluo o uso dos termos.[18]

---

15 Cf. SANDULLI, Aldo M. *Il procedimento amministrativo*. Milano: Giuffrè, 1940, p. 393.

16 ROMANELLI, Vincenzo Maria. *L'annullamento degli atti amministrativi*. Milano: A. Giuffrè, 1939, p. 59.

17 No que se refere aos *regulamentos*, v *infra*, §4, n. 2.

18 N.T. Discorda-se de Alessi: por um lado, a incompatibilidade superveniente com o Direito — que enseja o *decaimento* ou *caducidade* — não se confunde com a incompatibilidade originária — que enseja a *invalidação*. Ademais, se no *decaimento* ou *caducidade* o Direito exige a extinção do ato, na revogação, o Direito faculta-a. Cf. MARTINS, Ricardo Marcondes. *Estudos de direito administrativo neoconstitucional*. São Paulo: Malheiros, 2015, pp. 199 e ss. Sublinhe-se que usamos o rótulo "decaimento ou caducidade", ao contrário de parte da doutrina italiana. Consideramos inapropriado usar a palavra "ab-rogação" para denominar uma espécie de ato de retirada distinto da revogação, pois esse rótulo é correntemente contraposto à *derrogação* para dissociar a revogação total da revogação parcial. Cf. MOUSSALLEM, Tárek

Portanto, pode-se passar à pesquisa do critério discriminatório entre os dois institutos, a *anulação* e a *revogação*.

3 Os vários critérios propostos pela doutrina para a distinção entre revogação e anulação

A distinção entre *revogação* e *anulação*, como se sabe, constitui um dos pontos mais incertos e controversos na doutrina publicista,[19] talvez porque inexiste um ponto seguro de apoio nas fontes legislativas,[20] enquanto escasso auxílio é dado pela jurisprudência, ainda incerta e oscilante.[21]

De fato, mesmo sem querer proceder a uma supérflua análise crítica das opiniões individuais, alhures já feita por outros autores,[22]

Moysés. *Revogação em matéria tributária*. São Paulo: Noeses, 2005, p. 213. No mesmo sentido: "A ab-rogação é uma revogação total; ao contrário, da derrogação, que é a revogação parcial de determinado ato normativo". (SILVA, De Plácido. *Vocabulário jurídico*. 31ª ed. Rio de Janeiro: Forense, 2014, p. 9).

19 ROMANELLI, Vincenzo Maria. *L'annullamento degli atti amministrativi*. Milano: A. Giuffrè, 1939, p. 68. Tanto que não faltam aqueles que que negam qualquer distinção entre os dois institutos: OTTAVIANO, Vittorio. "Studi sul merito degli atti amministrativi". *Annuario di diritto comparato e di studi legislativi*, Istituto Italiano di Studi Legislativi, vol. XXII, nº 3, Roma, 1947, p. 375, que é levado a tal consequência radical por não levar em consideração que a alteração das circunstâncias fáticas não pode atuar sobre o ato, tornando inoportuno um ato que no momento da edição era oportuno, mas sim sobre a relação, tornando oportuna uma modificação (no sentido de reestabelecimento da situação anterior) da própria relação.

20 V. a propósito ROMANELLI, Vincenzo Maria. *L'annullamento degli atti amministrativi*. Milano: A. Giuffrè, 1939, pp. 5 e ss., com uma interessante análise da legislação.

21 V. a propósito ROMANELLI, Vincenzo Maria. *L'annullamento degli atti amministrativi*. Milano: A. Giuffrè, 1939, p. 68.

22 RESTA, Raffaele. *La revoca degli atti amministrativi*. Milano: A. Giuffrè, 1935, pp. 63 e ss.; e especialmente ROMANELLI, Vincenzo Maria. *L'annullamento degli atti amministrativi*. Milano: A. Giuffrè, 1939, pp. 68 e ss.; LUCIFREDI, Roberto. *L'atto amministrativo nei suoi elementi accidentali*. Milano: Giuffrè, 1941, pp. 196 e ss.

aos quais podemos certamente nos remeter, é fácil reconhecer que o acordo está longe de ser alcançado na doutrina em relação ao critério discriminatório a ser adotado.

Em verdade, ainda que nos calemos sobre as opiniões de ROMANO e de GUICCIARDI, já examinadas, em contrapartida, há aqueles que[23] chamam de *anulação* a eliminação do ato por motivo de *legitimidade*, e de *revogação* a eliminação por motivo de *oportunidade*, sejam esses motivos contemporâneos ou supervenientes à edição do ato;[24] ainda há quem[25] chame de *anulação* a eliminação por parte do mesmo órgão que o editou, independentemente dos motivos — de legitimidade ou de mérito

23 RAGNISCO, Leonida. "Revoca ed annullamento di atti amministrativi". *Il Foro italiano*, III, 1907, p. 281; DE VALLES, Arnaldo. *La validità degli atti amministrativi*. Roma: Athenaeum, 1917, p. 386; PRESUTTI, Enrico. *Istituzioni di diritto amministrativo italiano*. 3ª ed. Messina: Principato, 1931, pp. 341 e ss.; VITTA, Cino. "La revoca degli atti amministrativi". *Foro amministrativo*, IV, 1, 1930, pp. 1-3; ZANOBINI, Guido. *Corso di diritto amministrativo*. 7ª ed. Milano: Giuffrè, 1955, pp. 324 e ss.; FORTI, Ugo. "I controlli dell'amministrazione comunale". *In*: ORLANDO, Vittorio Emanuele (Coord.). *Primo trattato completo di diritto amministrativo italiano*. vol. II, parte II. Milano: Società editrice libraria, 1915, p. 851; SANDULLI, Aldo M. *Il procedimento amministrativo*. Milano: Giuffrè, 1940, p. 386.

24 Para uma crítica sobre essa última afirmação: ROMANELLI, Vincenzo Maria. *L'annullamento degli atti amministrativi*. Milano: A. Giuffrè, 1939, pp. 75 e ss. Contudo, na verdade, ela resulta inadmissível nos casos em que se admita a existência de um vício (invalidante) de mérito: v. *infra*, nº 05 e ss.

25 RANELLETTI, Oreste. *Le guarentigie della giustizia nella pubblica amministrazione*. 4ª ed. Milano: A. Giuffrè, 1934, pp. 137 e 241; RANELLETTI, Oreste. *Istituzioni di diritto pubblico*. 8ª ed. Padova: CEDAM, 1942, p. 453; BORSI, Umberto. *La giustizia amministrativa*. 3ª ed. Padova: CEDAM, 1933, p. 36; D'ALESSIO, Francesco. *Istituzioni di diritto amministrativo italiano*. Torino: UTET, 1934, p. 202; em sentido diverso cf. JELLINEK, Walter. *Verwaltungsrecht*. 2ª ed. Berlim: Springer, 1929, p. 250; MAUNZ, Theodor. *Verwaltung*. Hamburg: Hanseatische Verlagsanstalt, 1937, p. 196.

— que tenham determinado a retirada;[26] há quem,[27] fundindo parcialmente os elementos das duas opiniões referidas, ponha o critério discriminante nos motivos determinantes da eliminação (motivos de legitimidade ou de mérito), mas defina igualmente a *revogação* como eliminação, embora por motivos de legitimidade, por parte do mesmo órgão;[28] há quem,[29] enfim, defina a *anulação* como a eliminação do ato *inválido* — seja por vício de legitimidade

---

26 Para uma crítica a tal opinião v. RESTA, Raffaele. *La revoca degli atti amministrativi*. Milano: A. Giuffrè, 1935, pp. 64 e ss.; ROMANELLI, Vincenzo Maria. *L'annullamento degli atti amministrativi*. Milano: A. Giuffrè, 1939, pp. 87 e ss. Justamente, foi observado (RESTA, Raffaele. *La revoca degli atti amministrativi*. Milano: A. Giuffrè, 1935, pp. 64 e ss.) que de tal modo se confunde o *poder* [*potere*] com a *noção* de revogação, uma vez que, se é verdade que o poder de revogação pertence exclusivamente ao próprio sujeito, ao mesmo pertence também um poder de anulação, donde não é verdade que o último poder pertence exclusivamente a outro sujeito, de modo que não é possível fundamentar sob tal critério subjetivo a discriminação entre revogação e anulação.

27 CAMMEO, Federico. *Commentario delle leggi sulla giustizia amministrativa*. vol. 1. Milano: Vallardi, [s.d.], p. 450; RAGGI, Luigi. "Sull'atto amministrativo: concetto, classificazione, validità: la revocabilità degli atti amministrativi". *Rivista di diritto pubblico*, 1917, I, pp. 319 e ss.

28 Para uma crítica v. RESTA, Raffaele. *La revoca degli atti amministrativi*. Milano: A. Giuffrè, 1935, pp. 65 e ss.; ROMANELLI, Vincenzo Maria. *L'annullamento degli atti amministrativi*. Milano: A. Giuffrè, 1939, pp. 87 e ss. Justamente, observa-se que a interferência do critério subjetivo no objetivo é devida à errônea opinião que pressupõe que a anulação decorra do juízo de uma autoridade *superior*, sem ter em conta (além do fato de que eventualmente se trata de autoridade *diversa* e não de autoridade *superior*) a possibilidade de *autoanulação* dos atos ilegítimos por parte da mesma autoridade que os editou; também, como se tem observado, no caso de atos emanados de autoridade colocada no topo da escala hierárquica, poderia haver somente uma revogação do ato, segundo a teoria em exame, jamais uma anulação (RESTA, Raffaele. *La revoca degli atti amministrativi*. Milano: A. Giuffrè, 1935, p. 66).

29 RESTA, Raffaele. *La revoca degli atti amministrativi*. Milano: A. Giuffrè, 1935, pp. 67 e ss.; ROMANELLI, Vincenzo Maria. *L'annullamento degli atti amministrativi*. Milano: A. Giuffrè, 1939, pp. 98/99; CODACCI-PISANELLI, Giuseppe. *L´annullamento degli atti amministrativi*. Milano: Giuffrè, 1939, pp. 46 e ss.

ou de mérito —, ao passo que define *revogação* como a retirada do ato *válido*.[30] [31]

4 Diversidade de finalidade e de fundamento dos dois institutos

Para tentar destrinçar a emaranhada matéria, é preciso, a meu ver, estabelecer como ponto de partida o diferente fundamento dos dois deveres-poderes, de *anulação* e de *revogação*, que incumbem a um sujeito.[32]

Fundamento, de fato, e finalidade do dever-poder de *anulação* é dar a possibilidade de retirar os atos em relação aos quais seja verificável uma divergência entre o ato mesmo e o direito objetivo: os atos, claro, com estrutura viciada — estrutura viciada que, como já se acenou, justifica e permite a concepção de uma ação direita de anulação do ato em si mesmo, dado que a estrutura viciada (ou *invalidade*) é um elemento que diz respeito diretamente ao ato em

---

30 Para uma crítica dessa opinião v. SANDULLI, Aldo M. *Il procedimento amministrativo*. Milano: Giuffrè, 1940, pp. 387 e ss. O argumento fundamental dessa crítica corresponde à questão de saber se a *inoportunidade superveniente*, a qual, pela opinião em exame, dá lugar à revogação, substancialmente não se resolve em uma *invalidade por mérito* do ato administrativo, podendo dar origem a uma anulação: v. nesse sentido, CODACCI-PISANELLI, Giuseppe. *L´annullamento degli atti amministrativi*. Milano: Giuffrè, 1939, pp. 46 e ss., que admite a anulação por vício de mérito superveniente; para uma sólida crítica a essa última opinião v. SANDULLI, Aldo M. *Il procedimento amministrativo*. Milano: Giuffrè, 1940, p. 388, nota 12.

31 Sem mencionar, naturalmente, outras opiniões isoladas, como, por exemplo, aquela (cf. VITTA, Cino. "La revoca degli atti amministrativi". *Foro amministrativo*, IV, 1, 1930, p. 3) pela qual *revogação* seria a retirada *espontânea* do ato, em contraposição à retirada por recurso do interessado, que configuraria a anulação.

32 Já se acenou que o dever-poder de anulação cabe *diretamente* à administração pública (autoanulação) e somente *indiretamente* aos sujeitos privados, que obtêm a anulação dos negócios privados apenas por meio da autoridade judiciária.

si e não à relação, razão pela qual é conceitualmente admissível uma reação direta sobre ato e não apenas sobre a relação.[33]

Ao contrário, fundamento e finalidade do dever-poder de revogação é dar ao sujeito (no caso a autoridade administrativa) a possibilidade de retirar — reestabelecendo uma situação jurídica anterior mais conveniente para o interesse do próprio sujeito — a situação jurídica conectada a uma relação que, tendo o sujeito por titular, veio a sofrer, na sequência, modificações jurídicas produzidas por um ato que, em si mesmo, não era viciado na sua estrutura e, pois, não era atacável em si mesmo por meio da anulação: situação jurídica atual considerada não conforme ao interesse do sujeito.

Numa palavra: pode-se afirmar que, enquanto o fundamento do dever-poder de anulação é um *vício* do ato, o fundamento do dever-poder de revogação é uma divergência *atual* da situação jurídica que diga respeito a uma relação, que tem o sujeito por titular, com o *interesse* do próprio sujeito; donde exata é a afirmação[34] que enquanto a anulação constitui exercício de atividade de *controle*,[35] a revogação constitui exercício de atividade de administração *ativa*.[36]

De tudo isso deduzimos necessariamente dois corolários, que determinam dois pontos seguros, que representam os pontos extremos, opostos, sobre os quais a discussão não me parece possível:

---

33 E isso mesmo que se possa admitir, como já mencionado, que o efeito da anulação deve ser entendido não como realizando-se em relação ao passado, mas apenas em relação ao presente: cf. ROMANELLI, Vincenzo Maria. *L'annullamento degli atti amministrativi*. Milano: A. Giuffrè, 1939, p. 246.

34 RAVÀ, Paolo. *La convalida degli atti amministrativi*. Padova: Cedam, 1937, p. 96.

35 Atividade, contudo, sempre administrativa, não jurisdicional: v. ao contrário AMORTH, Antonio. *Il merito dell'atto amministrativo*. Milano: A. Giuffrè, 1939, p. 64.

36 Nesse sentido, substancialmente, v. também: AMORTH, Antonio. *Il merito dell'atto amministrativo*. Milano: A. Giuffrè, 1939, pp. 69 e ss.; CODACCI-PISANELLI, Giuseppe. *L'annullamento degli atti amministrativi*. Milano: Giuffrè, 1939, p. 126.

a) Em primeiro lugar, deve-se considerar *anulação* a eliminação dos atos administrativos *em vista* da sua *ilegitimidade*:[37] isto porque, como se sabe, a ilegitimidade, no campo do Direito Público, traduz-se, assim como é verdade o inverso, na *invalidade* do ato ilegítimo.

b) Em segundo lugar, por outro lado, deve-se considerar a *revogação* o meio de reação a ser utilizado no caso de uma *atual inoportunidade* da situação jurídica referente a relação gerada ou modificada pelo ato administrativo.

Aberta se apresenta, todavia, a discussão sobre o ponto central entre os dois pontos extremos mencionados, relativo à *inoportunidade inicial*, *originária*, do ato administrativo; como é claro, está ligada, essencialmente, à espinhosa questão dos chamados *vícios de mérito*.

---

37 Digo "*em vista*" da ilegitimidade, pois é sem dúvida exata a observação (cf. ROMANO, Santi. *Corso di diritto amministrativo*. 3ª ed. Padova: Cedam, 1937, pp. 293 e ss.) de que a ilegitimidade deve constituir o motivo determinante da eliminação do ato, pois (cf. AMORTH, Antonio. *Il merito dell'atto amministrativo*. Milano: A. Giuffrè, 1939, p. 71) não se trataria de anulação, mas sim de revogação, se a administração procedesse a eliminação não em vista de uma eventual invalidade, mas sim em vista de uma atual, superveniente, inoportunidade de manutenção da relação.

5 Questão se se deve considerar revogação ou anulação a eliminação dos atos *viciados em relação ao mérito*: noção de *mérito* do ato administrativo – crítica ao modo pelo qual o problema da admissibilidade de um vício (*invalidante*) do mérito vem sendo tratado usualmente

O que seja o *mérito* do ato administrativo, hoje, depois dos últimos estudos sobre a matéria,[38] aos quais remeto o leitor, pode-se considerar suficientemente conhecido, sem que haja necessidade de proceder a uma específica e aprofundada análise.

A noção de *mérito*, em síntese, refere-se à correspondência de um provimento [*provvedimento*] administrativo às chamadas *regras de boa administração*[39] e, em especial, ao *princípio de oportunidade*;[40] bem como a outros princípios menores, principalmente o da *equidade*,[41] da *praxe administrativa*[42] e outros.

---

38 V. especialmente: AMORTH, Antonio. *Il merito dell'atto amministrativo*. Milano: A. Giuffrè, 1939; bem como: CODACCI-PISANELLI, Giuseppe. *L'invalidità come sanzione di norme non giuridiche*. Milano: A. Giuffrè, 1940, pp. 141 e ss.; OTTAVIANO, Vittorio. "Studi sul merito degli atti amministrativi". *Annuario di diritto comparato e di studi legislativi*, Istituto Italiano di Studi Legislativi, vol. XXII, nº 3, Roma, 1947.

39 Sobre isso v. em particular: AMORTH, Antonio. *Il merito dell'atto amministrativo*. Milano: A. Giuffrè, 1939, pp. 29 e ss.; FORTI, Ugo. *Diritto. Amministrativo*: parte general. vol. 1. Napoli: Jovene, 1937, p. 84; RESTA, Raffaele. "L'onere di buona amministrazione". *Scritti in onore di Santi Romano*. Padova: CEDAM, 1940.

40 V. especialmente AMORTH, Antonio. *Il merito dell'atto amministrativo*. Milano: A. Giuffrè, 1939, pp. 25 e ss., especialmente pp. 36 e ss.

41 Sobre isso v. RAGGI, Luigi. "Contributo all'apprezzamento del concetto di equità". *Filangieri*, 1919, com referência à doutrina; SCAVONETTI, Gaetano. "L'equità nella pubblica amministrazione". *In*: CAMMEO, Federico. *Studi in onore di Federico Cammeo*. Padova: Cedam, 1933, p. 509; CAMMEO, Federico. *L'equità nel diritto amministrativo*, 1924; v. também AMORTH, Antonio. *Il merito dell'atto amministrativo*. Milano: A. Giuffrè, 1939, pp. 60 e ss.

42 Cf. AMORTH, Antonio. *Il merito dell'atto amministrativo*. Milano: A. Giuffrè, 1939, p. 44.

Ora, nos últimos anos, a doutrina começou a considerar o *mérito* não apenas sob o perfil puramente negativo de *limite* da competência para julgamento sobre a legitimidade,[43] sob o aspecto negativo de sua *indiscutibilidade* para o julgamento sobre a mera legitimidade,[44] mas, isto sim, sob o perfil positivo, vale dizer, referindo-se a um *vício de mérito* do ato administrativo, que existiria sempre que ocorresse a falta da acenada correspondência entre o ato e as regras da boa administração.[45] Porém, a própria doutrina não é concorde, e isso propriamente em torno dos pontos mais essenciais do problema, dado que ainda está em discussão a admissibilidade de um verdadeiro e próprio *vício* (vício que *torne inválido*, bem se entenda) *de mérito*;[46] de outro lado, aqueles que o admitem não são concordes ao fixarem os limites do campo de ação desse vício.

---

43 Cf. AMORTH, Antonio. *Il merito dell'atto amministrativo*. Milano: A. Giuffrè, 1939, pp. 10 e ss.

44 Cf. PRESUTTI, Enrico. *I limiti del sindacato di legittimità*. Milano: Società editrice libraria, 1911, p. 5; PRESUTTI, Enrico. *Istituzioni di diritto amministrativo italiano*. 3ª ed. Messina: Principato, 1931, p. 156; AMORTH, Antonio. *Il merito dell'atto amministrativo*. Milano: A. Giuffrè, 1939, pp. 10 e ss.

45 V. AMORTH, Antonio. *Il merito dell'atto amministrativo*. Milano: A. Giuffrè, 1939, pp. 36 e ss.

46 Admitem o vício de mérito reconhecendo sua eficácia invalidante, mesmo que em graus variados, e dando-lhes uma justificativa teórica: ROMANO, Santi. *Corso di diritto amministrativo*. 3ª ed. Padova: Cedam, 1937, p. 265; ROMANO, Santi. "Teoria dell'annullamento nel diritto amministrativo". *In*: ______. *Nuovo Digesto Italiano*. Verbete: Annullamento. Torino: UTET, 1937; ROMANO, Santi. "Osservazioni sull'invalidità successiva degli atti amministrativi". *In*: ______. *Studi in onore di G. Vacchelli*. Milano: Giufrrè, 1937; FORTI, Ugo. *Diritto amministrativo*: parte generale. vol. 2. Napoli: Jovene, 1937, pp. 205 e 221; GUICCIARDI, Enrico. "L'abrogazione degli atti amministrativi". *In*: ______. *Scritti di diritto pubblico in onore di Giovanni Vacchelli*. Milano: Vita e pensiero, 1937; ROMANELLI, Vincenzo Maria. *L'annullamento degli atti amministrativi*. Milano: A. Giuffrè, 1939, pp. 68 e ss.; CODACCI-PISANELLI, Giuseppe. *L´annullamento degli atti amministrativi*. Milano: Giuffrè, 1939, pp. 43 e ss.; CODACCI-PISANELLI, Giuseppe. *L'invalidità come sanzione di norme non giuridiche*. Milano: A. Giuffrè, 1940, pp. 137 e ss.; OTTAVIANO, Vittorio. "Studi sul merito degli atti amministrativi". *Annuario di diritto comparato e di studi legislativi*, Istituto Italiano di Studi Legislativi, vol. XXII, nº 3, Roma, 1947, pp. 369 e ss.; AMORTH,

Ocorre que todos estão de acordo em conclamar que a administração pública, devendo atender à satisfação em concreto do interesse público, deve estar submetida, além de normas jurídicas verdadeiras e próprias, também a normas não jurídicas, e, em particular, ao chamado *princípio da oportunidade*, com a obrigação, por isso, de adequar a sua ação àquela que é a concreta oportunidade e conveniência em relação ao interesse público; os dissensos surgem, então, quando se trata de determinar o valor e os efeitos de uma transgressão a essa norma, à qual, *per se*, não se quer reconhecer o caráter jurídico.[47] A transgressão mesma tem eficácia *invalidante* em relação ao ato da administração que dela

---

Antonio. *Il merito dell'atto amministrativo*. Milano: A. Giuffrè, 1939, pp. 87 e ss. O último admite apenas uma eficácia invalidante "administrativa" em contraposição a uma eficácia invalidante "jurisdicional" (para uma crítica de tal teoria v. CODACCI-PISANELLI, Giuseppe. *L'invalidità come sanzione di norme non giuridiche*. Milano: A. Giuffrè, 1940, pp. 182 e ss.); além de todos aqueles que admitem o vício em questão, sem, no entanto, incomodar-se em dar-lhe uma justificativa teórica conveniente.

Decididamente contra, no entanto, PAPPALARDO, Nino. "In tema di invalidità dell'atto amministrativo per vizi di merito". *In*: ______. *Scritti giuridici in onore di Santi Romano*. Padova: Cedam, 1940; contra parece ultimamente também SANDULLI (*Il procedimento amministrativo*. Milano: Giuffrè, 1940, pp. 387 e ss.).

47 Sobre a questão v. ROMANO, Santi. *Corso di diritto amministrativo*. 3ª ed. Padova: Cedam, 1937, p. 265; ZANOBINI, Guido. "L'attività amministrativa e la legge". *Rivista di Diritto Pubblico e la Giustizia amministrativa*, nº 7-8, Roma, jul.-ago. 1924 [Alessi faz referência ao ano de 1922].; MORTATI, Costantino. *La volontà e la causa nell'atto amministrativo e nella legge*. Roma: R. De Luca, 1935, pp. 91 e ss.; TREVES, Giuseppino. *La presunzione di legittimità dell'atto amministrativo*. Padova: CEDAM, 1936, p. II; AMORTH, Antonio. *Il merito dell'atto amministrativo*. Milano: A. Giuffrè, 1939, pp. 47 e ss.; CODACCI-PISANELLI, Giuseppe. *L'invalidità come sanzione di norme non giuridiche*. Milano: A. Giuffrè, 1940, pp. 55 e ss.

Reconhece-se, no entanto, que o princípio da oportunidade, embora não tendo a natureza de uma norma jurídica *per se*, é, contudo, levado em consideração pelo Direito, que impõe sua observância à administração pública. Sobre o caráter e os efeitos dessa remissão pela norma ao princípio da oportunidade v. amplamente: CODACCI-PISANELLI, Giuseppe. *L'invalidità come sanzione di norme non giuridiche*. Milano: A. Giuffrè, 1940, pp. 55 e ss.

padece?[48] E se isso não ocorre sempre, qual será o critério para separar os casos a respeito dos quais a inoportunidade do ato tem eficácia invalidante, daqueles em que não há tal eficácia?

De outra parte, pode-se observar que, dado o caráter de *norma não jurídica*, que se quer atribuir ao princípio da oportunidade,[49] não é fácil conceber como, do fato da transgressão a essa norma *não jurídica* possa derivar a invalidade de um ato que, do ponto de vista estritamente jurídico, dever-se-ia considerar perfeitamente válido:[50] como justamente foi afirmado,[51] os conceitos de *validade* e de *invalidade* devem ser considerados essencialmente relacionados ao ordenamento jurídico e à norma jurídica; se, em verdade, a validade consiste na atribuição, a um ato, de idoneidade para gerar os efeitos jurídicos que lhes são próprios,[52] pressupondo, portanto, no ato, todos os requisitos jurídicos prescritos para esse propósito pelo ordenamento; se, pois, a causa da invalidade é reconhecida na ausência de tais elementos, e a própria invalidade, portanto, pode ser considerada como *sanção*,[53] é claro que ela não pode ser vista senão como uma divergência entre o ato e o ordenamento jurídico, e, portanto, entre o ato e a norma jurídica verdadeira

---

48 Cf. AMORTH, Antonio. *Il merito dell'atto amministrativo*. Milano: A. Giuffrè, 1939, p. 51; PAPPALARDO, Nino. "In tema di invalidità dell'atto amministrativo per vizi di merito". *In*: ______. *Scritti giuridici in onore di Santi Romano*. Padova: Cedam, 1940, pp. 10 e ss. da *separata*.

49 Para uma afirmação recente e enérgica dessa ordem, v. CODACCI-PISANELLI, Giuseppe. *L'invalidità come sanzione di norme non giuridiche*. Milano: A. Giuffrè, 1940, pp. 55 e ss.

50 Cf. AMORTH, Antonio. *Il merito dell'atto amministrativo*. Milano: A. Giuffrè, 1939, p. 93.

51 PAPPALARDO, Nino. "In tema di invalidità dell'atto amministrativo per vizi di merito". *In*: ______. *Scritti giuridici in onore di Santi Romano*. Padova: Cedam, 1940, p. 10 da *separata*.

52 CODACCI-PISANELLI, Giuseppe. *L´annullamento degli atti amministrativi*. Milano: Giuffrè, 1939, p. 25. Mas o conceito é pacífico na doutrina.

53 Cf. CODACCI-PISANELLI, Giuseppe. *L´annullamento degli atti amministrativi*. Milano: Giuffrè, 1939, pp. 26 e ss.

e própria. Nem se diga que em muitos casos, mesmo no próprio Direito Privado, o ordenamento jurídico reconecta uma sanção à transgressão de normas não jurídicas,[54] e, em particular, comina, às vezes, a invalidade de atos divergentes a normas não jurídicas,[55] uma vez que, ainda se pode responder que, em tais casos, a invalidade pode ser considerada sanção não propriamente da norma não jurídica considerada em si mesma, mas, antes, da norma jurídica que a ela faz referência.[56] [57]

Noutras palavras, se o ordenamento jurídico, em certos casos, determinados e especiais,[58] comina a invalidade por atos

---

54 V. CODACCI-PISANELLI, Giuseppe. *L'invalidità come sanzione di norme non giuridiche*. Milano: A. Giuffrè, 1940, pp. 23 e ss.

55 V. CODACCI-PISANELLI, Giuseppe. *L'invalidità come sanzione di norme non giuridiche*. Milano: A. Giuffrè, 1940, pp. 49 e ss.; por exemplo, a invalidade de negócios privados viciados por uma *causa ilícita*.

56 Mas v.: CODACCI-PISANELLI, Giuseppe. *L'invalidità come sanzione di norme non giuridiche*. Milano: A. Giuffrè, 1940, pp. 75 e ss.

Assim, pode-se pensar que a invalidade de um negócio privado por uma *causa ilícita* decorra da sanção não de uma norma não jurídica, mas dos arts. 1343 et seq. do C. Civ., em que a causa exige a sanção de nulidade!

Sobre esse fenômeno de reenvio à norma não jurídica v. CODACCI-PISANELLI, Giuseppe. *L'invalidità come sanzione di norme non giuridiche*. Milano: A. Giuffrè, 1940, pp. 57 e ss.

57 N.T. Dispõe o artigo 1343 do Código Civil Italiano, referido por Alessi na nota precedente: "A causa é ilícita quando contrária às normas imperativas, à ordem pública ou aos bons costumes". (N.T.). O Código Civil brasileiro não menciona expressamente a "causa", mas apresenta norma similar, referente às condições. Reza o art. 122: "São lícitas, em geral, todas as condições não contrárias à lei, à ordem pública ou aos bons costumes; entre as condições defesas se incluem as que privarem de todo efeito o negócio jurídico, ou o sujeitarem ao puro arbítrio de uma das partes". Em relação à ordem pública, estabelece ainda o parágrafo único do art. 2035: "Nenhuma convenção prevalecerá se contrariar preceitos de ordem pública, tais como os estabelecidos por este Código para assegurar a função social da propriedade e dos contratos".

58 V. por exemplo, art. 29 do R. D. de 1° de julho de 1926, n. 1130, e art. 12 da L. de 18 junho de 1931, n. 875, sobre a faculdade conferida ao Ministro das Corporações para anular atos das associações profissionais quando sejam contrários à lei, aos regulamentos, aos Estatutos, e aos fins essenciais dessas

inoportunos, pode-se pensar, todavia, que a própria invalidade seja sanção da norma jurídica que se remete ao princípio de oportunidade, ao invés de derivar diretamente desse princípio.

De qualquer maneira, a objeção em exame poderá valer apenas para os casos em que o ordenamento faz referência expressa à norma não jurídica e, em particular, ao princípio da oportunidade, sem que, por isso, se possa generalizar e admitir, somente por essa razão, a invalidade como sanção geral, em todos os casos, por força do princípio da oportunidade; ao contrário, poder-se-ia considerar que a exceção, representada pela expressa referência à norma não jurídica, valha, como sempre, para confirmar a regra: em outras palavras, confirma que, na falta de uma tal expressa referência, a invalidade não pode ser considerada cominada de modo geral para os atos inoportunos.

De outra parte, se se admite a possibilidade de um vício de oportunidade com eficácia invalidante, apenas nos casos em que exista uma referência expressa ao princípio da oportunidade por parte de uma norma jurídica,[59] abre-se caminho à objeção que[60] não é fácil conceber como o vício supra referido possa ter eficácia em certos casos e não em outros: na verdade, se realmente a

---

entidades; art. II do R. D. L. de 20 junho de 1935, n. 1071, que confere ao Ministro da Educação o poder de anular atos das comissões de concursos, quando não estejam em conformidade com as leis e *às exigências e às condições dos estudos*; art. 17 do Texto Único de 15 outubro de 1925, n. 2518, sobre a assunção direta de serviços públicos por Municípios e Províncias, com a faculdade de o Prefeito anular também as resoluções que imponham *uma evidente lesão aos interesses* das empresas; art. 65 do Texto Único da lei de P. S. (R. D. de 18 junho de 1936, n. 772) pela qual o Prefeito, em matéria de indústrias perigosas e insalubres, pode anular provimentos (*provvedimenti*) do Presidente da Câmara que sejam contrárias à saúde e à segurança pública.

59 Cf. FORTI, Ugo. *Diritto amministrativo*: parte generale. vol. 2. Napoli: Jovene, 1937, p. 198.

60 Cf. PAPPALARDO, Nino. "In tema di invalidità dell'atto amministrativo per vizi di merito". *In*: ______. *Scritti giuridici in onore di Santi Romano*. Padova: Cedam, 1940, p. 13 da *separata*.

oportunidade consistisse em requisito de validade do ato administrativo, a sua falta deveria sempre e em todos os casos ter eficácia invalidante, e não apenas em algum caso determinado.

Enfim, sempre que se queira admitir um alcance geral ao vício de mérito, sujeita-se à fácil crítica[61] que — tendo em conta a inegável influência que o elemento subjetivo exerce na apreciação da oportunidade e, levando em conta, pois, a facilidade para ser considerado inoportuno amanhã, aquilo que hoje é oportuno — vir-se-ia, com isso, a abalar demais a segurança e a estabilidade do mundo jurídico, das relações entre os particulares e a administração,[62] que constitui, indubitavelmente, um dos pontos fundamentais do ordenamento jurídico e constitui o escopo e a justificação de muitos institutos jurídicos; uma tal objeção, por isso, só na aparência tem um mero valor prático: se o seu ponto de partida é dado por um inconveniente prático, sob este ângulo não falta, porém, valor jurídico.

6 Segue: problema dos limites de uma eventual admissibilidade de um vício invalidante de mérito

Tudo isso em relação ao problema da admissibilidade de um *vício (invalidante) de mérito*. Mas, no caso em que o próprio vício resulte admissível, de modo geral, há o problema dos *limites* de sua eficácia, em dúplice sentido:

a) Antes de tudo, o problema se o vício em questão possa apresentar-se como fundamento de todos os meios oferecidos

---

61 Cf. PAPPALARDO, Nino. "In tema di invalidità dell'atto amministrativo per vizi di merito". *In*: ______. *Scritti giuridici in onore di Santi Romano*. Padova: Cedam, 1940, p. 31.

62 V. a propósito as sensatas observações de PAPPALARDO, Nino. "In tema di invalidità dell'atto amministrativo per vizi di merito". *In*: ______. *Scritti giuridici in onore di Santi Romano*. Padova: Cedam, 1940, p. 31.

pelo ordenamento para a reação contra um ato administrativo inválido; ou, então, apenas em face de alguns, e quais.

b) Em segundo lugar, o problema, do qual nem sempre a doutrina se ocupou suficientemente,[63] se a eliminação do ato viciado no mérito possa ter o efeito de derrubar os direitos subjetivos em favor dos particulares, que o ato inoportuno tenha podido criar; noutros termos, se pode ser anulado por vício de mérito, vale dizer, porque sucessivamente reconhecido como inoportuno, um provimento [*provvedimento*] do qual nasceram direitos subjetivos em favor dos cidadãos privados.

Limites, pois, que são de suma importância estabelecer de modo rigoroso e preciso, para não se chegar a resultados aberrantes ao bom senso jurídico, tal qual, por exemplo, aquele de admitir a anulabilidade *de ofício*, por vício de mérito, de uma concessão pública de água — tal anulação, como se sabe, dará vida a verdadeiros direitos subjetivos em favor do concessionário[64] — sucessivamente reconhecida como inoportuna; outrossim, a anulabilidade, nas mesmas condições, da concessão de um prêmio, de subsídio *una tantum*,[65] com consequente obrigação de restituir a soma paga!

Em conclusão, é evidente que, no estágio atual da doutrina, não faltam pontos obscuros na teoria do vício de mérito: e isso ainda que nos limitemos a considerar um vício de mérito *originário*, vale dizer, que reflita uma inoportunidade originária da medida: porque o problema se complica ainda mais quando se admite, como fazem

---

63 No entanto, cuida disso: AMORTH, Antonio. *Il merito dell'atto amministrativo*. Milano: A. Giuffrè, 1939, pp. 80 e ss.

64 Cf. minha obra *La responsabilità della pubblica amministrazione*. 3ª ed. Milano: Giuffrè, 1955, p. 358, bem como VITTA, Cino. *Diritto amministrativo*. 4ª ed. Torino: Unione tipografico-editrice torinese, 1955, II, pp. 166/167.

65 Concessão que é condicionada, naturalmente, a condições *imprecisas*, como, por exemplo, a pobreza, a boa conduta, e similares.

alguns,[66] um vício de mérito *superveniente*,[67] fonte de invalidade *sucessiva* do provimento. Concepção que, independentemente de qualquer outra consideração, e antecipando em parte o que será dito em seguida, basicamente, o que quer que se diga, resolve de modo radical o problema da distinção entre revogação e anulação: suprimindo, efetivamente, em substância, a revogação.[68]

7 Segue: noção de *legalidade do ato* administrativo contraposta à noção de *legitimidade* em sentido estrito

Em outras ocasiões[69] procurei esclarecer como o Direito Público, com a finalidade de limitar o dever-poder de ação da Administração pública, para a tutela não apenas do interesse dos particulares, mas também para a tutela da própria administração,[70] não pode restringir-se, ao contrário do Direito Privado, a estabelecer uma série de requisitos, na maior parte intrínsecos ao ato[71] e voltados a garantir a máxima *seriedade* e a *efetividade* da

---

66 V. por exemplo CODACCI-PISANELLI, Giuseppe. *L'invalidità come sanzione di norme non giuridiche*. Milano: A. Giuffrè, 1940, pp. 190 e ss.; v., ao revés, o prudentíssimo e dúbio enfoque de ROMANO ("Osservazioni sull'invalidità successiva degli atti amministrativi". *In*: ______. *Studi in onore di G. Vacchelli*. Milano: Giufrrè, 1937, pp. 445/446).

67 Sobre esse último conceito v. ROMANO, Santi. "Osservazioni sull'invalidità successiva degli atti amministrativi". *In*: ______. *Studi in onore di G. Vacchelli*. Milano: Giufrrè, 1937.

68 Cf. SANDULLI, Aldo M. *Il procedimento amministrativo*. Milano: Giuffrè, 1940, p. 388; e de fato a construção de CODACCI-PISANELLI (*L´annullamento degli atti amministrativi*. Milano: Giuffrè, 1939, pp. 124 e ss.) merece as críticas de SANDULLI (SANDULLI, Aldo M. *Il procedimento amministrativo*. Milano: Giuffrè, 1940).

69 V. por último, atualmente: ALESSI, Renato. *Sistema istituzionale del diritto amministrativo italiano*. Milano: A. Giuffrè, 1953, pp. 148 e ss.

70 V. amplamente no meu *Sistema istituzionale del diritto amministrativo italiano*. Milano: A. Giuffrè, 1953 pp. 148 e ss.

71 Requisitos relativos à *capacidade* do sujeito, à *vontade*, à *forma*, e, para os negócios que causam mudanças patrimoniais, à *causa*. Sobre esse último

vontade do sujeito declarante,[72] cominando a sanção de invalidade, vale dizer, de inidoneidade do ato para produzir os efeitos aos quais tende, no caso de algum dos requisitos estiver com defeito.

O Direito Público, ao contrário, em consequência da peculiaridade da posição da Administração em relação aos particulares,[73] para tutela desses particulares, de um lado, e do próprio interesse público de outro, deve ir mais além, chegando a limitar extrinsecamente, pelo lado de fora, por assim dizer, o dever-poder de ação da Administração, vale dizer, instituindo na própria norma um prazo final de confronto extrínseco e direto, para apreciar a admissibilidade dos objetivos que a administração se propõe a alcançar, vale dizer, ainda, determinando de vários modos, mais ou menos precisos, as condições de interesse público cuja existência é necessária para legitimar a ação administrativa.

O que, de outra parte, decorre do caráter normal de *ato devido* apresentado pelo provimento [*provvedimento*] administrativo:[74] enquanto no caso do *negócio*, expressão da *autonomia* do declarante, a disciplina é intrínseca, porque dirigida à tutela do próprio declarante e de sua autonomia,[75] no caso do provimento

---

conceito v. ALESSI, Renato. *Intorno ai concetti di causa giuridica, illegittimità, eccesso di potere*. Milano: Giuffrè, 1934; bem como "Ancora in tema di causa del negozio e di legittimità sostanziale dell'atto amministrativo". *Foro di Lombardia*, 1936, fasc. 5-6.

72 Cf. BARASSI, Lodovico. *Istituzioni di diritto civile*. 2ª ed. Milano: Vallardi, 1921, pp. 154, 161/162.

73 Cf. o meu *Sistema istituzionale del diritto amministrativo italiano*. Milano: A. Giuffrè, 1953, pp. 148 e ss.

74 Cf. nesse sentido: OTTAVIANO, Vittorio. "Studi sul merito degli atti amministrativi". *Annuario di diritto comparato e di studi legislativi*, Istituto Italiano di Studi Legislativi, vol. XXII, nº 3, Roma, 1947, pp. 346/347.

75 Cf. também: OTTAVIANO, Vittorio. "Studi sul merito degli atti amministrativi". *Annuario di diritto comparato e di studi legislativi*, Istituto Italiano di Studi Legislativi, vol. XXII, nº 3, Roma, 1947, p. 346.

administrativo a disciplina deve ser extrínseca, no sentido que deve tender a tutelar justamente o *vínculo* imposto ao sujeito.[76]

Quando um provimento é justificado pela existência de um interesse público do tipo estabelecido pela norma, no grau e medida por ela determinados, pode-se dizer que o provimento é conforme ao termo de confronto oferecido pela norma: por isso, pode dizer-se *conforme ao Direito*, vale dizer, *legal* ou *legítimo*,[77] entendendo, note-se bem, esses dois termos, e particularmente o último, precisamente no sentido de "conforme ao Direito".

Em outras ocasiões,[78] tenho, porém, procurado esclarecer como toda a questão da reação contra os provimentos da administração está fundamentada nos dois conceitos de *legitimidade* ou *ilegitimidade*, entendidos justamente no sentido ora exposto, de *conformidade* ou *não conformidade* com o Direito (*legalidade* ou *ilegalidade*), e como eles são absorventes dos conceitos de *validade* ou *invalidade*,[79] sendo a invalidade do provimento, já não sancionada diretamente pelo ordenamento, em vista da falta de determinados requisitos intrínsecos ao provimento, mas, antes, mera consequência da *ilegalidade*, na presença da qual o ordenamento admite que o ato possa, mediante as várias formas de *anulação*, ser retirado. Por isso se pode dizer que, como tenho sublinhado outras vezes, enquanto para o Direito Privado está em primeiro plano o conceito de *invalidade*, para o Direito Público

---

76 V. também as agudas observações de OTTAVIANO, Vittorio. "Studi sul merito degli atti amministrativi". *Annuario di diritto comparato e di studi legislativi*, Istituto Italiano di Studi Legislativi, vol. XXII, nº 3, Roma, 1947, p. 346.

77 Sobre a terminologia e sobre a relação entre *legalidade* e *legitimidade em sentido estrito*: v. *infra*.

78 V. por último: ALESSI, Renato. *Sistema istituzionale del diritto amministrativo italiano*. Milano: A. Giuffrè, 1953, pp. 225 e ss.

79 Cf. também AMORTH, Antonio. *Il merito dell'atto amministrativo*. Milano: A. Giuffrè, 1939, p. 50, nota (2).

está em primeiro plano o conceito de *ilegalidade* ou *ilegitimidade* (no sentido acima exposto).[80]

Sendo assim as coisas, parece-me óbvio que se possa admitir um efeito invalidante do chamado *vício de mérito* ou de *oportunidade*, sempre que ele possa ser resolvido, de qualquer maneira, no âmbito desse conceito de *ilegalidade* ou *ilegitimidade,* entendido no sentido exposto, de *não conformidade ao Direito.*[81]

Detenhamo-nos um pouco nesse conceito de *não conformidade ao Direito.* Para ser *conforme ao Direito*, como se sabe,[82] um provimento deve ser editado com base na existência de um interesse público da natureza, e do grau, e medida, determinados pela norma; por isso se pode dizer que a noção de *conformidade ao Direito* (ou *legalidade* ou *legitimidade*) está em evidente e estrita relação, quanto à sua maior ou menor predeterminação, com a determinação do interesse público realizada pela norma.

Como se sabe, essa determinação pode ser *precisa* ou *não precisa*:[83] no primeiro caso ela é realizada mediante a indicação de condições de fato suscetíveis apenas de uma *mera constatação*, privada de todo e qualquer grau de valoração,[84] na presença das quais se deve considerar, seguramente, a existência de um concreto

---

80 Cf. ALESSI, Renato. *Sistema istituzionale del diritto amministrativo italiano.* Milano: A. Giuffrè, 1953, pp. 320 e ss.

81 Afirmação que pode até parecer paradoxal à doutrina corrente que nega, por exemplo, o caráter de norma jurídica ao princípio da oportunidade, sob a reflexão de que, de modo diverso, o vício de mérito não passaria de um vício de legitimidade: vide, por exemplo AMORTH, Antonio. *Il merito dell'atto amministrativo.* Milano: A. Giuffrè, 1939, p. 94.

82 Cf. ALESSI, Renato. *Intorno ai concetti di causa giuridica, illegittimità, eccesso di potere.* Milano: Giuffrè, 1934, pp. 63 e ss.

83 Cf. ALESSI, Renato. *Intorno ai concetti di causa giuridica, illegittimità, eccesso di potere.* Milano: Giuffrè, 1934, pp. 63 e ss.

84 Cf. amplamente no meu *Sistema istituzionale del diritto amministrativo italiano.* Milano: A. Giuffrè, 1953, pp. 155 e ss.; também: CAMMEO, Federico. *Corso di Diritto Amministrativo.* Padova: La Motolitotipo, 1911,

interesse público apto a justificar a edição do provimento, ou de um dado provimento tendo um conteúdo determinado, sem que a administração detenha qualquer campo de avaliação sobre a oportunidade concreta dele mesmo; em tal caso a situação é muito simples: a *legalidade* ou *legitimidade* do provimento é dada, evidentemente, pela efetiva existência daquelas condições de fato indicadas de modo *preciso*.

Menos simples é, ao contrário, a situação, sempre que a determinação do interesse público, estabelecida pela norma, seja tão somente *imprecisa*. Isso ocorre, como se sabe,[85] sempre que a própria determinação consista:

a) na indicação de condições de fato suscetíveis, sim, apenas de uma *mera constatação*, mas deixando, porém, à administração um dever-poder de avaliação ulterior, no sentido de que, embora na presença das ditas circunstâncias, ela possa avaliar se é mais ou menos oportuno editar o provimento de que se trata.

b) ou, então, na indicação de condições de fato suscetíveis, além de uma *constatação*, também de uma *valoração* — podendo

---

pp. 403 e ss.; CAMMEO, Federico. *Commentario delle leggi sulla giustizia amministrativa*. vol. 1. Milano: Vallardi, [s.d.], pp. 13 e ss.

85 Cf. TEZNER, Friedrich. *Zur Lehre von dem freien Ermessen der Verwaltungsbehörden als Grund der Unzuständigkeit der Verwaltungsgerichte*. Wien: Manz, 1888, pp. 33-65; LAUN, Rudofl von. *Das frei en Ermessen und seine Grenzen*. Leipzig: Franz Deuticke, 1910, p. 51; PRESUTTI, Enrico. *Discrezionalità pura e discrezionalità tecnica*. vol. 62. Torino: Unione tipografico-editrice torinese, Estr. da Giurisprudenza Italiana, 1910, p. 10; ALESSI, Renato. *Intorno ai concetti di causa giuridica, illegittimità, eccesso di potere*. Milano: Giuffrè, 1934, pp. 65 e ss.; CAMMEO, Federico. *Corso di Diritto Amministrativo*. Padova: La Motolitotipo, 1911, pp. 403 e ss.; CAMMEO, Federico. *Commentario delle leggi sulla giustizia amministrativa*. vol. 1. Milano: Vallardi, [s.d.], pp. 130 e ss.; ALESSI, Renato. *Sistema istituzionale del diritto amministrativo italiano*. Milano: A. Giuffrè, 1953, pp. 155 e ss.; além de todos os autores que lidaram com a questão da *discricionariedade*, que é aqui retomada.

existir em grau maior ou menor — do grau em que existam em concreto.

c) Ou, ainda, na simples indicação da *natureza* particular do interesse que o provimento deva satisfazer.[86]

d) Ou, enfim, numa simples referência, explícita ou implícita,[87] ao interesse público que deve justificar o provimento.

Em todas essas hipóteses de determinação imprecisa, pode entrar em cena o princípio da oportunidade, no sentido de que — sendo a própria determinação limitada a um *mínimo*, sempre menor, degradando-se nas várias hipóteses realizadas, de interesse público, e sendo deixada à administração a avaliação se, no caso concreto, embora dentro do limite mínimo determinado pela norma, existe um concreto interesse, de modo a justificar a edição do provimento

---

86 Sobre a questão relativa à assim chamada *discricionariedade técnica* e *técnico-administrativa* em oposição à discricionariedade puramente *administrativa*, v. ALESSI, Renato. *Sistema istituzionale del diritto amministrativo italiano*. Milano: A. Giuffrè, 1953, pp. 164 e ss.; também: RANELLETTI, Oreste. *Principi di diritto amministrativo*. Napoli: L. Pierro, 1911, pp. 368/369.

87 É pacífico, na verdade que, mesmo nos casos em que a norma não se refere expressamente ao interesse público como limite ao dever-poder discricionário da administração, o referido limite existe igualmente, uma vez que, devido ao fato de a ação administrativa ser dirigida, por sua natureza, à satisfação do interesse público, só se pode dizer que se alicerça no Direito somente se a realização desse interesse é realizada; cf., em vários sentidos: CAMMEO, Federico. *Corso di Diritto Amministrativo*. Padova: La Motolitotipo, 1911, p. 635; PRESUTTI, Enrico. *Istituzioni di diritto amministrativo italiano*. 3ª ed. Messina: Principato, 1931, pp. 150 e ss.; ZANOBINI, Guido. "L'attività amministrativa e la legge". *Rivista di Diritto Pubblico e la Giustizia amministrativa*, nº 7-8, Roma, jul.-ago. 1924, [Alessi faz referência ao ano de 1922] p. 6; MORTATI, Costantino. *La volontà e la causa nell'atto amministrativo e nella legge*. Roma: R. De Luca, 1935, p. 83; TEZNER, Friedrich. *Zur Lehre von dem freien Ermessen der Verwaltungsbehörden als Grund der Unzuständigkeit der Verwaltungsgerichte*. Wien: Manz, 1888, pp. 11 e ss.; BERNATZIK, Edmund. *Rechtsprechung und materielle Rechtskraft*. Viena: Manz, 1886, p. 46; ROMANELLI, Vincenzo Maria. *L'annullamento degli atti amministrativi*. Milano: A. Giuffrè, 1939, pp. 75 e ss.

— a própria administração, quando da edição do provimento em questão, deve ser guiada justamente pelo princípio da oportunidade, no sentido que deve proceder à edição apenas se o provimento se apresenta como efetivamente oportuno e conveniente, vale dizer, se em concreto existe, embora no âmbito do *mínimo* determinado pela norma, um interesse *suficiente* a justificar a edição.

Assim, no caso do provimento de interdição de locais insalubres, de acordo com o art. 222 do Texto Único da Lei sanitária,[88] o próprio provimento é evidentemente subordinado à condição fática da *insalubridade* do local; o limite *mínimo* determinado pela norma, tratando-se de condição de fato suscetível de uma avaliação a respeito do grau maior ou menor em que a insalubridade pode apresentar-se em concreto, é constituído por um *mínimo de insalubridade*: aquele mínimo cuja existência, como se sabe, é suficiente para impedir uma impugnação do provimento em relação à legitimidade por *excesso de poder*;[89] dentro de tal limite mínimo a avaliação da existência de uma insalubridade *suficiente* em concreto é deixada à administração, a qual, na avaliação em questão, deve inspirar-se — além, naturalmente, nos princípios de técnica sanitária, por parte do órgão técnico[90] — no princípio da oportunidade, no sentido que o órgão administrativo deve,

---

88 N.T. Trata-se do Decreto Real n. 1934, de 27.07.1934, cujo referido art. 222 assim preceitua: "a autoridade pública, ouvida a autoridade sanitária ou a pedido do médico provincial, pode declarar uma casa ou parte dela inabitável por razões de higiene e ordenar sua evacuação". (Tradução nossa).

89 Cf. ALESSI, Renato. *Intorno ai concetti di causa giuridica, illegittimità, eccesso di potere*. Milano: Giuffrè, 1934, pp. 96 e ss.

90 Aqui o princípio *técnico* não é apenas um jogo, mas deve ser conciliado com o princípio da oportunidade, quando se trata de uma discricionariedade *técnico-administrativa*, envolvendo a solução de questões que não são meramente técnicas, mas também administrativas (v. ALESSI, Renato. *Sistema istituzionale del diritto amministrativo italiano*. Milano: A. Giuffrè, 1953, pp. 164 e ss.). Na verdade, o órgão técnico deve dizer se, e em que grau, o local é insalubre, e, então, o órgão administrativo, com base no relatório técnico, deve julgar se o grau de insalubridade verificado é suficiente, ou não, para justificar a medida administrativa de interditar o local.

discricionariamente — com discricionariedade *técnico-administrativa*[91] — avaliar se o grau de insalubridade detectado pelo órgão técnico é, ou não, suficiente em face do interesse público, a justificar o provimento da interdição.

Igualmente se deve dizer no caso de provimento tendo em vista interesse de *natureza* determinada (cultural, militar, de ordem pública, sanitária etc.): dentro do limite mínimo estabelecido, e consistente na existência de um mínimo interesse dessa determinada natureza, entra em cena o princípio da oportunidade, no sentido de que a administração deve, inspirando-se nele, avaliar se na espécie existe um interesse concreto *suficiente* para justificar a edição do provimento.

8 Segue: como o vício de mérito pode ser incluído no conceito de *ilegalidade* do ato administrativo

Em todos esses casos de determinação *não precisa* do interesse público pela norma jurídica, o conceito de *conformidade ao Direito* pode ser entendido em dois modos distintos, vale dizer:

a) num primeiro sentido, de aderência puramente *aproximada*, imperfeita à norma, no sentido, a saber, de considerar *conforme ao Direito*, ou *legal*, qualquer provimento, seja a respeito de sua edição, seja a respeito do seu conteúdo, justificado, pelo menos naquele grau mínimo de interesse público que é determinado pela lei;

b) ou então, num segundo sentido, de aderência perfeita, precisa, capilar, à norma, no sentido, a saber, de se considerar *conforme ao Direito*, ou *legal*, um provimento que seja

---

91 Sobre esse conceito v. ALESSI, Renato. *Sistema istituzionale del diritto amministrativo italiano*. Milano: A. Giuffrè, 1953, pp. 164 e ss.; também entre muitos: RANELLETTI, Oreste. *Principi di diritto amministrativo*. Napoli: L. Pierro, 1911, pp. 368 e ss.

justificado não apenas no grau mínimo de interesse público, mas, dentro do limite determinado, num interesse público em concreto *suficiente* e justificado, com base em normais critérios de oportunidade e conveniência.

É preciso pensar, realmente, que a intenção da lei é, sem dúvida, aquela de regular e limitar da maneira mais restrita possível — característica essencial do *Estado de Direito* — o dever-poder de ação da administração; o atingimento completo de uma tal finalidade é, porém, obstaculizado, como é notório, pela material impossibilidade de regular de modo minucioso e preciso a atividade administrativa, prevendo de modo preciso toda a variedade dos casos e das situações práticas que possam se apresentar. Por isso, a lei, como se sabe, é constrangida a contentar-se com uma limitação aproximativa, imprecisa, imperfeita, estabelecida justamente mediante a indicação de graus mínimos de interesse público, cuja existência *pelo menos* ela exige para justificar um determinado provimento. Não obstante, é claro que a intenção da lei não é aquela de requerer apenas a existência desse *mínimo*, mas a de exigir a existência de um interesse em concreto *suficiente*, de um ponto de vista prático de oportunidade e conveniência, a justificar o provimento, embora a avaliação da existência concreta dessa suficiência seja, forçosamente, deixada à Administração pública.

Sem dúvida, por isso, que a noção de *conformidade ao Direito*, fundamento da *validade* do provimento administrativo, implique em abstrato uma aderência plena, perfeita, capilar, à norma, isto é, não apenas na existência daquele mínimo de interesse público, cuja falta é detectável mesmo pelo juízo de mera legitimidade, mas, isto sim, também na existência de um interesse *suficiente*, em concreto, a justificar o provimento de um ponto de vista prático de oportunidade.

Assim, diante da norma que prevê o provimento de interdição de locais *insalubres*,[92] a plena e perfeita aderência à lei dá-se, por

---

92 Art. 222 do Texto Único, de 27 de julho de 1934, n. 1265 da Lei sanitária.

provimentos administrativos de interdição de locais que, não apenas apresentem aquele mínimo de insalubridade que pode valer para excluir uma anulação *por excesso de poder*, mas, ao contrário, apresentem também uma insalubridade concreta, suficiente para justificar a interdição de um ponto de vista de concreta oportunidade: vale dizer, em outros termos, apresentem um interesse público suficiente, do ponto de vista da concreta oportunidade, para justificar o provimento.

É claro que, sob esse perfil, o conceito de *mérito* não se põe em antítese ao de *legitimidade* — entendida no sentido de *legalidade* ou *conformidade ao Direito* — mas passa a fazer parte integrante dela,[93] adquirindo assim, nesse sentido, o binômio *legitimidade-mérito* um valor substancial e não um valor meramente processual.[94]

Porém, como se sabe, há campos — e, em linha geral, tudo quanto constitua o campo dos remédios jurisdicionais contra os provimentos administrativos — nos quais, na dependência da inadmissibilidade de uma avaliação do interesse público, já feita pela administração, por parte do juiz,[95] não é possível chegar a verificar a plena e perfeita aderência do provimento à norma, no sentido acima indicado, mediante a constatação valorativa da existência de um interesse *suficiente*, situação em que é preciso contentar-se

---

93 Cf. em vários sentidos: TREVES, Giuseppino. *La presunzione di legittimità dell'atto amministrativo*. Padova: CEDAM, 1936, pp. 2 e ss.; FAGIOLARI, Giuseppe. "La giurisdizione di merito del Consiglio di Stato". *Studi per il centenario del Consiglio di Stato*, vol. 3. Roma: Ist. poligr. dello Stato, 1932, p. 27; ROMANELLI, Vincenzo Maria. *L'annullamento degli atti amministrativi*. Milano: A. Giuffrè, 1939, pp. 79 e ss.; AMORTH, Antonio. *Il merito dell'atto amministrativo*. Milano: A. Giuffrè, 1939, p. 50.

94 V. em sentido contrário: RESTA, Raffaele. *La revoca degli atti amministrativi*. Milano: A. Giuffrè, 1935, p. 67.

95 Sobre as causas históricas dessa inadmissibilidade, v. as observações de OTTAVIANO, Vittorio. "Studi sul merito degli atti amministrativi". *Annuario di diritto comparato e di studi legislativi*, Istituto Italiano di Studi Legislativi, vol. XXII, nº 3, Roma, 1947, p. 339.

em estabelecer uma aderência aproximativa, imperfeita, qual seja, aquela que pode ser encontrada pelo juízo de mera legitimidade, e que é dada pela simples existência dos *mínimos* de interesse público exigidos pela lei. Aqui é claro que, em tal caso, os dois conceitos de *mérito* e *legitimidade* são antitéticos, tendo agora, o mesmo binômio, um valor meramente processual e não substancial.[96]

Ora, o fato de que a noção de *legitimidade* foi primeiramente utilizada e estudada em relação àqueles campos nos quais ela não pode ter, por razões peculiares, outro significado senão aquele de aderência aproximativa à norma jurídica, no sentido há pouco esclarecido, bem explica, de um lado, como a noção imperfeita, aproximada, de *conformidade ao Direito*, ofuscou a outra, precisa, perfeita, capilar; e, de outro lado, como a expressão "legitimidade" adquiriu hoje o significado tradicional, correspondendo precisamente a essa noção aproximada, daí que acertadamente, para prevenir equívocos, foi recentemente proposto usar exclusivamente o termo "legalidade" para significar a noção de estrita, precisa, perfeita, aderência à norma, compreensiva, por isso, tanto da *mera legitimidade* como do *mérito*.[97]

De qualquer maneira, afora os campos particulares que se acenou, certo é que a *conformidade ao Direito* — a que se chama *legitimidade* ou *legalidade* — e à qual o ordenamento publicístico condiciona a *validade* do provimento administrativo, é constituída, em linha geral, pela plena e perfeita aderência, no sentido exposto, à norma jurídica, situação em que, sob esse perfil, não é absurdo conceber o vício de mérito como *vício de legalidade* do provimento: entendendo, repito, o conceito de "legalidade" não no restrito sentido tradicional de "legitimidade" — caso em que estaria, sem dúvida, em antítese ao conceito de *mérito* — mas, sim, no sentido amplo e

---

96 Cf. no mesmo sentido: RESTA, Raffaele. *La revoca degli atti amministrativi*. Milano: A. Giuffrè, 1935, p. 67.

97 Cf. ROMANELLI, Vincenzo Maria. *L'annullamento degli atti amministrativi*. Milano: A. Giuffrè, 1939, pp. 79 e ss.

compreensivo, tendo valor substancial e não valor meramente processual, de *conformidade plena e perfeita à norma jurídica.*

Com isto se evita a dar valor de norma jurídica a princípios extrajurídicos, como o princípio da oportunidade: ao contrário, o vício de mérito implica uma ausência de aderência a normas jurídicas verdadeiras e próprias, que, constituindo o fundamento do dever-poder de ação jurídica da administração, limitam o próprio dever-poder mediante as mais ou menos precisas determinações do interesse público — e isto também no caso em que falte uma norma expressa, dado o caráter jurídico que é indubitavelmente reconhecido à norma implícita, que estabelece o interesse público como limite implícito da atividade administrativa[98] —, enquanto o princípio da oportunidade, como há pouco foi posto em relevo,[99] funciona simplesmente como meio de especificação concreta, para tornar possível a passagem do abstrato-teórico da norma ao concreto-prático da atuação.

---

98 Cf. TEZNER, Friedrich. *Zur Lehre von dem freien Ermessen der Verwaltungsbehörden als Grund der Unzuständigkeit der Verwaltungsgerichte.* Wien: Manz, 1888, pp. 2 e ss.; MORTATI, Costantino. *La volontà e la causa nell'atto amministrativo e nella legge.* Roma: R. De Luca, 1935, p. 84; ROMANELLI, Vincenzo Maria. *L'annullamento degli atti amministrativi.* Milano: A. Giuffrè, 1939, pp. 77 e ss.

99 V. ROMANELLI, Vincenzo Maria. *L'annullamento degli atti amministrativi.* Milano: A. Giuffrè, 1939, pp. 79 e ss.; v., em sentido contrário, a concepção particular de AMORTH, Antonio. *Il merito dell'atto amministrativo.* Milano: A. Giuffrè, 1939, pp. 47 e ss.

9 Segue: limites necessários ao vício de mérito, tendo em vista sua eficácia invalidante como fundamento de uma anulabilidade do ato administrativo – em particular, deve tratar-se de vício *originário*

Dessa abordagem do problema do vício de mérito — vale dizer, considerando o próprio vício não já diretamente como autônomo *vício de* validade do negócio administrativo, mas, sim, apenas como *fonte indireta de invalidade*, enquanto forma de *ilegalidade*, do provimento administrativo — decorre, obviamente, que a eficácia invalidante do defeito de oportunidade (vício de mérito) pode perfeitamente ser admitida enquanto o vício de mérito possa ser considerado *vício de legalidade* do próprio provimento: enquanto que, por sua vez, a eficácia invalidante da *ilegalidade* deriva do fato de que, como se sabe,[100] o ordenamento publicístico oferece meios — consistentes nas várias formas de anulação — para eliminar os meios e provimentos *ilegais* ou *não conformes ao Direito*.

Certo é que deve tratar-se de um defeito de oportunidade efetivo e sensível, portanto, *grave*;[101] e, além disso, deve tratar-se de uma verdadeira e própria *inoportunidade* intrínseca, do provimento em si, de modo que não possa ser suficiente simplesmente, por si só, a possível edição de um outro provimento *mais oportuno*.

E, sobretudo, deve-se tratar de um vício *originário*, devendo a originalidade referir-se a uma dúplice ordem de ideias.

Em primeiro lugar deve tratar-se de um vício originário no sentido de que a avaliação da inoportunidade não deve ser fruto de mudança de critérios objetivos (sejam estritamente administrativos

---

100 V. também ROMANELLI, Vincenzo Maria. *L'annullamento degli atti amministrativi*. Milano: A. Giuffrè, 1939, pp. 79 e ss.

101 V. também ROMANO, Santi. "Teoria dell'annullamento nel diritto amministrativo". *In*: ______. *Nuovo Digesto Italiano*. Verbete: Annullamento. Torino: UTET, 1937, p. 5 da *separata*.

ou técnico-administrativos[102] adotados pela administração), mas deve, ao revés, dar-se à luz dos mesmos critérios vigentes no momento da edição: em verdade, para apreciar a legalidade ou não do provimento, quando não se queira perniciosamente confundir as duas noções, conceitualmente bem distintas, de *ato* e de *efeitos* do ato, é no momento da sua edição que é preciso olhar, pois uma mudança de critérios poderá levar a ser considerada inoportuna a *relação* decorrente do provimento, com consequente e eventual possibilidade de *revogação* deste último, mas não poderá fazer considerar inoportuno o provimento em si, que, em si, permanece o que era no momento de sua edição.

Em segundo lugar, deve tratar-se de um vício originário no sentido de que o juízo sobre a inoportunidade não deve ser fruto de uma mudança das circunstâncias exteriores e objetivas. Também nesse caso é preciso considerar que tal mutação seja fonte de uma inoportunidade *atual* da relação decorrente do provimento, com consequente possibilidade de uma eventual *revogação* deste último, mas não de uma inoportunidade *superveniente* do provimento, que, em si mesmo, permanece oportuno ou inoportuno, consoante o que era no momento de sua edição.

Em essência, pois, a edição do provimento inoportuno deve ser fruto de uma *inexata avaliação* do interesse público no momento da sua edição, errada avaliação que pode ser devida ou do *erro* de juízo[103] verdadeiro e próprio, ou, então, eventualmente, do *dolo* do funcionário, ou, ainda, da falta de conhecimento dos elementos objetivos, que, se conhecidos, teriam obstado a edição

---

102 Considera-se, por exemplo, um progresso das noções técnicas pelas quais, posteriormente, uma situação local ou uma atividade autorizada, de acordo com o Texto Único da Lei sanitária, deva ser considerada insalubre, embora tenha sido considerada saudável no momento da autorização.

103 Falo de *erro de juízo*, não *erro de fato*, já que este último, como se sabe, é mesmo uma fonte de *excesso de poder* (v. por todos ALESSI, Renato. *Intorno ai concetti di causa giuridica, illegittimità, eccesso di potere*. Milano: Giuffrè, 1934, pp. 103 e ss.).

do provimento. Por isso, ao contrário, a declaração do vício de mérito deve ser fruto da verificação, respectivamente, do *erro* ou do *dolo*, ou, então das circunstâncias de fato ignoradas. Não se trata, portanto, do fruto de aplicação de diversos critérios administrativos ou técnicos, para a avaliação da oportunidade, ou seja, do fruto de uma modificação objetiva das condições de fato: em casos similares, repito, o que se torna inoportuno é a *relação* decorrente do provimento, não o provimento em si mesmo, que permanece aquele que era no momento da edição.

Ainda que, portanto, se quisesse admitir a possibilidade de uma *invalidação sucessiva* do ato administrativo,[104] não se poderá

---

104 Sobre isso v. ROMANO, Santi. "Osservazioni sull'invalidità successiva degli atti amministrativi". *In*: ______. *Studi in onore di G. Vacchelli*. Milano: Giufrrè, 1937; bem como CODACCI-PISANELLI, Giuseppe. *L´annullamento degli atti amministrativi*. Milano: Giuffrè, 1939, pp. 60 e ss.; para uma crítica de tal concepção v. ROMANELLI, Vincenzo Maria. *L'annullamento degli atti amministrativi*. Milano: Giuffrè, 1939, pp. 100 e ss.

A bem de se ver, torna-se difícil admitir esse instituto da *invalidação sucessiva*, vale dizer, a noção de um ato que, *sendo plenamente válido no momento que produziu os seus efeitos*, torne-se sucessivamente *inválido*, de modo que os efeitos sejam derrubados. A meu ver, tal concepção é fundada num equívoco fundamental: a saber, sobre a confusão entre dois distintos momentos relativos à vida do ato jurídico: o momento de sua edição — de fato — e o momento de seu efetivo ingresso na vida jurídica, vale dizer, o momento em que ele vem a produzir os efeitos que lhes são próprios. Se, normalmente, os dois momentos coincidem, isso nem sempre ocorre: pense-se no testamento, que, por sua natureza, é destinado a produzir seus efeitos após o transcurso de um lapso de tempo — que pode, inclusive, ser considerável — desde a sua redação; assim também um certificado que, emitido hoje, pode ser usado (por exemplo, num concurso) eventualmente depois de um certo lapso de tempo. Ora, de invalidação sucessiva poder-se-á falar apenas no caso em que os dois momentos referidos não coincidam, e no sentido de invalidação *sucessiva ao momento da edição do ato*, embora sempre *antecedentemente ao momento* no qual o próprio ato deveria produzir os seus efeitos: nesse sentido, pode-se, muito bem, conceber que, quando sobrevenha uma causa de invalidação nesse período intermediário, antes do momento em que os efeitos deveriam ter se produzido, eles de fato não se produzem, justamente porque, em tal momento essencial, o ato é considerado inválido. É justamente sob um tal perfil, em essência, que os privatistas poderão admitir uma invalidação sucessiva do negócio jurídico (cf. WINDSCHEID, Bernhard. *Diritto dele Pandette*. Trad. com notas de Emilio Fadda e Paolo Bensa. Torino: Unione Tipografico-Editrice Torinese, 1930, §82 nota II; FERRINI, Contardo. "Sulla invalidazione successiva dei negozi giuridici". *Archivio Giuridico*, 1901, pp. 201 e ss.; LONGO, Carlo. *Corso di diritto romano*. Milano: Giuffrè, 1935, p. 204; BETTI, Emilio. *Diritto Romano*: parte generale. Padova: CEDAM, 1935, p. 335; COVIELLO, Nicola. *Manuale di diritto civile*: parte generale. vol. 1. Milano: Società editrice libraria, 1910, p. 375): assim, por exemplo é perfeitamente concebível que um testamento se torne inválido — por exemplo, pela superveniência de uma lei nova que imponha formas mais rigorosas sem qualquer referência especial aos testamentos já redigidos — no período intermédio que vai do momento de sua redação àquele da abertura da sucessão. E igualmente se diga de um certificado, expedido numa certa forma, sempre que sobrevenha uma lei nova, antes que o próprio certificado tenha sido usado, que imponha uma forma mais rigorosa.

Noutros casos pode haver uma *invalidade suspensa* ou *retardada* (v. COVIELLO, Nicola. *Manuale di diritto civile*: parte generale. vol. 1. Milano: Società editrice libraria, 1910, p. 375; ROMANELLI, Vincenzo Maria. *L'annullamento degli atti amministrativi*. Milano: Giuffrè, 1939, p. 101), como no caso de uma venda cujo preço deveria ser determinado por um terceiro, que, entretanto, não pode ou não quer determiná-lo. Porém, aqui também a invalidação ocorre *antes que o ato tenha produzidos os seus efeitos*.

Mas, uma vez que os efeitos tenham sido produzidos, vale dizer, que o ato tenha efetivamente entrado na vida do Direito, torna-se difícil conceber sua invalidação sucessiva: poderá, se tanto, haver uma *resolução* da relação, pela ausência dos *pressupostos* [v. ROMANELLI, Vincenzo Maria. *L'annullamento degli atti amministrativi*. Milano: Giuffrè, 1939, p. 103 e nota (27)], mas não uma verdadeira *invalidação do ato em si*, já que a lógica jurídica exige, para decisão sobre a *validade* ou a *invalidade* de um ato, se se quiser manter distintas as duas noções de *ato* e de *efeitos* do ato (v. cap. I, §I, n. 4), que se deva olhar para o momento da produção dos efeitos. Se em tal momento o ato era válido — tanto é verdade que produziu os seus efeitos —, podem sucessivamente intervir causas de eliminação dos próprios efeitos —configurando-se como *figurae iuris* diversa da invalidação do ato — mas não uma invalidação sucessiva do ato em si (no tópico v. também as observações de GALLI na *Resenha* a CODACCI-PISANELLI, em *Bollettino bibliografico e rassegna sistematica di giurisprudenza*. Firenze, 1940, p. 7), bem como a de CARNELUTTI *(Riv. Dir. proc. civ.*, 1940, I, 85) (*Resenha* a GASPARRI, *La invalidità successiva degli atti ammin*).

De qualquer maneira, ainda que se admita uma invalidade sucessiva do ato, não me parece que, em todos os casos, se possa admitir uma invalidade sucessiva por motivo de mérito, pelas considerações desenvolvidas no texto.

jamais admitir a possibilidade de uma *invalidade sucessiva por vício de mérito*:[105] o provimento em si mesmo não pode se tornar sucessivamente inválido por vício de mérito porque ele não pode tornar-se *sucessivamente* inoportuno se era oportuno no momento da edição: o que pode se tornar inoportuno, se tanto, pela modificação das circunstâncias de fato ou também pela mudança dos critérios objetivos de juízo, é a relação decorrente do provimento, não o provimento em si (para avaliação de sua oportunidade ou não, deve-se olhar para o momento da edição); nem parece fundada a acusação feita de que esta distinção é fruto de uma hipercrítica de conceitos jurídicos, como a que se dirigiu à distinção, em certos aspectos, análoga, entre o ato e os seus efeitos.[106] [107]

---

105 V. em sentido contrário: CODACCI-PISANELLI, Giuseppe. *L'invalidità come sanzione di norme non giuridiche*. Milano: A. Giuffrè, 1940, pp. 190 e ss.

106 Cf. ROMANO, Santi. "Osservazioni sull'invalidità successiva degli atti amministrativi". *In*: ______. *Studi in onore di G. Vacchelli*. Milano: Giufrrè, 1937, p. 439; ROMANELLI, Vincenzo Maria. *L'annullamento degli atti amministrativi*. Milano: A. Giuffrè, 1939, p. 10.

107 Sobre isso v. ROMANELLI, Vincenzo Maria. *L'annullamento degli atti amministrativi*. Milano: A. Giuffrè, 1939, pp. 15 e ss. com amplas indicações doutrinárias.

É verdade que o ato se torna jurídico em vista dos efeitos jurídicos que produz, mas nem por isso se pode identificar os dois conceitos, assim como não se pode identificar a causa com o efeito, embora a primeira seja qualificada pelo segundo. O ato é uma entidade instantânea — e não apenas sob o aspecto histórico, mas também sob o aspecto, incindivelmente conexo ao primeiro, de ato jurídico (v. *supra,* Cap. I, § 1, n. 4) (desconsidero completamente aqui, por evidente, as questões relativas ao chamado *ato-procedimento*), ao passo que aquilo que permanece, por assim dizer, objetivado, são os efeitos, a relação à qual o ato deu vida. Ora, se é concebível que se tornem inoportunos esses efeitos em relação à sua permanência, vale dizer, a relação, não se pode, arbitrariamente, com uma metáfora, considerar inoportuno o provimento em si, que deu vida aos efeitos e à relação. Assim, por exemplo, se uma atividade *autorizada* nos termos da lei sanitária, sucessivamente se torna, por uma mudança das condições de fato, *insalubre*, não se pode considerar que haja se tornado inoportuna a autorização em si, mas, sim, apenas a permanência da relação à qual a própria autorização deu vida.

Nem se vê, de outra parte, como — admitindo-se a noção de uma invalidação sucessiva pelo mérito – possa permanecer em pé a distinção entre revogação e anulação:[108] e, de fato, mesmo quando a mudança das circunstâncias induza a uma inoportunidade da relação, se considerada fonte de *invalidade* e, pois, causa de *anulabilidade* do provimento, não se vê seriamente que possa ser utilizada a revogação,[109] de tal maneira que o problema da distinção entre revogação e anulação é resolvido radicalmente com a supressão, de fato, da revogação.

10 Segue: limites à eficácia invalidante do vício de mérito

Entretanto, para os fins de nossa análise, é necessário esclarecer os limites de relevância invalidante do vício de mérito.

De início, que esses limites devem existir, não há dúvida.

---

108 V. de fato os esforços, em vão, de CODACCI-PISANELLI (*L'invalidità come sanzione di norme non giuridiche*. Milano: A. Giuffrè, 1940, pp. 158 e ss.) para responder às observações agudas de SANDULLI (*Il procedimento amministrativo*. Milano: Giuffrè, 1940, pp. 388 e ss.) e manter em pé uma distinção entre revogação e anulação comprometida com sua concepção de uma invalidade *também sucessiva* por vício de mérito. As críticas de SANDULLI vão além do ponto, no entanto, quando indicam que ele não admite uma invalidade por vício de mérito originária, invalidade que, por outro lado, deve ser admitida, como, implicitamente, pretendeu-se provar no texto.

109 Não seria suficiente, de fato, estabelecer como fundamento da revogação um simples *ius poenitendi* (sobre isso v. ROMANO, Santi. *Corso di diritto amministrativo*. 3ª ed. Padova: Cedam, 1937, pp. 287 e ss.; CODACCI-PISANELLI, Giuseppe. *L´annullamento degli atti amministrativi*. Milano: Giuffrè, 1939, pp. 134 e ss.) visto que, como SANDULLI corretamente aponta (*Il procedimento amministrativo*. Milano: Giuffrè, 1940, pp. 388 e 932-93), onde o exercício desse *ius poenitendi* encontra sua explicação senão em um juízo modificado sobre a oportunidade do provimento da revogação, ou pelo menos de seus efeitos? Então a revogação viria a se identificar substancialmente ou com a anulação por vício de mérito originário ou sucessivo (para CODACCI-PISANELLI), ou com a ab-rogação (para ROMANO).

De fato, posto que a relevância do vício de mérito decorre do fato de que a *conformidade ao Direito (legalidade)* requerida para a validade do provimento entende-se, *normalmente* — vale dizer, enquanto não intervenham fatos particulares em contrário — em uma aderência plena e perfeita à norma; disso decorre que a relevância do vício de mérito existirá *normalmente*, falhando somente quando se adentre nos campos em que se operam fatores peculiares, que atuam para impedir uma sindicância da aderência plena e perfeita à norma; de modo que *a conformidade ao Direito* necessária e suficiente para a validade do provimento se limita, necessariamente, a uma aderência imperfeita e aproximativa, tal como a ilustrada acima, de tal modo que a *legalidade* coincide com a noção tradicional de *legitimidade*, antitética à de *mérito*.

Tal fenômeno ocorre, como se sabe, no campo dos remédios jurisdicionais contra os provimentos administrativos: aqui vigora o princípio fundamental segundo o qual o juiz — embora juiz administrativo — não pode descer a uma apreciação da existência de um concreto interesse público *suficiente*, através de uma avaliação de condições de fato *não precisas*, passíveis de várias interpretações, porém, ao contrário, deve limitar-se — através da verificação de *excesso* de poder — à apuração da existência do *grau mínimo* de interesse público determinado pela norma, de maneira a não requerer qualquer avaliação, mas, sim, apenas uma simples constatação de fato.[110] Nesse campo, portanto, a *conformidade ao Direito* ou *legalidade* necessária para os fins da validade do provimento administrativo irá se concretizar suficientemente numa aderência aproximativa, por isso não se poderá dar relevância a um eventual vício de mérito.

O vício de mérito, no campo da reação a cabo dos órgãos da jurisdição administrativa, adquire relevância em sede de *jurisdição*

---

110 Cf. *supra*, neste §, item 08. [Alessi se refere, por equívoco, à nota 172, que inexiste no original].

de mérito: isso desde que não se acolha a opinião[111] segundo a qual a jurisdição de mérito não se concentra, em nada, com uma investigação sobre a oportunidade do provimento impugnado, e, pois, com uma verdadeira e própria investigação de mérito, mas, sim, analogamente à jurisdição de legitimidade, com um controle sobre a legitimidade do próprio provimento, reduzindo, assim, a diferença entre as duas jurisdições a uma diferença entre os *poderes de decisão* do juiz, diversos nos dois casos, dado que, enquanto no caso da jurisdição de legitimidade se tem apenas um poder de anulação, no caso da jurisdição de mérito, ao contrário, se tem também um poder de reforma e de substituição do provimento administrativo impugnado.[112] [113]

Assim, também, o vício de mérito não poderá ser levado em consideração no campo da anulação, por parte do governo, dos atos dos entes locais, na medida em que a letra da Lei[114] limita expressamente a anulabilidade aos casos de ilegitimidade — no sentido tradicional, excluído, portanto, o vício de mérito — do provimento.

---

111 AMORTH, Antonio. *Il merito dell'atto amministrativo*. Milano: A. Giuffrè, 1939, cap. III. Cf. também, a propósito: FAGIOLARI, Giuseppe. La giurisdizione di merito del Consiglio di Stato. Studi per il centenario del Consiglio di Stato. vol. III. Roma: Ist. poligr. dello Stato, 1932.

112 Para uma crítica de tal concepção v. LUCIFREDI, Roberto. "In tema di giurisdizione di merito". *Arch. giuridico*, 1940); v. também CODACCI-PISANELLI, Giuseppe. *L'invalidità come sanzione di norme non giuridiche*. Milano: A. Giuffrè, 1940, pp. 206 e ss.; OTTAVIANO, Vittorio. "Studi sul merito degli atti amministrativi". *Annuario di diritto comparato e di studi legislativi*, Istituto Italiano di Studi Legislativi, vol. XXII, nº 3, Roma, 1947, p. 397.

113 N.T. No Direito brasileiro, como se sabe, não há jurisdição administrativa, adota-se o modelo inglês ou da jurisdição una. Por isso, consideramos que o Judiciário só pode apreciar o "vício de mérito" quando se tratar de ilegitimidade ou antijuridicidade.

114 V. art. 6 do Texto Único da Com. Prov. 1934, onde se fala de anulação de atos "viciados por *incompetência*, *excesso de poder*, *violação da lei* ou *dos regulamentos gerais* ou *especiais*".

Por outro lado, bem se poderá considerar normalmente relevante o vício de mérito em matéria de *recurso hierárquico*,[115] dado que nada impede que o superior hierárquico volta-se a rever a aderência plena e perfeita do provimento à lei, mediante a avaliação da existência concreta de um interesse público suficiente, e o mesmo parece poder ser dito em matéria de *recurso hierárquico impróprio*.[116] Isso, naturalmente, não vale para a matéria na qual a lei limite expressamente o recurso somente aos vícios de legitimidade.[117]

11 Inadmissibilidade de uma anulação de ofício por vício de mérito

Bem mais questionável parece, ao contrário, a admissibilidade da relevância do vício de mérito no campo na *anulação de ofício*.[118]

---

115 Conforme à doutrina dominante: v. RANELLETTI, Oreste. *Le guarentigie della giustizia nella pubblica amministrazione*. 4ª ed. Milano: A. Giuffrè, 1934, p. 257; ZANOBINI, Guido. *Corso di diritto amministrativo*. 7ª ed. Milano: Giuffrè, 1955, p. 84; BORSI, Umberto. *La giustizia amministrativa*. 3ª ed. Padova: CEDAM, 1933, p. 62; ROMANELLI, Vincenzo Maria. *L'annullamento degli atti amministrativi*. Milano: A. Giuffrè, 1939, p. 281; RAGNISCO, Leonida. *I ricorsi amministrativi*. Roma: Società editrice del Foro italiano, 1937, pp. 136 e ss.; CODACCI-PISANELLI, Giuseppe. *L'invalidità come sanzione di norme non giuridiche*. Milano: A. Giuffrè, 1940, p. 173; CODACCI-PISANELLI, Giuseppe. *L´annullamento degli atti amministrativi*. Milano: Giuffrè, 1939, pp. 51 e ss.

116 V. CODACCI-PISANELLI, Giuseppe. *L´annullamento degli atti amministrativi*. Milano: Giuffrè, 1939, pp. 49 e ss.

117 Por exemplo quanto à recusa de hospitalização por instituições de caridade: art. 27 do Real Decreto de 30 de dezembro de 1923, n. 2841.

118 Favoráveis, pelo menos substancialmente, seja em relação aos limites maiores seja em relação aos menores, são: ROMANO (v. "Teoria dell'annullamento nel diritto amministrativo". *In*: ______. *Nuovo Digesto Italiano*. Verbete: Annullamento. Torino: UTET, 1937), ROMANELLI (v. *L'annullamento degli atti amministrativi*. Milano: A. Giuffrè, 1939, pp. 75 e ss.); GUICCIARDI (v. "L'abrogazione degli atti amministrativi". *In*: ______. *Scritti di diritto pubblico in onore di Giovanni Vacchelli*. Milano: Vita e pensiero, 1937, pp. 245 e ss.); CODACCI-PISANELLI (v. *L´annullamento degli atti amministrativi*. Milano: Giuffrè, 1939, pp. 56 e ss.); substancialmente contrário, além de PAPPALARDO ("In tema di invalidità dell'atto amministrativo

Na primeira edição desta obra (1942)[119] havíamos acolhido a opinião afirmativa, como rigorosa consequência da afirmação feita de que, para a *válida* existência de um provimento se requer uma aderência plena, capital, ao interesse público, não considerando, de outra parte, que houvesse na situação em exame elementos peculiares idôneos a levar a outra conclusão.

Hoje, porém, anos distantes, depois de haver mais bem avaliado todos os elementos da questão, acolhemos a opinião oposta. Com base em considerações ainda não apresentadas.

Considere-se como verdadeiro que a inoportunidade de um procedimento se resolve, necessariamente, na inoportunidade de seus efeitos, assim como o *vício de mérito* do provimento se resolve necessariamente numa oportunidade de *modificar ulteriormente* a relação decorrente do provimento, no sentido de reconstituir a situação jurídica antecedente.

Ora, somente por um erro de perspectiva consideramos que a administração pública pode sentir a necessidade de reagir, extirpando-o, contra um provimento viciado quanto ao mérito: na

---

per vizi di merito". *In*: ______. *Scritti giuridici in onore di Santi Romano*. Padova: Cedam, 1940) parece também ZANOBINI (v. *Corso di diritto amministrativo*. 7ª ed. Milano, 1955, pp. 324 e ss.) para quem o vício de mérito seria motivo de *revogação* e não de *anulação*; para FORTI (*Diritto amministrativo*: parte generale. vol. 2. Napoli: Jovene, 1937, pp. 205, 221), para quem a anulabilidade de ofício por vício de mérito deveria limitar-se apenas aos casos tecnicamente previstos em lei. Por fim, uma posição particular é a de AMORTH (v. *Il merito dell'atto amministrativo*. Milano: A. Giuffrè, 1939, pp. 72 e ss.) para quem o vício de mérito seria fonte de uma invalidade *administrativa*, em antítese a uma invalidade *judicial*.

119 N.T. A primeira edição da *La revoca degli atti amministrativi* foi publicada em 1942 pela Editora Giuffrè. A segunda, objeto desta tradução, foi publicada, também pela Giuffrè, em 1956. Interessante observar que antes, em 1936, Alessi publicou, sempre pela mesma editora, a obra *La revocabilità dell'atto amministrativo*. Nela, apesar de tratar do mesmo tema, abordou-o com menor fôlego: a obra possui 74 páginas; a obra de 1942 possui 142 páginas e a objeto desta tradução possuiu 151 páginas.

realidade ela sente simplesmente a exigência de reagir contra a atual inoportunidade da situação *atual*, originada do provimento viciado no mérito: nem poderia ser diferente, pois o interesse público que a administração pública deve adotar como critério de sua ação não é o interesse *passado*, mas, isto sim, o interesse *atual*; o que responde, de outra parte, a uma exigência lógica mais geral: age-se para realizar um interesse atual, não por um interesse *passado* e *não mais atual*.

Por isso, é somente para a realização desse interesse atual, que modifica ulteriormente a relação, que a administração pode agir, e não para a realização do interesse passado de *não edição* do provimento, interesse que, no limite, poderia também nem ter ocorrido, no caso de mudança da situação de fato.

Ora, o instituto que admite a ulterior modificação de uma relação (no sentido de reestabelecer a situação jurídica anterior à edição de um provimento administrativo) é a *revogação*, não a *anulação*: portanto, segue daí que, diante de um provimento viciado no mérito, a administração, querendo proceder de ofício, pode apenas recorrer ao instituto da revogação, não ao da anulação.

Nem se diga que há casos em que a administração não tem o dever-poder de revogação, não tendo ela o dever-poder de modificar ulteriormente a relação: nem mesmo em tais casos ela pode recorrer à anulação, dado que, diversamente, através desse meio, ela viria a operar indiretamente sobre a relação, produzindo uma modificação para a qual lhe falta dever-poder.

12 Qual é, em consequência, o critério adotado para a distinção entre revogação e anulação

Mas, se é assim, bem podemos ter como base da distinção entre revogação e anulação a antítese *mérito-legitimidade*, qualificando a anulação como a eliminação de um ato ilegítimo, e qualificando a revogação como a eliminação por motivos de mérito. Porém, com a advertência de que, quando se diz "motivos de mérito", alude-se não já a uma inoportunidade meramente *do provimento em si*, mas, isto sim, a uma inoportunidade *atual* da relação, da situação originada do provimento.

A inoportunidade do provimento pode valer como causa da eliminação do próprio provimento *apenas enquanto se traduza em uma inoportunidade atual da relação que se lhe seguiu*, justamente através da modificação ulterior da própria relação, no sentido de reestabelecer a situação jurídica antecedente.

E agora é preciso concluir, para resolver o problema que apresentamos desde o início, relativo à degradação da revogação em anulação, que a diferença entre os dois institutos é mais profunda da que resulta das várias fórmulas propostas pela doutrina e que recordamos no início.

Devemos concluir: ambos os institutos se resolvem numa eliminação do mundo jurídico; a diferença entre eles não está tanto nos *motivos* com base nos quais essa eliminação se produz, mas no seu objeto: enquanto a anulação elimina justamente o *ato*, *ex tunc*, a revogação elimina simplesmente os *efeitos*, *ex nunc*, dado que modifica *ex nunc* ulteriormente a relação, no sentido de reestabelecer a situação jurídica antecedente à edição do provimento de que se trata.[120]

---

120 N.T. Conforme já antecipamos (*supra*, Cap. I, §1°, rodapé 16), discordamos de Alessi. Para nós, tanto a revogação como a invalidação têm por objeto principal a extinção do ato administrativo. A diferença principal está no *motivo* da extinção: a invalidação se dá por motivo de contrariedade originária ao Direito, a revogação por atual juízo de inconveniência e inoportunidade. Há diferença de efeitos, decorrente desse motivo principal: a revogação é sempre *ex nunc*, para nós é possível a modulação dos efeitos da invalidação. Cf. MARTINS, Ricardo Marcondes. "Ato administrativo". *In*: ______; BACELLAR FILHO, Romeu Felipe. *Tratado de direito administrativo*: Ato administrativo e procedimento administrativo. vol. 5, 2ª ed. São Paulo: Revista dos Tribunais, 2019, pp. 358 e ss., 387 e ss.

§4 Distinção entre revogação e institutos afins

Sumário: 1. Revogação e rescisão [*revocazione*]. 2. Revogação e ab-rogação. 3. Revogação e demissão [*revocazione*] dos servidores públicos. 4. Revogação e renúncia. 5. Revogação, condição resolutiva e termo final. 6. Revogação e rescisão unilateral [*disdetta*]. 7. Revogação e decadência [*decadenza*]. 8. Revogação e resgate [*riscatto*]. 9. Conclusões gerais sobre a noção e a natureza jurídica da revogação dos atos administrativos.

1 Revogação e rescisão [*revocazione*][1]

Da análise comparativa com o instituto da anulação, a revogação foi delineada como eliminação ou modificação das relações das quais a administração seja *atualmente* titular, no sentido de um

---

1 N.T. Literalmente, "*revoca*" e "*revocazione*" seriam traduzidas por "revogação". Alessi, na nota seguinte, remete o leitor, para maiores informações sobre o instituto da "*revogazione*", às obras de Chiovenda, Betti e Cognetti, e, no texto, afirma tratar-se de um tema processual. Por evidente, na esfera do Direito Processual Civil a palavra é traduzida por *rescisão* (da sentença transitada em julgado).

Parte da doutrina atribui sentidos diferentes a essas palavras. Para Pietro Virga, por exemplo, enquanto a *revoca* consiste na retirada de um ato inoportuno, por uma avaliação diversa das exigências de interesse público, em relação às circunstâncias de fato existentes no momento em que o ato é editado, a *abrogazione* consiste na retirar de um ato originariamente oportuno, mas que, por mudança superveniente das circunstâncias de fato, não corresponde mais ao interesse público. VIRGA, Pietro. *Il provvedimento amministrativo*. Milano: Giuffrè, 1968, pp. 467/468.

Daniele Coutinho Talamini considerou que Alessi usa a palavra no mesmo sentido de Virga (*Revogação do ato administrativo*. São Paulo: Malheiros, 2002, p. 121). Ela assim se manifesta sobre a distinção: "A crítica que a doutrina faz quanto a esta distinção é procedente. De fato, a figura não merece denominação especial, pois se trata de hipótese de invalidação. O ato praticado com desconhecimento das circunstâncias de fato existentes à época de sua produção é inválido. Do mesmo modo é inválido o ato se o agente o pratica sob errônea percepção da situação fática existente". (TALAMINI, Daniele Coutinho. *Revogação do ato administrativo*. São Paulo: Malheiros, 2002, p. 121).

reestabelecimento da situação jurídica antecedente, respeitante à própria relação, em face do provimento do qual tenha se originado a relação no seu aspecto atual, *sendo atualmente oportuno* o referido reestabelecimento, quer pela *originária inoportunidade* do provimento, quer por uma modificação sucessiva das circunstâncias que tornaram inoportuna a permanência da relação em questão.

A fim de sempre melhor distinguir o instituto em exame, será conveniente proceder a uma ulterior análise comparativa, acostando a revogação a outros institutos que tenham com ela alguma afinidade formal ou substancial, para pôr em evidência, com a analogia e as relações recíprocas, os caracteres diferenciais.

Tendo com a revogação analogias formais, apresenta-se, em primeiro lugar, a *rescisão.*[2] Como se sabe, este é, pelo menos na sua característica atual,[3] um instituto essencialmente processual,[4]

Discordamos da autora: Alessi não utiliza a palavra "*revocazione*" no mesmo sentido de Virga, mas no sentido de "rescisão", vale dizer, no mesmo sentido que os processualistas quando se referem à "rescisão da sentença". Discorda-se, também, de sua compreensão sobre os conceitos propostos por Virga: em relação ao que ele chama de *revoca*, o ato não é inválido se houve mera mudança de apreciação sobre a oportunidade das circunstâncias fáticas existentes quando da edição do ato; nesse caso, a extinção pode ocorrer por *revogação*. Em relação ao que ele chama de *abrogazione* — inoportunidade ou antijuridicidade decorrente da alteração das circunstâncias fáticas, o ato não é originariamente inválido, mas é um ato válido passível de revogação, se a alteração das circunstâncias não o torna incompatível com o Direito, ou um ato invalido por motivo superveniente, passível de decaimento ou caducidade, se a alteração das circunstâncias o torna incompatível com o Direito.

2 V. sobre tal instituto: CHIOVENDA, Giuseppe. *Istituzioni di diritto processuale civile*. Napoli: Jovene, 1933, II, p. 547; BETTI, Emilio. *Lezioni di diritto processuale civile italiano*. Roma: Il Foro Italiano, 1933, p. 719; COGNETTI-DE MARTIIS, Raffaele. *La revocazione della sentenza nella procedura civile*. Torino: F.lli Bocca, 1900.

3 Cf., sobre isso: ROMANELLI, Vincenzo Maria. *L'annullamento degli atti amministrativi*. Milano: A. Giuffrè, 1939, p. 61.

4 V. além disso: FORTI, Ugo. *La revocazione nei ricorsi amministrativi*. Itália: UTET, 1908. Certamente não é uma instituição essencialmente processual, se considerada no aspecto genérico de remédio destinado a reconhecer

concretizando-se num remédio extraordinário contra as sentenças, oponível apenas a alguns vícios típicos, taxativamente determinados pela Lei.[5] [6]

É sabido como algumas correntes doutrinárias queriam estender o remédio da rescisão às decisões administrativas de recursos administrativos simples,[7] ou mesmo a todos os atos administrativos.[8] É, porém, sabido como a doutrina[9] e a jurisprudência[10] não deram boa acolhida a tais tentativas — embora inspiradas no louvável intento de afirmar um princípio que consagrasse a obrigação de a administração se voltar contra o próprio ato quando ela descobrisse

---

a invalidade de um ato jurídico; mas é um instituto essencialmente processual se, por outro lado, for considerado em seus caracteres específicos que historicamente adquiriu; v. também: ROMANELLI, Vincenzo Maria. *L'annullamento degli atti amministrativi*. Milano: A. Giuffrè, 1939, p. 61; IPSEN, Hans Peter. *Widerruf gültiger Verwaltungsakte*. Hamburg: Kommissionsverlag von Lütcke & Wulff, 1932, p. 36.

5 V. art. 395 do C.P.C.

6 (N.T.) O art. 395, do CPC italiano de 1940 (Decreto Real n. 1443, de 28.10.1940), mencionado por Alessi equivale, no Direito brasileiro, ao art. 966 do CPC/2015.

7 FORTI, Ugo. "La revocazione nei ricorsi amministrativi". *In*: ______. *Studi di Diritto Pubblico*. vol. 2. Roma: Foro Italiano, 1937.

8 DE VALLES, Arnaldo. "La revocazione degli atti amministrativi". *Foro italiano*, Città di Castello, vol. 44, fasc. 18, 1919, III, p. 178.

9 Cf. RANELLETTI, Oreste. *Le guarentigie della giustizia nella pubblica amministrazione*. 4ª ed. Milano: A. Giuffrè, 1934, p. 242; BORSI, Umberto. *La giustizia amministrativa*. 3ª ed. Padova: CEDAM, 1933, p. 97; ZANOBINI. Guido. "A proposito dell'errore di fatto come vizio degli atti amministrativi". *Rivista di Diritto Pubblico*, 1927, I, p. 528; RESTA, Raffaele. *La revoca degli atti amministrativi*. Milano: A. Giuffrè, 1935, pp. 28 e ss.; RESTA, Raffaele. "Revoca, revocazione, abrogazione di atti amministrativi". *Foro Amministrativo*, 1936, pp. 95 e ss.; CAMMEO, Federico. *Commentario delle leggi sulla giustizia amministrativa*. vol. 1. Milano: Vallardi, [s.d.], p. 646.

10 V. por exemplo, IV Sec. Cons. de Estado, 20 de outubro de 1933 (*Foro Ammin.*, 1936, I, I, 10); IV Sec., 23 de fevereiro de 1935 (*ali*, 1935, I, I, 170). Cf. também: *O Conselho de Estado no quinquênio* 1931-35 (*Relatório do Presidente ao Chefe de Governo*), II, pp. 160 e ss.

a existência de fatos novos ou a falsidade das circunstâncias fáticas em que se baseou, na ocasião, para se pronunciar[11] — por razão, pelo menos, *de iure condito*, uma vez que, quanto as decisões em recursos administrativos, faltando a coisa julgada e, pois, a preclusão para um novo e futuro juízo,[12] falta a necessidade da introdução do instituto da rescisão, ao menos em seu aspecto processual, na matéria em exame; e quanto, pois, à extensão do próprio instituto a todos os atos administrativos, justamente se tem afirmado que, em estrita observância ao nosso Direito Positivo, não parece possível reconhecer que o princípio da descoberta de um erro assuma contornos diversos[13] dos de qualquer outro vício de validade do ato administrativo, sendo suficiente a aplicação, a ele, com as mesmas possibilidades e os mesmos limites, dos meios comuns de reação contra os atos inválidos.[14]

De qualquer modo, certo é que, afastada a admissibilidade da sua introdução no campo dos atos administrativos, esse instituto da *rescisão* distinguir-se-ia, substancialmente, da revogação com base nestas duas diferenças substanciais:

---

11 Assim: DE VALLES, Arnaldo. "La revocazione degli atti amministrativi". *Foro italiano*, Città di Castello, vol. 44, fasc. 18, 1919, III, pp. 179, 181 e 184.

12 DE VALLES, Arnaldo. "La revocazione degli atti amministrativi". *Foro italiano*, Città di Castello, vol. 44, fasc. 18, 1919, III, pp. 179, 181 e 184.

13 N.T. Discorda-se parcialmente do autor. O erro no exercício de competência vinculada não tem os mesmos efeitos do erro no exercício de competência discricionária. O último gera uma *presunção relativa* de vício de finalidade ou de contentorização. Cf. MARTINS, Ricardo Marcondes. "Ato administrativo". *In*: ______; BACELLAR FILHO, Romeu Felipe. *Tratado de direito administrativo*: Ato administrativo e procedimento administrativo. vol. 5, 2ª ed. São Paulo: Revista dos Tribunais, 2019, p. 279.

14 ROMANELLI, Vincenzo Maria. *L'annullamento degli atti amministrativi*. Milano: A. Giuffrè, 1939, p. 65; ZANOBINI, Guido. "A proposito dell'errore di fatto come vizio degli atti amministrativi". *Rivista di Diritto Pubblico*, 1927, I, p. 528; RESTA, Raffaele. *La revoca degli atti amministrativi*. Milano: A. Giuffrè, 1935, p. 33.

a) em primeiro lugar, tal como a anulação, teria por base um vício intrínseco do ato, qual seja, o erro em que incorreu a administração que o editou, ao invés de uma oportunidade de reestabelecimento da situação jurídica antecedente face à relação originada do ato;

b) em segundo lugar, por essa razão, ela viria a atingir, embora tal como a anulação, o ato administrativo em si mesmo e não a relação que dele deriva.

É o que basta, repito, para que os dois institutos sejam, em todos os casos, considerados nitidamente distintos.

2 Revogação e ab-rogação

Outro instituto que tem afinidade formal com a revogação é o da *ab-rogação.*

Nas páginas precedentes procurei demonstrar como não se pode falar de ab-rogação dos atos administrativos, no sentido substancial (*provimentos* administrativos), como algo intermediário e distinto entre a anulação e a revogação; disse também que o instituto da ab-rogação deve, ao contrário, ser considerado como exclusivo do campo legislativo.

Indaga-se, porém, se de ab-rogação se deva falar somente em relação às leis formais, ou também em face de leis meramente substanciais, vale dizer, em relação aos vários tipos de regulamentos.[15]

---

15 Sobre o tema, além das obras gerais, cf. CAMMEO, Federico. "Le manifestazioni di volontà dello Stato nel campo del diritto amministrativo". *In*: ORLANDO, Vittorio Emanuele (Coord.). *Primo Trattato Completo di Diritto amministrativo italiano*. vol. III. Milano: Società Editrice Libraria, 1901, pp. 10 e ss.; CODACCI-PISANELLI, Alfredo. "Leggi e Regolamenti". *In*: ______. *Scritti di diritto pubblico*. Città di Castello: S. Lapi, 1900; SOFIA, Rosario. *La potestà regolamentare dello Stato*. Palermo: Vena, 1930; BODDA, Piero. *I regolamenti degli enti autarchici*. Torino: Fratelli Bocca, 1932; JELLINEK, Walter. *Gesetz und Verordnung*. Freiburg: Mohr, 1888;

Como se sabe, enquanto parte da doutrina, referindo-se à natureza substancialmente legislativa dos regulamentos, fala de ab-rogação, para indicar a cessação de sua eficácia,[16] outra parte, por outro lado, recorrendo à natureza formal dos atos administrativos[17] — e como tais anuláveis, retiráveis, revogáveis do mesmo modo que os atos administrativos especiais[18] — reputa insensato falar de uma *ab-rogação* dos regulamentos,[19] considerando a eles aplicáveis propriamente, ao contrário, o instituto da revogação; por fim, alguns autores[20] acreditam que se deve distinguir uma *ab-rogação* de uma revogação dos regulamentos, buscando a nota diferencial no fato de que, enquanto a ab-rogação imporia não apenas a cessação da eficácia do regulamento, mas também a sua substituição, pelo contrário, a revogação importaria tão somente na cessação da eficácia sem qualquer substituição. Ao

---

MOREAU, Felix. *Le règlement administratif*. Paris: Albert Fontemoing, 1902.

16 Assim: CAMMEO, Federico. "Sull'abrogazione dei regolamenti per effetto di leggi posteriori". *Giurisprudenza italiana e la legge riunite*, 1914, p. 329); ZANOBINI, Guido. *Corso di diritto amministrativo*. 7ª ed. Milano: Giuffrè, 1955, p. 83; BORSI, Umberto. "Le funzioni del Comune italiano". *In*: ORLANDO, Vittorio Emanuele (Coord.). *Primo Trattato Completo di Diritto amministrativo italiano*. vol. II, parte II. Milano: Società Editrice Libraria, 1915, p. 120; VITTA, Cino. *Diritto amministrativo*. 4ª ed. Torino: Unione tipografico-editrice torinese, 1955, p. 70; MOREAU, Felix. *Le règlement administratif*. Paris: Albert Fontemoing, 1902, p. 367.

17 Sobre isso v., por todos: RANELLETTI, Oreste. *Principi di diritto amministrativo*. Napoli: L. Pierro, 1911, pp. 17-181; RANELLETTI, Oreste. *Istituzioni di diritto pubblico*. 6ª ed. Padova: CEDAM, 1937, p. 313; RANELLETTI, Oreste. *Le guarentigie della giustizia nella pubblica amministrazione*. 4ª ed. Milano: A. Giuffrè, 1934, pp. 6-36.

18 Assim, explicitamente: RESTA, Raffaele. *La revoca degli atti amministrativi*. Milano: A. Giuffrè, 1935, p. 27.

19 Assim, mais ou menos explicitamente: FORTI, Ugo. *Diritto amministrativo*: parte generale. Napoli: Jovene, 1937, vol. I, p. 77; vol. II, pp. 56 e ss.; D'ALESSIO, Francesco. *Istituzioni di diritto amministrativo italiano*. vol. 2. Torino: UTET, 1934, pp. 88 e ss.; RANELLETTI, Oreste. *Le guarentigie della giustizia nella pubblica amministrazione*. 4ª ed. Milano: A. Giuffrè, 1934, p. 35; RESTA, Raffaele. *La revoca degli atti amministrativi*. Milano: A. Giuffrè, 1935, pp. 27 e ss.

20 Como, por exemplo BODDA, Piero. *I regolamenti degli enti autarchici*. Torino: Fratelli Bocca, 1932, pp. 467 e ss.

que, justamente, se tem replicado[21] que no campo legislativo formal a noção de ab-rogação — entendida como cessação de eficácia[22] de uma norma jurídica por força de específica declaração de não mais se querer o que se ordenou até então[23] — não exige, real e necessariamente, a obrigação de substituição da norma; substituição, de outra parte, que não se considera, comumente, obrigatória — tratando-se de norma regulamentar —, senão, no máximo, no caso de regulamento editado por uma obrigação imposta à administração pela lei;[24] e, de outra parte, ainda, se tem observado que bem pode coexistir uma revogação implícita de atos administrativos especiais com um novo ato jurídico que substitua o precedente.[25] [26]

---

21 ROMANELLI, Vincenzo Maria. *L'annullamento degli atti amministrativi*. Milano: A. Giuffrè, 1939, p. 53.

22 N. T. Discorda-se da afirmação de que a ab-rogação consiste na cessação da eficácia da norma. Ela não apenas faz cessar a eficácia, como retira a norma do mundo jurídico. A revogação, seja de ato administrativo, seja de ato legislativo, consiste na extinção da norma. O fenômeno jurídico é bem diferente, por exemplo, do caso de edição, próprio da competência legislativa concorrente, de norma geral federal após a edição de norma geral estadual. Nesse caso, a norma geral federal não desconstitui a norma estadual, mas faz cessar sua eficácia. Por todos: SILVA, José Afonso da. *Curso de direito constitucional positivo*. 42ª ed. São Paulo: Malheiros, 2019, p. 508. Daí a distinção feita por Eduardo García de Enterría e Tomás-Ramón Fernández entre *revogação* e *deslocamento*: no caso da competência legislativa concorrente, a norma geral da União desloca, e não revoga, a norma geral do Estado (GARCÍA DE ENTERRÍA, Eduardo; FERNÁNDEZ, Tomás-Ramón. *Curso de direito* administrativo. vol. 1. Trad. de José Alberto Froes Cal. São Paulo: Revista dos Tribunais, 2014, p. 316). Em suma: a ab-rogação, ao contrário do que pode levar a entender o texto de Alessi, revoga e não apenas desloca.

23 Cf., por todos: DONATI, Donato. *Abrogazione della legge*. Modena: Tip. Modenese, nº 5, 1914.

24 ROMANELLI, Vincenzo Maria. *L'annullamento degli atti amministrativi*. Milano: A. Giuffrè, 1939, p. 53.

25 ROMANELLI, Vincenzo Maria. *L'annullamento degli atti amministrativi*. Milano: A. Giuffrè, 1939, p. 53; RESTA, Raffaele. *La revoca degli atti amministrativi*. Milano: A. Giuffrè, 1935, pp. 254 e ss.

26 N.T. Para nós, não há "revogação implícita", mas contraposição ou derrubada ou revogação inválida. Cf. MARTINS, Ricardo Marcondes. "Ato administrativo". *In*: ______; BACELLAR FILHO, Romeu Felipe. *Tratado de*

Ora, a mim me parece que, posto o conceito de *revogação*, como estabelecemos, no sentido de uma *modificação* — consistente no reestabelecimento da situação jurídica antecedente — da *relação jurídica* originada do provimento a revogar, resulta claro, antes de tudo, que de *revogação* verdadeira e própria de um regulamento não se pode falar quando se tenha a cessação da eficácia da precedente norma regulamentar, pelo simples fato da substituição mediante uma norma nova, trate-se também de norma regulamentar, trate-se de lei formal. Em tal caso se tem o exercício do verdadeiro e próprio fenômeno da *ab-rogação implícita* de uma norma por parte de uma norma posterior, fenômeno que, se no campo legislativo formal encontrou a sua sistematização precisamente no instituto da *ab-rogação*, não há razão para que deva ser diversamente sistematizado no campo regulamentar, já que o instituto antes referido não pode ser peculiar ao campo legislativo formal, mas, sim, deve estender-se a todo campo legislativo material. E é óbvio que tal instituto, refletindo a cessação da eficácia de uma norma, nada tem de substancialmente comum com o instituto da revogação, que, ao contrário, reflete a modificação de uma relação mediante o reestabelecimento da situação jurídica antecedente à edição do provimento da qual derivou — ao menos no que diz respeito ao aspecto atual — a própria relação.

Mas, do mesmo modo se deve dizer no caso em que a cessação da eficácia do regulamento ocorra, simplesmente, mediante uma declaração de vontade da administração, dirigida justamente a tal finalidade. Também aqui, em verdade, não se pode falar de uma *revogação* verdadeira e própria, do regulamento, no sentido por nós estabelecido, pela consideração fundamental de que a norma regulamentar — regulamentação abstrata de um dever-poder discricionário incumbido à administração — não dá origem a relações concretas entre os particulares e a própria administração,

---

direito administrativo: Ato administrativo e procedimento administrativo. vol. 5, 2ª ed. São Paulo: Revista dos Tribunais, 2019, p. 333.

que esta última possa modificar sucessivamente, no sentido do reestabelecimento da situação antecedente, com uma *revogação* verdadeira e própria do regulamento.[27]

Também aqui, ao contrário, tem-se simplesmente o fenômeno, bem diverso do refletido no instituto da *revogação*, da cessação da eficácia de uma norma jurídica, fenômeno que não pode deixar de ser refletido nesse instituto que, no campo legislativo formal, refere-se a um fenômeno em tudo análogo: qual seja, o instituto da *ab-rogação expressa*.

Revogação e *ab-rogação*, portanto, devem ser considerados institutos substancialmente distintos, porque cada um tem, além de um conteúdo substancialmente diverso, também um próprio e distinto campo de aplicação: campo constituído, para a ab-rogação, pelo conjunto dos atos que tenham, *ainda que apenas substancialmente*, conteúdo *normativo*; campo, ao revés, constituído, para a revogação, pelo conjunto dos verdadeiros e próprios *provimentos administrativos* (ou atos administrativos em sentido substancial).[28]

---

27 N.T. Alessi distingue a extinção de normas abstratas da extinção de normas concretas, e considera que a ab-rogação de regulamentos não se confunde com a revogação de provimentos administrativos. Conforme explicamos supra, Cap. I, §1-rodapé 83, não concordamos com a sua opinião sobre imprestabilidade de uma teoria geral do ato administrativo. Para nós, a teoria do *provvedimento* é uma teoria ideologicamente comprometida. Em assonância com nossas premissas, consideramos que tantos os atos administrativos abstratos, como os regulamentos, como os atos administrativo concretos submetem-se, sim, a um regime jurídico geral. Cf. MARTINS, Ricardo Marcondes. "Ato administrativo". *In*: ______; BACELLAR FILHO, Romeu Felipe. *Tratado de direito administrativo*: Ato administrativo e procedimento administrativo. vol. 5, 2ª ed. São Paulo: Revista dos Tribunais, 2019, pp. 129-133. Discordamos, pois, do autor que considera haver diferença conceitual entre a revogação de regulamentos e a revogação de atos concretos. Trata-se, sem desprestigiar seu entendimento, do mesmo instituto.

28 N.T. Não concordamos com a diferença conceitual proposta por Alessi entre ab-rogação e revogação. "Ab-rogação" e "derrogação" são espécies de "revogação": a ab-rogação consiste na "revogação total" das normas extraídas de um diploma normativo; a derrogação consiste na revogação parcial dessas

3 Revogação e demissão [*revocazione*] dos servidores públicos

Instituto substancialmente distinto da *revogação* [*revoca*], verdadeira e própria do ato administrativo, objeto do nosso estudo, é a chamada demissão [*revoca*] ou *rescisão* [*revocazione*][29] dos

---

normas. Por todos: FERRAZ JUNIOR, Tercio Sampaio. *Introdução ao estudo do Direito*. 5ª ed. São Paulo: Atlas, 2007, p. 205. Essa diferenciação advém do Direito romano, segundo informa Wilson de Souza Campos Batalha: "A *rogatio* era a apresentação da lei, ou melhor, a proposta da lei, a *abrogatio*, a supressão total da lei anterior; a *derogatio*, a supressão de parte da lei anterior; a *subrogatio*, o acréscimo de alguma coisa à lei anterior; a *obrogatio*, a modificação de alguma coisa da lei anterior". (BATALHA, Wilson de Souza Campos. *Direito intertemporal*. Rio de Janeiro: Forense, 1980, p. 29). Feita essa distinção entre derrogação (revogação parcial) e ab-rogação (revogação total), concordamos com Tárek Moysés Moussallem: do ponto de vista dogmático, não há diferença (*Revogação em matéria tributária*. São Paulo: Noeses, 2005, pp. 213-218).

29 N.T. O Direito italiano vigente na época (Decreto Real n. 2960, que esteve vigente de 21.01.1924 a 31.03.1957, art. 56) estabelecia a seguinte gradação de sanções disciplinares: a) censura; b) redução da remuneração; c) suspensão; d) a revogação [*revoca*]; e) destituição [*destituzione*]. A "revoca", prevista para as hipóteses discriminadas no art. 64 do referido Decreto Real, era menos grave do que a "*destituzione*", prevista para as hipóteses discriminadas nos arts. 65 e 66, porque não atingia os direitos previdenciários do servidor.

Apesar de lembrar a distinção no Direito brasileiro entre "demissão" e "cassação de aposentadoria", não há essa correspondência. Segundo o entendimento que aqui prevalece, a *demissão* também atinge os direitos previdenciários. Sobre a inconstitucionalidade da *cassação de aposentadoria*, porém, vide: MARTINS, Ricardo Marcondes. "Cassação de aposentadoria de servidores públicos". *Revista Internacional de Direito Público* (RIDP), Belo Horizonte, ano 4, nº 6, jan.-jun. 2019, pp. 9-18.

No Direito italiano, nos termos já antecipados, o Decreto Real n. 2960 não está vigente desde 1957, e a sanção de *revoca* não é mais prevista nesses termos. Há muito, no Direito italiano não se prevê a sanção disciplinar da *revoca*. Por todos: VIRGA, Pietro. *Il pubblico impiego dopo la privatizzazione*. Milano: Giuffrè, 1995, pp. 132/133. E mais recentemente: ITALIA, Vittorio; LANDI, Guido; POTENZA, Giuseppe. *Manuale di diritto amministrativo*. 30ª ed. Milano: Giuffrè, 2002, pp. 442/443.

As palavras "*revoca*" ou "*revocazione*", utilizadas no texto por Alessi, seriam traduzíveis literalmente por "revogação" e "rescisão". Ocorre que como não há

servidores públicos, que se constitui numa das sanções disciplinares previstas para relação de "emprego público"[30] e, precisamente, uma das chamadas *sanções expulsórias.*[31]

Instituto substancialmente distinto por dois diversos perfis:

Em primeiro lugar, dado que, embora agindo indubitavelmente sobre a relação, com efeito, até certo ponto, resolutivo, a demissão [*revoca*] disciplinar do servidor não faz reestabelecer, realmente, no que diz respeito à relação, a situação jurídica antecedente ao ato da nomeação, pois não remete de fato as partes às condições recíprocas em que se encontravam antes da intervenção do ato de nomeação: basta pensar, por exemplo, na subsistência do direito à pensão,[32] para compreender o quanto é diversa a nova situação subsequente à revogação, em face da antecedente à nomeação.

Em segundo lugar, há diversidade substancial também sob o perfil do diverso fundamento e do diverso escopo da sanção disciplinar em exame, em confronto à revogação verdadeira e própria: uma vez que, como é óbvio, trata-se justamente de um ato que

---

correspondência dos institutos no Direito brasileiro prefere-se traduzir *revoca* disciplinare como "demissão", a revocazione disciplinare como "rescisão" e a *destituzione* disciplinare como cassação, com as ressalvas aqui estabelecidas.

30 N.T. A expressão "*pubblici impiegati*" não tem no Direito italiano a conotação restrita que tem no Direito brasileiro, de atividade profissional sujeita ao *regime celetista*, contraposta ao *regime estatutário*. A expressão é utilizada para se referir aos profissionais da Administração Pública, sejam empregados públicos, sejam servidos públicos, titulares de cargos públicos. Por todos: ITALIA, Vittorio; LANDI, Guido; POTENZA, Giuseppe. *Manuale di diritto amministrativo*. 30ª ed. Milano: Giuffrè, 2002, p. 424.

31 V. art. 64 do R. D. n. 2960, de 30 de dezembro de 1923, sobre o estatuto jurídico dos servidores públicos civis. Sobre a doutrina v. ZANOBINI, Guido. *Corso di diritto amministrativo*. Milano: Giuffrè, 1955, III, pp. 301 e ss.; PETROZZIELLO, Modestino. *Il rapporto di impiego pubblico*. Milano: Società editrice libraria, 1935, pp. 241 e ss.; VITTA, Cino. *Il potere disciplinare sugli impiegati pubblici*. Milano: Società editrice libraria, 1913, pp. 399 e ss.

32 Ao contrário da cassação [*destituzione*]: cf., por todos: ZANOBINI, Guido. *Corso di diritto amministrativo*. Milano: Giuffrè, 1955, III, pp. 301 e ss.

tem natureza de sanção,[33] e, pois, tem um escopo *punitivo*,[34] ao invés de ser um meio voltado a uma oportuna adequação de uma relação ao interesse público contingente.

4 Revogação e renúncia

Passando, pois, a outros institutos, formalmente distintos da revogação, mas que apresentam com ela alguma afinidade substancial — sobretudo porque são meios que agem, num sentido *resolutivo*, sobre uma relação jurídica — ou que, às vezes, tem relação com a revogação, podemos considerar, primeiramente, a *renúncia* [*rinunzia*],[35] concebida como a abdicação [*dimessione*] de um direito, operada apenas pela vontade do titular.[36]

Mantida a noção de revogação por nós acolhida, não se pode, evidentemente, aceitar a afirmação, que se faz comumente, que "a renúncia está para o direito, como a revogação está para o

---

33 Sobre esse conceito, no que diz respeito ao Direito Administrativo, v. ZANOBINI, Guido. *Le sanzioni amministrative*. Torino: Bocca, 1924. Em termos mais gerais, v.: BATTAGLINI, Giulio. "Le pene in rapporto alle sanzioni civili ed amministrative". *Rivista di Diritto Pubblico*, Roma, 1924, I, p. 394).

34 Cf. VITTA, Cino. *Il potere disciplinare sugli impiegati pubblici*. Milano: Società editrice libraria, 1913, pp. 99 e ss., com amplas indicações sobre a maneira diferente pela qual, na doutrina, a sanção disciplinar e o poder disciplinar foram concebidos; v. também, p. 378.

35 N.T. O instituto também aparece na doutrina brasileira. Por todos, assim se manifesta: Hely Lopes Meirelles: "*renúncia administrativa* é o ato pelo qual o Poder Público extingue unilateralmente um crédito ou um direito próprio, liberando definitivamente a pessoa obrigada perante a Administração". (MEIRELLES, Hely Lopes. *Direito administrativo brasileiro*. 2ª tiragem, 16ª ed. São Paulo: Revista dos Tribunais, 1991, última edição publicada em vida).

36 Cf. RAGGI, Luigi. *Contributo alla dottrina della rinuncia nel diritto pubblico*. Roma: Athenaeum, 1914, pp. 25, 37. Ampla indicação bibliográfica sobre assunto também em ROMANELLI, Vincenzo Maria. *L'annullamento degli atti amministrativi*. Milano: A. Giuffrè, 1939, p. 41.

ato jurídico";[37] quando muito, pode-se afirmar que a renúncia está para um direito como a revogação está para uma relação originada do provimento a revogar: afirmação que vale para fixar a relação entre os dois institutos, desde que se recorde:

a) que se é verdade que todo direito implica uma relação, não é verdade o oposto, a saber, que nem toda relação que tem a administração por titular implica um direito a favor desta;

b) que nem toda relação originada de um provimento se resolve apenas em um direito a favor da administração;

c) que, enfim, nem todo direito subsistente a favor desta última encontra sua origem num provimento administrativo.

Posto isso, as relações entre revogação e renúncia podem ser assim sintetizadas:

aa) a revogação de um provimento administrativo *pode*, mas não necessariamente, implicar em *renúncia* por parte da administração;

bb) a seu turno, a renúncia, por parte da administração, *pode*, às vezes, mas não necessariamente, concretizar-se simplesmente mediante a revogação do provimento do qual se originou o direito renunciado.

---

37 Assim: RESTA, Raffaele. *La revoca degli atti amministrativi*. Milano: A. Giuffrè, 1935, p. 142.

5 Revogação, condição resolutiva e termo final

Elemento comum ao instituto da *revogação* e ao da *condição resolutiva*[38] e do *termo final*,[39] é a ação resolutiva que — sempre estes últimos e, às vezes, a revogação[40] — têm em face da relação surgida de um ato jurídico.

Todavia, substancial é a diferença entre eles, como já se esclareceu,[41] dado que, para não mencionar outra,[42] enquanto condição resolutiva e termo final devem ser considerados como simples *fatos* jurídicos,[43] e operam automaticamente, em razão da própria vontade exteriorizada na edição do provimento do qual nasceu a relação,[44] ao contrário da revogação, que, como adiante melhor se verá, se concretiza num verdadeiro e próprio *ato* jurídico e, no campo administrativo, num *provimento* administrativo, contendo a manifestação de uma vontade substancial e formalmente

---

38 Sobre o tema, no Direito Privado, v.: BARBERO, Domenico. *Contributo alla teoria della condizione*. Milano: Giuffrè, 1937, com ampla indicação da doutrinária precedente; no Direito Público: LUCIFREDI, Roberto. *L'atto amministrativo nei suoi elementi accidentati*. Milano: Giuffrè, 1941, pp. 188 e ss.; indicações úteis também em ROMANELLI, Vincenzo Maria. *L'annullamento degli atti amministrativi*. Milano: A. Giuffrè, 1939, pp. 30/31.

39 Cf. LUCIFREDI, Roberto. *L'atto amministrativo nei suoi elementi accidentati*. Milano: Giuffrè, 1941, pp. 181 e ss.

40 V. as explicações subsequentes na nota seguinte.

41 V. RESTA, Raffaele. *La revoca degli atti amministrativi*. Milano: A. Giuffrè, 1935, p. 144.

42 V., com efeito, as considerações que faremos no nº seguinte a respeito do caráter não essencial e meramente eventual do efeito resolutivo da revogação sobre a relação.

43 Cf. ROMANELLI, Vincenzo Maria. *L'annullamento degli atti amministrativi*. Milano: A. Giuffrè, 1939, pp. 31/32; com ampla indicação doutrinária.

44 Cf. RESTA, Raffaele. *La revoca degli atti amministrativi*. Milano: A. Giuffrè, 1935, p. 144. V. também, no que diz respeito à condição resolutiva potestativa: ROMANO, Salvatore. *La revoca degli atti giuridici privati*. Padova: Cedam, 1935, pp. 26 e ss.

distinta daquela exteriorizada na edição do provimento objeto da própria revogação.[45]

6 Revogação e rescisão unilateral [*disdetta*]

Muito interessante, de modo a oferecer a possibilidade de úteis precisões ao conceito de revogação, apresenta-se a comparação entre esta última com o instituto da *rescisão unilateral* [*disdetta*],[46] que, no Direito Privado e no Direito Público,[47] exterioriza-se pelas formas mais variadas (licença, licenciamento, recesso unilateral, demissão, denúncia, dispensa etc.), e que se dirige, unilateralmente, a pôr fim a uma relação bilateral que existe entre aquele que rescinde e o rescindido.[48]

Mantida a noção por nós acolhida, de revogação, não é mais aceitável a afirmação de que o verdadeiro critério distintivo entre os dois institutos deveria ser procurado no fato de que a rescisão age sobre uma *relação*, enquanto a revogação agiria sobre um *ato*

---

45 N.T. Apesar de adotarmos conceitos parcialmente diferentes de *ato administrativo*, veículo introdutor de norma administrativa, de *fato administrativo*, acontecimento do mundo real a que o Direito atribui efeitos, concordamos, nesse ponto, integralmente com Alessi: a condição e o termo final são típicas hipóteses de extinção de ato administrativo por fato administrativo, diferentemente da revogação, típico ato de retirada (Cf. MARTINS, Ricardo Marcondes. "Ato administrativo". *In*: _____; BACELLAR FILHO, Romeu Felipe. *Tratado de direito administrativo*: Ato administrativo e procedimento administrativo. vol. 5, 2ª ed. São Paulo: Revista dos Tribunais, 2019, pp. 322 e ss.).

46 V. ampla indicação doutrinária em ROMANELLI, Vincenzo Maria. *L'annullamento degli atti amministrativi*. Milano: A. Giuffrè, 1939, pp. 34/35; ROMANO, Salvatore. *La revoca degli atti giuridici privati*. Padova: Cedam, 1935, pp. 16 e ss.

47 Exemplos disso são, no Direito Público: a exoneração ao fim do estágio probatório, a exoneração do cargo e, em geral, as várias formas de afastamento.

48 RESTA, Raffaele. *La revoca degli atti amministrativi*. Milano: A. Giuffrè, 1935, p. 151. Sobre a diferença entre rescisão unilateral [*disdetta*] e renúncia v. RESTA, Raffaele. *La revoca degli atti amministrativi*. Milano: A. Giuffrè, 1935, p. 152.

jurídico;[49] e, muito menos, a afirmação de que uma outra característica distintiva da rescisão, diante da revogação, deveria ser procurada no fato de que a primeira pressupõe relações jurídicas continuativas, enquanto a revogação poderia também ocorrer em relação a atos que tenham gerado somente relações instantâneas.[50] Estabelecida, em verdade, a noção de revogação como meio de realizar, a respeito de uma relação da qual o sujeito que revoga seja *atualmente titular*, uma modificação na própria relação, no sentindo de um reestabelecimento da situação jurídica antecedente ao provimento ao qual se refere a revogação, é claro que as características acenadas, às quais se quis dar relevo como elemento discriminante entre os dois institutos, não apenas não podem valer a tal escopo, mas, ao contrário, constituem propriamente o elemento principal de afinidade que subsiste entre eles. Noutras palavras, a rescisão unilateral [*disdetta*] pode ser considerada instituto afim da revogação, justamente enquanto também ela, à semelhança desta, age, em sentido resolutivo, sobre uma relação de caráter continuativo e do qual o sujeito tenha ainda a disponibilidade.[51]

Qual é, pois, o elemento discriminante entre os institutos?

Foi dito que a rescisão unilateral [*disdetta*] age, enquanto tal, com efeito resolutivo, sobre uma relação; ora, esse efeito resolutivo da rescisão unilateral, de um lado, é *integral*, no sentido que rescinde integralmente a relação, pelo menos nos seus elementos essenciais; e, de outro lado, constitui, por sua vez, o elemento essencial e a finalidade direta do instituto, no sentido que não se tem nenhuma consideração ao fato de que, mediante a resolução

49 Assim: ROMANO, Salvatore. *La revoca degli atti giuridici privati*. Padova: Cedam, 1935, p. 19; RESTA, Raffaele. *La revoca degli atti amministrativi*. Milano: A. Giuffrè, 1935, p. 151.

50 Assim: ROMANO, Salvatore. *La revoca degli atti giuridici privati*. Padova: Cedam, 1935, p. 14.

51 Cf. RESTA, Raffaele. *La revoca degli atti amministrativi*. Milano: A. Giuffrè, 1935, p. 151.

da relação, venha-se eventualmente a operar o reestabelecimento da situação jurídica anterior ao ato do qual a própria relação tenha sido gerada: reestabelecimento que, portanto, assim como não é diretamente considerada como finalidade da rescisão unilateral, não é nem mesmo seu elemento essencial.[52] Noutros termos, o sujeito que rescinde não tem em mira senão a resolução integral da relação, em si e por si, sem qualquer referência nem ao ato do qual a relação teve origem, nem ao fato do eventual reestabelecimento da situação jurídica anterior.

Ao contrário, a revogação age, também ela, sobre uma relação, mas aqui o efeito resolutivo integral da relação não é nem elemento essencial, nem finalidade direta do instituto; elemento essencial e finalidade do instituto são, ao revés, propriamente o reestabelecimento da situação jurídica antecedente: antecedente a um ato ou medida que tenha produzido modificações jurídicas referentes à relação; o efeito resolutivo integral da relação não é senão uma consequência meramente eventual, que se produz no caso em que o provimento a respeito do qual se opera o reestabelecimento, seja propriamente a primeira origem da relação. É por isso que o instituto da revogação pode fazer referência a um ato ou provimento, falando-se de uma *revogação do ato* ou provimento — mesmo que a revogação seja entendida como operando sobre a relação que surgiu, originária ou simplesmente alterada, do provimento — enquanto semelhante efeito não pode ocorrer em relação à rescisão unilateral [*disdetta*], não podendo ela se referir senão à relação em si e por si.

É também por isso que se pode conceitualmente admitir a revogação de um provimento que tenha extinguido uma precedente

52 De fato, a situação jurídica que surge da rescisão unilateral [*disdestta*] nem sempre é idêntica à anterior ao ato que deu origem à relação rescindida, de modo que se possa falar propriamente de um restabelecimento da situação originária: podem sobreviver, por exemplo, obrigações de indenização, de ressarcimento, e outras similares, que tornam a situação jurídica decorrente da rescisão unilateral uma situação diversa da situação original.

relação — embora seja, como se verá a seu tempo, limitada ao caso em que a administração tenha conservado um dever-poder de prover [*provvedere*] discricionariamente sobre a matéria —, enquanto não haveria sentido algum falar de sua rescisão unilateral [*disdetta*].

É nessa diferença essencial entre os dois institutos que se deve procurar o elemento discriminante entre revogação e rescisão unilateral.[53]

7 Revogação e decadência [*decadenza*]

Outros observaram,[54] com razão, como a diferença entre *revogação* e *decadência*, delineada claramente pela doutrina,[55] nem sempre é na jurisprudência[56] e na legislação.[57]

---

53 N.T. Nesse ponto Alessi trata do difícil problema da diferença entre a *rescisão unilateral* por motivo de "interesse público" e a *revogação*. Há duas posições na doutrina brasileira: a primeira assemelha essa rescisão por interesse público com a revogação; a segunda assemelha-a com a decadência ou caducidade. Filiamo-nos a segunda posição: a rescisão unilateral de contratos administrativos só pode se dar por exigência do Direito e não pela mera mudança de opinião do agente competente. Sobre o tema: MARTINS, Ricardo Marcondes. *Estudos de direito administrativo neoconstitucional*. São Paulo: Malheiros, 2015, pp. 386-399.

54 RESTA, Raffaele. *La revoca degli atti amministrativi*. Milano: A. Giuffrè, 1935, p. 144.

55 V. FORTI, Ugo. *Diritto amministrativo*: parte generale. vol. 2. Napoli: Jovene, 1937, p. 175; D'ALESSIO, Francesco. *Istituzioni di diritto amministrativo italiano*. vol. 2. Torino: UTET, 1934, p. 205; VITTA, Cino. *Diritto amministrativo*. 4ª ed. Torino: Unione tipografico-editrice torinese, 1955, I, p. 439; IPSEN, Hans Peter. *Widerruf gültiger Verwaltungsakte*. Hamburg: Kommissionsverlag von Lütcke & Wulff, 1932, p. 163; RESTA, Raffaele. *La revoca degli atti amministrativi*. Milano: A. Giuffrè, 1935, p. 144; ROMANELLI, Vincenzo Maria. *L'annullamento degli atti amministrativi*. Milano: A. Giuffrè, 1939, pp. 24 e ss.

56 V., por exemplo, Cons. de Estado, IV Sec., 12 de janeiro de 1927 (*Foro Amm.*, 1927, I, l, 128); 17 de fev. de 1937 (ali, 1907, I, 1, 143); Cass. Roma, 9 fev. 1918 (*Jur. it.*,1918, I, l, 162); App. Milano, 8 nov. 1922 (*Rep. Jur. It.*, 1923, entrada *concess. ammin.*, n. 1, 2); Cass., 7 jul. 1925 (*ali*, 1925); *id.*, n. 4; App. Firenze, 7 abr. 1925 (*Jur. it.*, 1925, I, 2, 204).

57 V., por exemplo, o D. R. (Decreto Real) de 28 de setembro 1919, n. 1824, art. 26; o D. R. de 29 de outubro de 1931, n. 1601, art. 21; o D. R. de 4

Também aqui, adotada a noção de revogação por nós acolhida, não parece aceitável estabelecer como critério discriminativo entre os dois institutos o fato de que a decadência é um instituto que opera sobre relações jurídicas, com efeito resolutivo,[58] enquanto a revogação operaria sobre atos jurídicos.[59] Ainda que, como é óbvio, o fato de operar, com efeito resolutivo, sobre a relação constituirá, se tanto — sempre nos limites esclarecidos no item precedente, que valem também aqui, como também as considerações lá expostas —, o elemento de afinidade entre os dois institutos.

O critério discriminativo, em vez disso, deve ser buscado na natureza *sancionatória* do instituto da decadência,[60] que, como

---

de agosto de 1918, n. 1395, art. 7; o D. R. de 21 de novembro de 1928, n. 1889, art. 57; o D.R. de 13 de março de 1904, n. 141, art. 72; a L. de 23 de junho de 1927, n. 1272, art. 13; o D.L.R. (Decreto-lei Real) de 7 de agosto de 1925, n. 1732, art. 4.

58 Cf. ROMANELLI, Vincenzo Maria. *L'annullamento degli atti amministrativi*. Milano: A. Giuffrè, 1939, p. 25, nota (1).

59 RESTA, Raffaele. *La revoca degli atti amministrativi*. Milano: A. Giuffrè, 1935, p. 145.

60 N.T. A doutrina brasileira chama de *cassação* o que Alessi chama de decadência (*decadenza*). Por todos: BANDEIRA DE MELLO, Celso Antônio. *Curso de direito administrativo*. 34ª ed. São Paulo: Malheiros, 2019, p. 460; TALAMINI, Daniele Coutinho. *Revogação do ato administrativo*. São Paulo: Malheiros, 2002, p. 105; MARTINS, Ricardo Marcondes. "Ato administrativo". *In*: ______; BACELLAR FILHO, Romeu Felipe. *Tratado de direito administrativo*: Ato administrativo e procedimento administrativo. vol. 5, 2ª ed. São Paulo: Revista dos Tribunais, 2019, p. 326. Interessante observar que a palavra "decadência" é utilizada na doutrina brasileira em dois significados distintos de "cassação". Primeiro: extinção do ato administrativo em decorrência do não exercício pelo interessado, no prazo fixado, do direito a ele assegurado, hipótese de extinção por *fato administrativo*, também denominada de *caducidade* ou *desuso* (Cf. MARTINS, Ricardo Marcondes. "Ato administrativo". *In*: ______; BACELLAR FILHO, Romeu Felipe. *Tratado de direito administrativo*: Ato administrativo e procedimento administrativo. vol. 5, 2ª ed. São Paulo: Revista dos Tribunais, 2019, p. 323). Segundo: extinção do ato administrativo por outro em decorrência de uma incompatibilidade superveniente do ato com o Direito, seja em virtude da modificação das circunstâncias fáticas, seja em virtude da modificação

se sabe, outra coisa não é senão uma sanção que a administração adota em face do particular inadimplente em obrigações assumidas como *modos* ou *encargos* dependentes de um ato administrativo,[61] sanção que a própria administração, dotada de poderes dispositivos, e, pois, capaz de conferir executoriedade [*esecutorietà*] aos próprios atos, pode declarar *iure proprio*, sem necessidade de qualquer juízo de conhecimento. Assim, a decadência foi por vezes aproximada da assim chamada *condição resolutiva tácita*, de que cuida o artigo 1.453 do Código Civil,[62] [63] embora não se desconheçam as suas características específicas, com base nas quais ela deve ser considerada instituto de Direito Público.[64] E justamente o fato de ser a administração, com ato de vontade unilateral, quem aplica essa sanção, declarando a decadência e, portanto, causando a resolução da relação, induz a jurisprudência, com frequência, a

---

das circunstâncias normativas, *ato de retirada* também chamado de *caducidade* (MARTINS, Ricardo Marcondes. "Ato administrativo". *In*: ______; BACELLAR FILHO, Romeu Felipe. *Tratado de direito administrativo*: Ato administrativo e procedimento administrativo. vol. 5, 2ª ed. São Paulo: Revista dos Tribunais, 2019, pp. 336-342).

61 Cf. FORTI, Ugo. *Diritto amministrativo*: parte generale. vol. 2. Napoli: Jovene, 1937, p. 175; RESTA, Raffaele. *La revoca degli atti amministrativi*. Milano: A. Giuffrè, 1935, p. 145, e, em geral, os autores citados na nota (259). Diversamente, em sentido contrário, ZANOBINI, Guido. *Corso di diritto amministrativo*. 7ª ed. Milano: Giuffrè, 1955, p. 333.

62 Cf. D'ALESSIO, Francesco. *Istituzioni di diritto amministrativo italiano*. vol. 2. Torino: UTET, 1934, p. 206; RESTA, Raffaele. *La revoca degli atti amministrativi*. Milano: A. Giuffrè, 1935, pp. 13/14.

63 N.T. Estabelece o art. 1.453 do Código Civil italiano de 1942: "Contrato resolúvel por inexecução. Nos contratos com prestações equivalentes, quando um dos contratantes não cumprir as suas obrigações, poderá a outra parte pedir, à sua escolha, ou a execução, ou a resolução do contrato, admitida, em qualquer caso, a indenização do ato". De modo similar, estabelece o art. 475 do Código Civil brasileiro de 2002: "A parte lesada pelo inadimplemento pode pedir a resolução do contrato, se não preferir exigir-lhe o cumprimento, cabendo, em qualquer dos casos, indenização por perdas e danos".

64 V. particularmente IPSEN, Hans Peter. *Widerruf gültiger Verwaltungsakte*. Hamburg: Kommissionsverlag von Lütcke & Wulff, 1932, p. 163; FORTI, Ugo. *Diritto amministrativo*: parte generale. vol. 2. Napoli: Jovene, 1937.

uma perigosa confusão entre revogação e decadência,[65] confusão que, no entanto, não poderia ocorrer se tivesse mais presente a natureza necessariamente sancionatória da decadência, natureza sancionatória que a revogação não tem e nem pode ter.[66] [67]

8 Revogação e resgate [*riscatto*]

Assaz interessante, por fim, as relações e interferências entre o instituto da revogação e o do *resgate* [*riscatto*], instituto esse que se reveste de grande importância prática no campo do Direito Público, e, particularmente, em matéria de concessão de serviços públicos.[68]

Se a doutrina é concorde em afirmar que revogação e resgate não se identificam, ela está bem longe, todavia, de ser concorde quando se trata de estabelecer qual é o elemento que deve valer

---

65 V. supra, Cap. I, §4°, nota 56.

66 Portanto, não é verdadeira revogação a assim chamada — como é às vezes chamada pela jurisprudência — *revogação de concessões de serviços públicos* por inadimplemento de encargos por parte do concessionário. Daí a consequência de que a autoridade judiciária é plenamente competente para averiguar a existência do inadimplemento, e que não é devida nenhuma indenização, se o inadimplemento for constatado, e assim por diante: sobre tudo isso v. a minha obra *La responsabilità della pubblica amministrazione*. 3ª ed. Milano: Giuffrè, 1955, p. 320.

67 N.T. É mister observar que, ao contrário do que ocorre na teoria do ato administrativo, em que a doutrina brasileira não utiliza a palavra "decadência" para se referir à sanção pelo inadimplemento, mas sim a palavra "cassação", na teoria da concessão de serviço público, a palavra é utilizada no mesmo sentido ora utilizado por Alessi, e referido na nota anterior. Apenas a título de exemplo, para Celso Antônio Bandeira de Mello, "caducidade ou decadência é a modalidade de encerramento da concessão, por ato do concedente, antes da conclusão do prazo inicialmente fixado, em razão de inadimplência do concessionário" (*Curso de direito administrativo*. 34ª ed. São Paulo: Malheiros, 2019, p. 798). O tema revela a complexidade terminológica do Direito Administrativo: o que na doutrina brasileira do ato administrativo consagrou-se com o nome de "cassação", na doutrina brasileira da concessão de serviço público consagrou-se com o nome de "decadência" ou "caducidade".

68 V. a propósito: ALESSI, Renato. *La responsabilità della pubblica amministrazione*. 3ª ed. Milano: Giuffrè, 1955, pp. 313 e ss.

como critério distintivo entre os dois institutos. Há, de fato, quem[69] afirme que, enquanto a revogação é a retirada de um ato administrativo realizada com base em critérios de interesse público administrativo da mesma ordem daqueles com base nos quais o ato foi editado, o resgate, ao contrário, é um meio peculiar ao tema das concessões, com o qual a autoridade administrativa faz retornar ao seu patrimônio, direitos anteriormente atribuídos a um particular por força de uma concessão: resgate que pode ter lugar por razões diversas das do interesse público em sentido próprio, como, por exemplo, por razões fiscais.[70]

Outros, porém, consideram que a revogação se refere às concessões, enquanto o resgate se refere às instalações e, em geral, às obras realizadas pelo particular quando do exercício da concessão.[71]

Para outros, ainda, diferentemente da revogação, o resgate se refere às concessões irrevogáveis, como revogação acompanhada de um predeterminado ressarcimento dos danos, ainda que a título de expropriação obrigatória dos instrumentos da concessão.[72]

Para outros, por fim, a diferença entre os dois institutos está no fato de que eles não operam formalmente sobre o mesmo elemento, mas sobre elementos diversos, seja do ponto de vista objetivo ou

---

69 ZANOBINI, Guido. "L' esercizio privato delle pubbliche funzioni e dei servizi pubblici". *In*: ORLANDO, Vittorio Emanuele (Coord.). *Primo trattato completo di Diritto amministrativo italiano*. vol. II, parte III. Milano: Società Editrice Libraria, 1935, pp. 544/545.

70 Assim também: ROMANO, Santi. *Principi di Diritto. Ammininistrativo Italiano*. Milano: Società Editrice Libraria, p. 595.

71 BORSI, Umberto. "Le funzioni del Comune italiano". *In*: ORLANDO, Vittorio Emanuele (Coord.). *Primo Trattato Completo di Diritto amministrativo italiano*. vol. II, parte II. Milano: Società Editrice Libraria, 1915, p. 172. Parece próximo desse conceito também: CAMMEO, Federico. "Monopoli comunali". *Archivio Giuridico*. vol. LV, 1895, p. 586).

72 RAGGI, Luigi. "Sull'atto amministrativo: concetto, classificazione, validità: la revocabilità degli atti amministrativi". *Rivista di diritto pubblico*, 1917, I, p. 371.

subjetivo,[73] porquanto o resgate, diferentemente da revogação, de um lado opera sobre a relação e não sobre sua fonte formal, e, de outro, é inerente ao ato que contém a relação em questão, e é um produto da vontade negocial positiva, seja com base contratual ou legal.[74]

Cada uma dessas afirmações — salvo, por óbvias razões, a última, que é inaceitável devido à noção de revogação aceita por nós — contém uma parte de verdade,[75] mas cada uma se limita a acolher uma parte do exato critério distintivo entre revogação e resgate. Realmente:

a) o resgate, diferentemente da revogação, encontra a sua fonte não no genérico dever-poder da administração de prover [*provvedere*] determinados interesses públicos, mas numa expressa vontade negocial, constituindo um *accidentale negotii*[76] e, mais precisamente, numa mera condição "*Si voluero*",[77] [78] daí duas consequências:

---

73 RESTA, Raffaele. *La revoca degli atti amministrativi*. Milano: A. Giuffrè, 1935, pp. 148/149.

74 Nesse sentido v. também, no Direito Privado: ROMANO, Salvatore. *La revoca degli atti giuridici privati*. Padova: Cedam, 1935, pp. 28-32.

75 Nesse sentido v. também: DE VALLES, Arnaldo. "I servizi pubblici". *In*: ORLANDO, Vittorio Emauele. (Coord.). *Primo trattato completo di diritto amministrativo italiano*. vol. VI, parte I. Milano: Società editrice libraria, 1930, p. 579.

76 V. sobre o conteúdo *acidental* do ato administrativo, o amplo estudo de LUCIFREDI, Roberto. *L'atto amministrativo nei suoi elementi accidentati*. Milano: Giuffrè, 1941.

77 Cf.: DE VALLES, Arnaldo. "I servizi pubblici". *In*: ORLANDO, Vittorio Emanuele (Coord.). *Primo trattato completo di diritto amministrativo italiano*. vol. VI, parte I. Milano: Società editrice libraria, 1930, p. 579; v. também RANELLETTI, Oreste. "Facoltà create dalle autorizzazioni e concessioni amministrative". *Rivista italiana de scienze giuridiche*, 1897, nº 39; 50.

78 N.T. A condição "si voluero" deixa ao inteiro arbítrio de uma das partes, sem a interferência de qualquer fator externo; é a cláusula "si voluero", ou seja, "se me aprouver". Na teoria dos contratos administrativos e, também, na teoria das concessões é assente a possibilidade do *jus variandi*, vale dizer, a possibilidade de alteração e extinção unilaterais. Não se considera, porém,

aa) diferentemente da revogação, não se pode admitir senão nos casos em que seja expressamente estabelecida pela lei ou pelo contrato;

bb) Sempre diferentemente da revogação — que exige como seu fundamento a existência de um efetivo e bem determinado interesse público, que requeira a revogação do provimento da concessão (é esta a matéria na qual se tem, mais frequentemente, senão exclusivamente, a interferência entre revogação e resgate), interesse público da mesma ordem daquele com base no qual foi estabelecida a própria concessão[79] [80] — o fundamento

---

que essas prerrogativas da Administração se fundamentem no arbítrio, mas, sim, no interesse público. Sobre elas vide: MARTINS, Ricardo Marcondes. *Estudos de direito administrativo neoconstitucional*. São Paulo: Malheiros, 2015, pp. 399-405, tema retomados nas notas seguintes.

79 Cf. ZANOBINI, Guido. "L' esercizio privato delle pubbliche funzioni e dei servizi pubblici". *In*: ORLANDO, Vittorio Emanuele (Coord.). *Primo trattato completo di Diritto amministrativo italiano*. vol. II, parte III. Milano: Società Editrice Libraria, 1935, p. 564.

80 N.T. O resgate ou a encampação é o encerramento da concessão, por ato do concedente, durante o transcurso do prazo inicialmente fixado por motivo de "interesse público". Nesse item, Alessi discute a diferença entre o "resgate" e "revogação" e, além de considerá-los institutos diversos, considera, pelos motivos largamente apresentados na nota 84, ambos admissíveis. De nossa parte, discordamos do autor. Ato administrativos bilaterais, como os chamados contratos administrativos e, também, a concessão de serviços públicos, são incompatíveis com a precariedade ínsita à revogação (Cf. MARTINS, Ricardo Marcondes. *Estudos de direito administrativo neoconstitucional*. São Paulo: Malheiros, 2015, pp. 386-390). Assim, concordamos que o resgate não se confunde com a revogação, mas discordamos de que esta é possível nas concessões. Para nós, o "interesse público" justificador do resgate não é equivalente ao interesse público que fundamenta a revogação, mas sim ao interesse público que fundamenta, na teoria do ato administrativo, o decaimento ou caducidade (v. supra, Cap. I, §4°, rodapé 60), vale dizer, o ato de retirada pela incompatibilidade com o direito em decorrência de circunstância, normativa ou fática, superveniente (MARTINS, Ricardo Marcondes. *Estudos de direito administrativo neoconstitucional*. São Paulo: Malheiros, 2015, pp. 390-399).

do resgate pode ser completamente genérico, bastando, para determinar a vontade administrativa, nesse sentido, até um puro escopo fiscal, até de lucro.[81] [82]

b) o resgate, diferentemente da revogação, implica necessariamente uma indenização do dano causado ao particular concessionário, indenização predeterminada ao menos no que diz respeito aos critérios para calculá-la, e indenização que deve compreender não apenas o verdadeiro e próprio *dano emergente*, mas também o *lucro cessante* ou o lucro perdido, indenização, enfim, mediante a qual se atua a conversão do *direito ao exercício do serviço* — nas concessões de serviços públicos — em *direito ao lucro*.[83]

c) o resgate, enfim, diferentemente da revogação, opera *também* por aquilo que diz respeito aos seus efeitos, em relação à propriedade das instalações e das obras realizadas pelo particular no exercício da concessão, propriedade que, em seguida ao resgate da concessão, passa *obrigatoriamente* para a administração.[84]

---

81 Cf. DE VALLES, Arnaldo. "I servizi pubblici". *In*: ORLANDO, Vittorio Emanuele (Coord.). *Primo trattato completo di diritto amministrativo italiano*. vol. VI, parte I. Milano: Società editrice libraria, 1930, p. 579.

82 N.T. Para nós, não se pode falar propriamente em "lucro" quando se trata de Administração Pública. "Lucro" é o resultado de uma atividade que tem por finalidade principal a obtenção de maior vantagem econômica possível. A atividade administrativa sempre tem, por finalidade principal, a realização do interesse público. Assim, a palavra mais apropriada é "*superávit*". Cf. MARTINS, Ricardo Marcondes. "Estatuto das empresas estatais à luz da Constituição Federal". *In*: ______; DAL POZZO, Augusto Neves. *Estatuto jurídico das empresas estatais*. São Paulo: Contracorrente, 2018, pp. 25-27.

83 Cf. DE VALLES, Arnaldo. "I servizi pubblici". *In*: ORLANDO, Vittorio Emanuele (Coord.). *Primo trattato completo di diritto amministrativo italiano*. vol. VI, parte I. Milano: Società editrice libraria, 1930, p. 580.

84 Assaz interessante, de um ponto de vista prático, é a questão se a exigência de uma expressa faculdade de resgate, seja legal ou convencional, valha para excluir ou não o uso da faculdade de revogação.

Essa exclusão, note-se, pode ser entendida em dois sentidos, isto é:

a) em primeiro lugar, no sentido de um obstáculo a que, existindo as condições modais e temporais previstas para o resgate, a Administração use a faculdade de revogação em lugar da de resgate;

b) em segundo lugar, no sentido de um impedimento a que a Administração use da faculdade de revogação em condições e em tempos diversos daqueles previstos para o resgate.

Pode-se perguntar, antes de tudo, se à Administração possa ser conveniente, às vezes, usar um meio em lugar de outro, expressamente consentido. Tal conveniência é clara na segunda hipótese, pouco antes mencionada: de fato, em tal modo, a Administração obtém o efeito querido de fazer desaparecer a concessão em condições e tempo em relação aos quais o resgate não seria consentido. Mas a conveniência existe, por vezes, também na primeira hipótese, e isso mesmo a prescindir da medida da indenização. É preciso, realmente, pensar que o resgate, diferentemente da revogação, implica necessariamente, como se disse, a transferência da propriedade das instalações e obras do concessionário à Administração. Ora, se muitas vezes a Administração tem interesse nessa transferência, que se dá para evitar, com ela, despesas eventualmente consideráveis para novas instalações — e tanto mais no caso em que as instalações estejam em boa parte amortizadas, de maneira a não agravar, senão minimamente, a proporção da indenização — noutras vezes, ao contrário, a Administração não tem nenhum interesse nessa transferência de propriedade; assim, no caso em que novas descobertas e melhorias técnicas removeram todo o valor da instalação (pense no caso — que deu lugar a bens conhecidas controvérsias no começo deste século — da substituição da iluminação a gás por iluminação elétrica), que, onde não estivesse ainda totalmente amortizada, agravaria, em caso de resgate da concessão, às vezes numa medida também notável, o valor da indenização.

Essas considerações implicitamente se conectam às razões que se podem trazer, seja por uma como pela oposta solução da questão.

Realmente, a favor da tese de exclusão da revogabilidade se pode trazer a argumentação de que, em caso diverso, frequentemente e de bom grado, a Administração poderia ser levada a usar a faculdade de revogação para elidir os limites postos pela lei ou pelo contrato ao uso da faculdade de resgate, ou seja, para diminuir o encargo que teria se usasse dessa própria faculdade.

Ao contrário, a favor da tese da compatibilidade das duas faculdades pode-se observar que há casos nos quais decorreria uma séria desvantagem para o interesse público se se considerasse que a faculdade de resgate exclui a faculdade de revogação: prejuízo que, às vezes, pode decorrer do fato de não poder encerrar a concessão por não ter ainda decorrido o prazo previsto para o resgate, não obstante o interesse público exija (considere-se

---

a hipótese de novas descobertas técnicas que poderiam tornar o exercício de um serviço público muito melhor, salvo se a sua introdução não fosse obstada pelo vínculo da preexistente concessão, ligada ao sistema obsoleto): ou, então, prejuízo que também pode ser visto no fato de que, no caso do resgate, a Administração seria constrangida a adquirir a propriedade das instalações e das obras, mesmo em casos nos quais tais instalações fossem depois inutilizadas pelo fato de a exclusão da concessão ter se dado por causa da necessidade de substituição dos sistemas técnicos para o exercício do serviço.

Ora, parece-me que as argumentações a favor da segunda tese, vale dizer, da compatibilidade das duas faculdades, de resgate e revogação, sejam mais fortes e persuasivas que aquelas a favor da tese oposta. Tanto mais que ao inconveniente prospectado pode ser posto — ao menos em parte — remédio, mediante uma severa delimitação da faculdade de revogação, delimitação que deriva dos princípios teóricos expostos.

Foi dito, em verdade, que — representando a faculdade de resgate uma mera condição potestativa "*si voluero*" — o seu exercício não é condicionado à existência de determinados interesses públicos de natureza específica, ao passo que é suficiente a existência de uma genérica *conveniência*, de qualquer natureza, considerada pela Administração.

Bem ao contrário, no entanto, é de se dizer a propósito da revogação, pois para legitimá-la será necessária a existência de um sério e bem preciso interesse público, a que o serviço do qual se trata não seja mais exercido no modo previsto pelo ato de concessão: modo que — por quanto plenamente legítimo enquanto em harmonia com o contrato — não está mais em harmonia com as exigências do interesse público: o caso mais frequente é aquele já recordado de novas descobertas técnicas que permitiriam o exercício do serviço de modo muito melhor e conveniente, se fosse mudado o sistema de exercício do próprio serviço previsto pela concessão.

Delimitado estritamente, desse modo, o âmbito da faculdade de revogação, parece-me árduo sustentar a sua inadmissibilidade, e isto em ambas as hipóteses feitas acima, isto é:

a) embora haja a possibilidade concreta de fazer uso da faculdade de resgate: e isto pelo motivo que não se pode impor à Administração o inútil encargo decorrente da aquisição da propriedade sobre uma instalação e obras inutilizáveis;

b) ou, embora a faculdade de resgate, conquanto prevista expressamente, não seja em concreto exercitável por falta de condições temporais: aqui valem as considerações feitas acima, pelas quais não se pode sacrificar um sério interesse público a uma mudança do sistema de exercício, pela consideração de que ainda não transcorreu o prazo previsto para o resgate.

9 Conclusões gerais sobre a noção e a natureza jurídica da revogação dos atos administrativos

Em conclusão à análise até aqui conduzida sobre a noção e a natureza jurídica do instituto da revogação dos atos administrativos, querendo sintetizar os resultados da análise, podemos fixar os seguintes pontos:

a) Uma *revogação*, ou *retirada*, de um ato ou provimento administrativo — assim como, mais genericamente, de todo ato jurídico — pode ser conceitualmente admissível apenas no sentido de uma eliminação, *ex nunc*, de antecedentes *modificações jurídicas* (no sentido amplo) estabelecidas pela administração numa relação jurídica, mediante a edição do provimento a ser revogado.

b) A revogação, portanto, se resolve numa *ulterior* modificação da própria relação, de modo que se pode efetivamente falar de uma *revogação de um ato* unicamente pelo fato de a modificação ulterior consistir na *eliminação dos efeitos produzidos pelo ato*, vale dizer, no reestabelecimento, respeitante à relação, da situação jurídica antecedente à edição do próprio ato.

E o fato de que a modificação ulterior da relação seja constituída pela eliminação dos efeitos produzidos relativamente à própria relação, do ato a revogar, constitui justamente aquilo que ela tem de mais característico e de peculiar, nessa ulterior modificação da relação produzida pela revogação: *ulterior modificação* da relação e *eliminação dos efeitos* de um ato precedente, são os dois conceitos

Uma segunda limitação diz respeito ao montante da indenização em caso de revogação, pois seria fácil demonstrar que — não obstante a diversidade dos critérios para a determinação da indenização nos dois casos —praticamente não difere muito do montante da indenização no caso de resgate: veja a demonstração na minha obra *La responsabilità della pubblica amministrazione*. 3ª ed. Milano: Giuffrè, 1955, pp. 313 e ss.

fundamentais, as duas pedras angulares que é preciso ter presente para a construção da teoria da revogação.

c) Consequentemente, para os fins da concreta possibilidade de revogação de um determinado provimento, exigir-se-á, fundamentalmente, a *titularidade atual*, por parte da administração, da relação em face da qual a revogação deve operar.

d) De outro lado, o fundamento da revogação deve ser não um vício — seja mesmo de oportunidade — originário, vale dizer, do ato a revogar, em si mesmo, mas um defeito de oportunidade, *atual*, da relação, no sentido de uma inoportunidade de permanência das modificações da relação estabelecidas pelo próprio ato. Vale dizer, *ato revogável* — prescindindo-se de outras condições necessárias — será não aquele ato em si, inicialmente inoportuno, mas, sim, aquele ato cuja consequência jurídica respeitante à relação é de *permanência atualmente inoportuna*.[85]

e) A revogação, portanto, não é uma *sanção*: nem respeitante ao particular beneficiado pelo ato a revogar em vista de um certo comportamento seu, pessoal; nem respeitante ao ato a se revogar, em vista de sua *invalidade*.

A revogação não é senão um modo particular, para a administração, de conseguir a satisfação de um interesse público.

f) A revogação de um ato, por isso, não constitui exercício de atividade *de controle*, mas exercício de atividade *de administração ativa*.

---

85 N.T. Concordando com Alessi, assim se manifesta Daniele Talamini: "Considerando que a revogação tem por base a disponibilidade atual da competência para prover, não se pode falar tecnicamente que uma 'inconveniência originária' ou mesmo o que se chama de 'vício de mérito' seriam motivos para revogar. O que importa é a apreciação atual dos efeitos do ato, sem merecer consideração os efeitos produzidos no passado". (*Revogação do ato administrativo*. São Paulo: Malheiros, 2002, p. 129).

g) A revogabilidade concreta de um provimento administrativo não depende de um elemento intrínseco ao próprio provimento, ainda que esse elemento seja sua *discricionariedade*; a revogabilidade concreta, por outro lado, depende de um elemento subjetivo e extrínseco ao provimento a ser revogado, vale dizer, da existência de um *dever-poder*, por parte da administração, de estabelecer ulteriores modificações na relação, no que se concretiza justamente o *dever-poder de revogação*, dever-poder que, portanto, terá o mesmo fundamento e os mesmos limites desse genérico dever-poder de estabelecer modificações na relação, do qual não constitui senão uma manifestação particular.

É justamente esse *dever-poder de revogação* que constituirá o objeto de nossas indagações no próximo capítulo.

CAPÍTULO II

O DEVER-PODER DE REVOGAÇÃO

Seção I – Natureza, fundamento, limites

§1 Natureza do dever-poder de revogação

Sumário: 1. Afirmação do princípio pelo qual a concreta revogabilidade de um ato administrativo depende da existência, *in concreto*, para a administração, de um dever-poder de revogação. 2. Noção de dever-poder jurídico em contraposição à de direito, poder, faculdade. 3. Noção genérica do dever-poder de revogação. 4. Crítica à opinião que vê no dever-poder de revogação um dos chamados *poderes negativos*. 5. Relação entre o dever-poder de revogação e o poder de edição de atos jurídicos. 6. Correlação entre o dever-poder de revogação e o poder de iniciativa em sentido objetivo e substancial. 7. Dever-poder de anulação. 8. Noção e natureza jurídica do dever-poder de revogação.

1 Afirmação do princípio pelo qual a concreta revogabilidade de um ato administrativo depende da existência, *in concreto*, para a administração, de um dever-poder de revogação

Partindo da última afirmação feita no final do capítulo anterior, vale dizer, que a concreta revogabilidade de um ato não depende de qualquer elemento intrínseco ao próprio ato, mas sim de um elemento subjetivo e extrínseco, qual seja, a subsistência de um *dever-poder de revogação, em concreto*, por parte da administração, deve-se agora analisar esse dever-poder, primeiro — para usar uma expressão recentemente introduzida na ciência jurídica[1] — de um ponto de vista *estático*: vale dizer, analisando a natureza, o fundamento e os limites do dever-poder em exame; e, ainda, do ponto de vista *dinâmico*, vale dizer, analisando o exercício do próprio dever-poder.

2 Noção de dever-poder jurídico em contraposição à de direito, poder, faculdade

Esclareça-se, antes de tudo, porque falo aqui de *dever-poder* [*potestà*] de revogação, em vez de poder [*potere*] de revogação, diferentemente de outros autores.[2]

Embora a doutrina seja, ainda, absolutamente discordante em torno do preciso significado das expressões *direito*, *poder*, *dever-poder*, *faculdade*, *função*,[3] bem se pode considerar que a

---

1 CARNELUTTI, Francesco. *Metodologia del diritto*. Padova: Cedam, 1939, p. 73.

2 Cf. RESTA, Raffaele. *La revoca degli atti amministrativi*. Milano: A. Giuffrè, 1935, p. 167; cf. igualmente: ROMANELLI, Vincenzo Maria. *L'annullamento degli atti amministrativi*. Milano: A. Giuffrè, 1939, p. 205.

3 V., fundamentalmente: ROMANO, Santi. *Corso di Diritto Costituzionale*. 4ª ed. Padova: Cedam, 1933, pp. 68 e ss.; CARNELUTTI, Francesco. *Sistema di diritto processuale civile*. vol. 1. Padova: Cedam, 1936, pp. 56 e ss.; CARNELUTTI, Francesco. *Istituzioni del nuovo processo civile italiano*.

noção de *poder jurídico* (*potere*) seja mais ampla que aquela de *dever-poder* (*potestà*), constituindo simplesmente uma espécie do gênero representado pelos *poderes* (*poteri*) *jurídicos*.[4]

Poder jurídico (*potere*), na verdade, é todo e qualquer *potestas agendi*, de qualquer espécie e natureza, atribuído pelo ordenamento jurídico a um sujeito, de modo a compreender:

a) o *poder* (*potere*) atribuído a um sujeito para realizar a prevalência do próprio interesse sobre o oposto, de um outro sujeito, ao qual incumbe uma contraposta *obrigação* de subordinar o próprio interesse ao do primeiro, de modo a dar lugar à satisfação desse primeiro interesse.[5] É bem sabido como esse *poder* (*potere*) constitui o conteúdo *ativo*, por assim dizer, do direito subjetivo, assim como a *obrigação* contraposta constitui o conteúdo *passivo*.[6]

Roma: Foro Italiano, 1941, pp. 164 e ss.; CHIOVENDA, Giuseppe. "L 'azione nel sistema dei diritti". *In*: ______. *Saggi di diritto processuale civile*. Roma: Foro italiano, 1930, I, pp. 30 e ss.; THON, August. *Norma giuridica e diritto soggettivo*. Trad. Italiano. Padova: CEDAM, 1939, pp. 327 e ss.; MIELE, Giovani. *Principi di diritto amministrativo*. vol. 1. Padova: CEDAM, 1953, pp. 45 e ss.; GUARINO, Giuseppe. "Potere giuridico e diritto soggettivo". *Rassegna di diritto pubblico*. Napoli: Jovene, 1949.

4 V. CARNELUTTI, Francesco. *Sistema di diritto processuale civile*. vol. 1. Padova: Cedam, 1936, pp. 56 e ss.; CARNELUTTI, Francesco. *Istituzioni del nuovo processo civile italiano*. Roma: Foro Italiano, 1941, pp. 164 e ss. Identifica, no entanto, os dois conceitos: GIANNINI, Massimo Severo. *Lezioni di diritto amministrativo*. vol. I. Milano: Giuffrè, 1950, p. 265.

5 Cf. CARNELUTTI, Francesco. *Sistema di diritto processuale civile*. vol. 1. Padova: Cedam, 1936, pp. 25 e ss.; substancialmente análogo: MIELE, Giovani. *Principi di diritto amministrativo*. vol. 1. Padova: CEDAM, 1953, p. 52.

6 Sobre a noção de direito subjetivo que considero aceitável, v. a minha obra *Sistema istituzionale del diritto amministrativo italiano*. Milano: A. Giuffrè, 1953, pp. 438 e ss.

b) a *faculdade* jurídica (em sentido estrito),[7] que outros autores denominam — em antítese à noção de *direito subjetivo* — *dever-poder* [*potestà*] *jurídico*:[8] poderes de exercício da capacidade jurídica,[9] ou, em outros termos, poderes de ação jurídica, que, porém, não se resolvem numa pretensão contra outros sujeitos,[10] e que, portanto, não têm como contraposto, igual número de obrigações a cargo de outros sujeitos:[11] isso, dado que essa categoria de poderes é dirigida simplesmente à produção de efeitos jurídicos benéficos ao interesse do titular, mas não à composição de um conflito de interesses mediante a subordinação do interesse de um outro sujeito àquele do titular da faculdade. Poderes, enfim, que a mais recente doutrina[12] melhor denomina de *faculdade* jurídica, em vista do elemento *facultativo* que está relacionado ao seu exercício, em antítese, de um lado, aos direitos subjetivos — dos quais se diferenciam

---

7 Cf. CARNELUTTI, Francesco. *Sistema di diritto processuale civile*. vol. 1. Padova: Cedam, 1936, pp. 56 e ss.; CARNELUTTI, Francesco. *Istituzioni del nuovo processo civile italiano*. Roma: Foro Italiano, 1941, p. 177; MIELE, Giovani. *Principi di diritto amministrativo*. vol. 1. Padova: CEDAM, 1953, pp. 50 e ss.

8 Cf. ROMANO, Santi. *Corso di Diritto Costituzionale*. 4ª ed. Padova: Cedam, 1933, pp. 68 e ss.; CHIOVENDA, Giuseppe. "L 'azione nel sistema dei diritti". *In*: ______. *Saggi di diritto processuale civile*. Roma: Foro italiano, 1930, I, pp. 30 e ss.; ROMANELLI, Vincenzo Maria. *L'annullamento degli atti amministrativi*. Milano: A. Giuffrè, 1939, p. 206.

9 ROMANO, Santi. *Corso di Diritto Costituzionale*. 4ª ed. Padova: Cedam, 1933, p. 68.

10 ROMANO, Santi. *Corso di Diritto Costituzionale*. 4ª ed. Padova: Cedam, 1933, p. 70.

11 ROMANO, Santi. *Corso di Diritto Costituzionale*. 4ª ed. Padova: Cedam, 1933, p. 71; CHIOVENDA, Giuseppe. "L 'azione nel sistema dei diritti". *In*: ______. *Saggi di diritto processuale civile*. Roma: Foro italiano, 1930, I, p. 21.

12 CARNELUTTI, Francesco. *Sistema di diritto processuale civile*. vol. 1. Padova: Cedam, 1936, pp. 56 e ss.; CARNELUTTI, Francesco. *Istituzioni del nuovo processo civile italiano*. Roma: Foro Italiano, 1941, p. 177; MIELE, Giovani. *Principi di diritto amministrativo*. vol. 1. Padova: CEDAM, 1953, pp. 50/51.

pelo fato de que falta uma *obrigação* contraposta, a cargo de um outro sujeito, e, pois, pelo fato de que não se resolvem em *pretensões* contra outrem, mas em simples *faculdade de agir* —, e em antítese, por outro lado, aos *poderes-deveres* (*potestà*) jurídicos verdadeiros e próprios, aos quais se fará menção logo em seguida, dos quais se diferenciam seja pelo fato de que essas faculdades em exame sejam manifestadas pelo sujeito para satisfação de um interesse próprio, enquanto o dever-poder [*potestà*] verdadeiro e próprio, como veremos, são manifestados para a satisfação de um interesse alheio[13] (amiúde, o interesse público), como também pelo fato de que nos *deveres-poderes* (*potestà*) muitas vezes falta o elemento facultativo, resolvendo-se o exercício dele mesmo em um dever (o chamado *poder-dever*).[14] [15]

c) enfim, os *deveres-poderes* (*potestà*) jurídicos verdadeiros e próprios, acenados há pouco, que se resolvem em *poderes jurídicos*, mas em relação aos quais, de um lado, falta o conteúdo de *pretensão* contra outros sujeitos (diferenciando-se, assim, dos *direitos subjetivos*, e pondo-se ao lado das *faculdades*), mas, podendo faltar também, de outro lado, como elemento essencial, o elemento facultativo (diferenciando-se de tal modo também das meras faculdades), uma vez que seu exercício ocorre não já pelo interesse do titular, mas, sim, por um interesse alheio,[16] sendo que muito amiúde, como se disse, o exercício do *dever-poder* (*potestà*) se resolve em um

---

13 Cf. CARNELUTTI, Francesco. *Istituzioni del nuovo processo civile italiano*. Roma: Foro Italiano, 1941, p. 176.

14 Cf. ROMANO, Santi. *Corso di Diritto Costituzionale*. 4ª ed. Padova: Cedam, 1933, p. 72; CARNELUTTI, Francesco. *Sistema di diritto processuale civile*. vol. 1. Padova: Cedam, 1936, p. 52.

15 N.T. Preferimos traduzir a palavra *potestà* por *deve-poder* e não por *poder-dever* pelas razões apresentadas *supra*, Cap. I, §1º, rodapé 08.

16 Cf. CARNELUTTI, Francesco. *Istituzioni del nuovo processo civile italiano*. Roma: Foro Italiano, 1941, p. 176.

dever para o titular. Desse modo, a noção de *dever-poder* (*potestà*), entendida de tal maneira, se conecta à de *função*.[17]

3 Noção genérica do dever-poder de revogação

Não há dúvida de que o poder (em sentido genérico) de revogação constitua um *dever-poder* (*potestà*) no sentido acima exposto. Falta, realmente, de um lado, o conteúdo de *pretensão* em face do particular, eventual destinatário do ato revogado, já que a situação jurídica em que este vem a se encontrar não é aquela de uma *obrigação*, mas a de uma *sujeição*,[18] enquanto é forçado a sofrer as consequências da revogação:[19] de outro canto, a atividade revocatória é, por parte da administração, exercida tendo em vista a satisfação de um interesse público, porque, de outro lado, ainda, o elemento facultativo não é aqui, verdadeiramente, elemento essencial, dado que, se, na maioria das vezes, a revogação do provimento constitui atividade discricionária, não é propriamente inconcebível uma revogação *obrigatória*, constituindo-se em atividade vinculada.[20] [21]

---

17 Sobre essa noção v. ROMANO, Santi. *Corso di Diritto Costituzionale*. 4ª ed. Padova: Cedam, 1933, p. 73.

18 Sobre essa noção v. CARNELUTTI, Francesco. *Sistema di diritto processuale civile*. vol. 1. Padova: Cedam, 1936, pp. 56 e ss.; CARNELUTTI, Francesco. *Istituzioni del nuovo processo civile italiano*. Roma: Foro Italiano, 1941, p. 200. Cf. também MESSINA, Giuseppe. "Sui cosiddetti diritti potestativi". *In*: ______. *Studi in onore di Carlo Fadda*. vol. VI. Napoli: L. Pierro, 1906, p. 308.

19 V. também: RESTA, Raffaele. *La revoca degli atti amministrativi*. Milano: A. Giuffrè, 1935, pp. 174/175; ROMANO, Salvatore. *La revoca degli atti giuridici privati*. Padova: Cedam, 1935, p. 37.

20 Cf., por exemplo, art. 11 do T.U.l. de P.S. (D.R. de 48 de junho de 1931, n. 773), último parágrafo: "As autorizações devem ser revogadas quando na pessoa autorizada venha a faltar, em todo ou em parte, as condições as que estão subordinadas".

21 N.T. Sem desprestigiar o autor, discordamos: para nós a revogação é conceitualmente inerente à competência discricionária. "Revogação vinculada" não é revogação, mas cassação ou decaimento ou caducidade. Cf. MARTINS,

De outra parte, não há dúvida – justamente em vista da finalidade dirigida à satisfação de um interesse público, interesse alheio em face da administração – que o poder de revogação constitui também uma *função*, e, mais precisamente, uma *função pública*.

4 Crítica à opinião que vê no dever-poder de revogação um dos chamados *poderes negativos*

Já se acenou que parte da doutrina vê no dever-poder de revogação um exemplo de *poder negativo*,[22] mas não me parece, no entanto, que uma tal afirmação seja aceitável, muito menos em face do conceito de revogação aqui adotado.

Em linha geral, parece-me discutível a real consistência dessa categoria dos chamados *poderes negativos*[23] — pelo menos em

---

Ricardo Marcondes. "Ato administrativo". *In*: ______; BACELLAR FILHO, Romeu Felipe. *Tratado de direito administrativo*: Ato administrativo e procedimento administrativo. vol. 5, 2ª ed. São Paulo: Revista dos Tribunais, 2019, pp. 328 e ss. No mesmo sentido, sem se referir, nesse ponto, ao decaimento ou caducidade: TALAMINI, Daniele Coutinho. *Revogação do ato administrativo*. São Paulo: Malheiros, 2002, p. 89.

22 Cf. RESTA, Raffaele. *La revoca degli atti amministrativi*. Milano: A. Giuffrè, 1935, p. 173; ROMANO, Salvatore. *La revoca degli atti giuridici privati*. Padova: Cedam, 1935, pp. 53 e ss.

23 Sobre essa categoria, cf., em vários sentidos: BEKKER, Ernst Immanuel. *System des heutigen Pandektenrechts*. Weimar: Hermann Böhlau, 1886, p. 89; HELLWIG, Konrad. *Anspruch und Klagerecht*. Jena: G. Fischer, 1900, p. 459; HELLWIG, Konrad. *Wesen und subjektive Begrenzung der Rechtskraft*. Leipzig: Deichert, 1901, pp. 3 e ss.; CROME, Carl. *System des deutschen bürgerlichen Rechts*. Leipzig: Mohr, 1900, p. I76; SOHM, Rudolf. *Der Gegenstand*. Leipzig: Duncker & Humblot, 1905, pp. 11 e ss., 83 e ss.; SECKEL, Emil. *Die Gestaltungsrechte des Bürgerliche Rechts*. Berlin: Otto Liebman, 1903, pp. 212 e ss.; ROMANO, Salvatore. *La revoca degli atti giuridici privati*. Padova: Cedam, 1935, pp. 53 e ss.; RESTA, Raffaele. *La revoca degli atti amministrativi*. Milano: A. Giuffrè, 1935, pp. 171/172.

Deve-se notar, no entanto, que a doutrina alemã, que foi a primeira a destacar essa categoria com BEKKER, dava muito destaque ao lado negativo apenas na medida em que ainda os considerava como *direitos*, e a afim de distingui-los dos direitos subjetivos propriamente ditos; e, de fato, esse foi o ponto de

relação ao atributo — compreendendo a *grosso modo*, as *faculdades* e *deveres-poderes* que têm por finalidade anular, cancelar, eliminar um ato ou uma relação jurídica do mundo jurídico,[24] como, por exemplo, os chamados *direitos de impugnação*, de *denúncia*, de *retirada*, de *retratação* e assim por diante.[25] Digo discutível consistência, pois francamente não vejo o que é negativo em tais faculdades jurídicas: não a vontade, pois se exige também aqui um novo ato, positivo, de vontade;[26] não o conteúdo, já que se trata, substancialmente, de operar uma ulterior e positiva modificação

---

partida da teoria dos assim chamados *direitos formativos* (*Gestaltungsrechte*) ou, de acordo com a terminologia usada por nossa doutrina, dos assim chamados *direitos potestativos* (sobre os quais v., por todos: CHIOVENDA, Giuseppe. "L 'azione nel sistema dei diritti". *In*: ______. *Saggi di diritto processuale civile*. Roma: Foro italiano, 1930; MESSINA, Giuseppe. "Sui cosiddetti diritti potestativi". *In*: ______. *Studi in onore di Carlo Fadda*. vol. VI. Napoli: L. Pierro, 1906); posição, portanto, bem diversa daquela assumida por nossa doutrina (veja RESTA, Raffaele. *La revoca degli atti amministrativi*. Milano: A. Giuffrè, 1935, pp. 171/172), que os considera *poderes* e não *direitos*, e, portanto, somente por isso, distintos dos últimos, de modo que a negatividade não seria mais do que uma desnecessária especificação adicional, de consistência muito duvidosa.

24 RESTA, Raffaele. *La revoca degli atti amministrativi*. Milano: A. Giuffrè, 1935, p. 172.

25 Cf. ZITELMANN, Ernst. *Internationales Privatrecht*. vol. 2. Leipzig: Erster Band, 1895, p. 285.

26 Poder-se-ia, no meu modo de ver, falar de um *poder negativo* somente no caso em que a vontade, na relação ou no ato a ser eliminado, fosse um elemento, por assim dizer, de trato continuativo, no sentido de que, para a permanência dos efeitos do ato e da relação, fosse necessária a permanência da vontade do sujeito em tal sentido, assim como, a título de comparação, para a permanência da iluminação elétrica é necessário a contínua e permanente passagem da corrente; de tal forma que a eliminação dos efeitos referidos, ou da relação, ocorresse pelo fato da cessação da vontade, no sentido positivo! Ao contrário, é certo que a vontade positiva era necessária somente no início, vale dizer, no momento da edição do ato ou da criação da relação, de modo que a cessação da própria vontade, que não se exteriorize em novo ato em direção contrária, não tem nenhuma relevância para fazer cair a relação em questão. À tal finalidade socorre, ao contrário, justamente um novo, positivo, ato de vontade, dirigido a um *novo* efeito jurídico, dado pela eliminação dos efeitos e da relação antecedentes.

jurídica, mesmo que consista na eliminação de um precedente ato, relação, ou modificação jurídica, parece-me que ainda estamos diante de um poder positivo.

Isso é indubitável particularmente no caso da revogação, dada a noção que aqui se acolhe. A revogação, segundo nós entendemos, outra coisa não é, substancialmente, senão uma *ulterior* modificação da relação, seja no sentido do reestabelecimento da situação jurídica antecedente à edição do provimento a revogar, e, pois, no sentido de eliminação das modificações jurídicas (no sentido amplo), efetuadas na relação pelo provimento de que se trata. Sem dúvida, por isso, a revogação se constitui na manifestação de um poder *positivo*, poder dirigido a modificar uma relação jurídica, e não um poder *negativo*.

5 Relação entre o dever-poder de revogação e o poder de edição de atos jurídicos

Semelhantemente, não se pode considerar que o dever-poder de revogação seja, pura e simplesmente, o reverso do poder de editar,[27] pelo que o sujeito que pode editar um ato tenha, pura e simplesmente por isso, o dever-poder de revogá-lo:[28] concepção esta que decorre logicamente do fato de conceber a revogação simplesmente como um *desquerer o querido*.[29]

Estabelecida, porém, a noção de revogação como uma *ulterior* modificação de uma relação, mesmo no sentido de reestabelecimento da situação antecedente à edição do ato a revogar, decorre que o dever-poder de revogação constitui não simplesmente o

27 RESTA, Raffaele. *La revoca degli atti amministrativi*. Milano: A. Giuffrè, 1935, p. 173.

28 RESTA, Raffaele. *La revoca degli atti amministrativi*. Milano: A. Giuffrè, 1935, p. 173.

29 RESTA, Raffaele. *La revoca degli atti amministrativi*. Milano: A. Giuffrè, 1935, p. 173.

reverso do dever-poder de editar, mas um dever-poder paralelo, consistente ele também na edição de um novo ato jurídico — como tal é, indubitavelmente, a revogação —, embora tendo o efeito de eliminar os efeitos do primeiro.[30]

De outra parte, os considerados corolários do princípio segundo o qual o dever-poder de revogação outra coisa não seria senão o reverso do dever-poder de edição podem igualmente existir, mesmo afastando esse princípio, pois podem muito bem decorrer de outros princípios.

Assim, a *unilateralidade* do ato com o qual se exerce o dever--poder de revogação;[31] como também o fato de que o dever-poder de revogação não pode competir senão ao sujeito que editou o ato a ser revogado:[32] corolários que decorrem também do princípio pelo qual o dever-poder de revogação cabe — enquanto dever-poder de modificar uma relação jurídica — unicamente ao sujeito titular (e *atualmente* titular) da relação; bem como do princípio pelo qual a administração, diferentemente do particular, tem dever-poder de modificar unilateralmente, em razão de seu poder de império, as relações das quais seja titular, independentemente do consentimento do titular privado da própria relação, vale dizer, do particular com o qual a relação é, de outra parte, estabelecida; portanto, para a

30 N.T. Sobre essa posição do autor, assim se manifesta Daniele Coutinho Talamini: "Tudo isto só é válido se o agente, no momento de revogar, ainda dispõe da competência de editar o ato. É que o poder de revogar assenta-se na *disponibilidade atual* sobre o objeto, por envolver competência não exaurida. É por isto que Renato Alessi sustenta que não se pode considerar a competência de revogar como reverso da competência para editar o ato. Para o autor, se existe uma relação entre ambas, há que se considerar a primeira com uma competência *paralela*, que se destina à modificação posterior de uma relação". (*Revogação do ato administrativo*. São Paulo: Malheiros, 2002, p. 78, grifos do original).

31 RESTA, Raffaele. *La revoca degli atti amministrativi*. Milano: A. Giuffrè, 1935, p. 175.

32 RESTA, Raffaele. *La revoca degli atti amministrativi*. Milano: A. Giuffrè, 1935, p. 175.

revogação, como para todas ulteriores modificações de uma relação, é suficiente a manifestação unilateral da vontade da administração.

6 Correlação entre o dever-poder de revogação e o poder de iniciativa em sentido objetivo e substancial

Por outro lado, tendo em vista o que se disse e estabelecida a noção de revogação por nós acolhida, resulta clara a correlação, em sentido objetivo e substancial, entre o dever-poder de revogação e o poder de *iniciativa*.[33] Naturalmente, referimo-nos apenas ao poder de iniciativa relativo às ulteriores modificações da relação: esse é o dever-poder de revogar, implicando a revogação, justamente, uma nova modificação, implica precisamente um tal poder de iniciativa, no sentido de que ela não possa existir onde faltar um dever-poder de modificar ulteriormente a relação, no sentido do reestabelecimento da situação jurídica antecedente à edição do provimento a revogar. Ver-se-á mais adiante (Capítulo II, Seção II) que além de uma correlação objetiva e substancial do dever-poder de revogação com o poder de iniciativa, há entre eles também uma correlação orgânica (referindo-se, claro, às relações interorgânicas).

Não se poderia admitir, porém, uma correlação entre o dever-poder de revogação e o poder de iniciativa referindo-se simplesmente à iniciativa relativa à edição do provimento a ser revogado, eis que, com a edição desse provimento, o poder em questão torna-se exaurido, por assim dizer, de modo que sua antecedente existência não pode implicar, de *per si*, o dever-poder de produzir ulteriores modificações na relação, ainda que através da revogação do provimento em questão.

33 Cf. AMORTH, Antonio. *Il merito dell'atto amministrativo*. Milano: A. Giuffrè, 1939, p. 64.

7 Dever-poder de anulação

Ainda. Estabelecida a noção de revogação como um meio de modificar uma relação, no sentido de um reestabelecimento da situação jurídica antecedente à edição do provimento, de maneira a torná-lo mais aderente ao interesse público atual, disso decorre que o dever-poder de revogação deve ser considerado bem distinto do *dever-poder de anulação* dos atos ilegítimos,[34] que, ao contrário, tende a remediar o fato de uma falta de aderência do ato anulável, em si mesmo, ao ordenamento jurídico (invalidade).

O dever-poder de revogação, portanto, não pertence à categoria dos chamados *direitos* ou *poderes de impugnação*,[35] não sendo a sua finalidade a eliminação de atos ilegítimos, mas, isto sim, a modificação, no sentido *mais oportuno* das relações. Embora no campo do Direito Público, como se sabe, diferentemente do Direito Privado, o poder de impugnação se traduz — em razão da *autotutela* de que goza a administração — no poder de anulação de ofício, vindo, desse modo, a coexistir no mesmo sujeito.[36]

8 Noção e natureza jurídica do dever-poder de revogação

Enfim, da noção de revogação acolhida obtém-se, então, qual é a verdadeira natureza do dever-poder de revogação.

Trata-se, na verdade, de uma particular forma do ordinário dever-poder de ação jurídica, que compete a todo sujeito com base na sua normal capacidade de agir; dever-poder, sim, de realizar

---

34 Nesses termos, cf. RESTA, Raffaele. *La revoca degli atti amministrativi*. Milano: Giuffrè, 1935, p. 175.

35 Cf. ROMANELLI, Vincenzo Maria. *L'annullamento degli atti amministrativi*. Milano: Giuffrè, 1939, pp. 212 e ss.

36 Cf. RESTA, Raffaele. *La revoca degli atti amministrativi*. Milano: Giuffrè, 1935, p. 176.

modificações jurídicas (no sentido amplo: criação, modificação em sentido próprio e extinção das relações) em relações às quais o sujeito seja titular; dele diferenciando-se, unicamente, pelo conteúdo particular, sendo que a modificação jurídica, como se repetiu muitas vezes, consiste na eliminação das antecedentes modificações (em sentido lato) efetuadas numa relação pelo provimento a revogar e, portanto, no reestabelecimento da situação jurídica, inerente à relação em questão, anterior à edição do próprio provimento.

Em particular, tratando-se da administração pública, o dever-poder de revogação outra coisa não é senão a particular aplicação do genérico dever-poder de ação administrativa, de ação, vale dizer, dirigida a cuidar da satisfação do interesse público: particular manifestação, dado que se realiza, repito, para melhor adequar antecedentes relações àquilo que é o interesse público *atual*, ao eliminar os efeitos jurídicos produzidos, no que respeita à relação, pelo antecedente provimento a revogar.

Não dever-poder negativo, portanto, mas dever-poder positivo, tanto em relação ao elemento formal — novo ato volitivo expressado positivamente, e não simplesmente uma quebra da vontade anteriormente expressada no ato a ser revogado — como em relação ao conteúdo: nova *modificação* da relação.

Como facilmente se compreende, a afirmação da natureza do dever-poder de revogação resulta de importância fundamental, tendo em vista as consequências que dela derivam, consequências que basta mencionar sinteticamente, reservando sua análise e desenvolvimento para a sequência deste estudo:

a) a realização do dever-poder de revogação terá a natureza de *atividade administrativa ativa*, assim como todas as outras atividades dirigidas a obter, de modo direto e concreto, a satisfação dos interesses públicos;[37]

b) o fundamento do dever-poder de revogação será idêntico ao normal fundamento do genérico dever-poder de ação administrativa ativa;

c) os limites postos ao dever-poder de revogação serão, essencialmente, os limites ordinários estabelecidos ao genérico dever-poder de ação administrativa.

§2 Fundamento do dever-poder de revogação

Sumário: 1 Fundamento *abstrato* do dever-poder de revogação: a ordinária *capacidade de agir*. 2. Corolários que dela derivam: irrenunciabilidade, intransmissibilidade, imprescritibilidade do dever-poder de revogação. 3. Fundamento *concreto* do dever-poder de revogação: a *disponibilidade*, por parte da administração, dos *efeitos* do ato a revogar. 4. *Primeiro requisito* para a existência de uma tal disponibilidade: a *titularidade atual* da relação, por parte da administração pública – atos irrevogáveis sob esse primeiro aspecto. 5. *Segundo requisito*: deve tratar-se de efeitos cuja produção tenha sido *querida* por parte da administração – atos irrevogáveis sob esse aspecto: atos de exercício: a) de atividade *certificadora*; b) de atividade *monitória*; c) de atividade *de esclarecimento*. 6. Segue: revogabilidade *abstrata dos provimentos* administrativos: observações em relação a algumas categorias de provimentos. 7. Segue: condições para a *abstrata* revogabilidade dos provimentos. 8. *Terceiro requisito* para a subsistência da *disponibilidade dos efeitos* e para a *concreta* revogabilidade dos provimentos: a) referência ao fundamento concreto do dever-poder da ação

---

37 Cf. RANELLETTI, Oreste. *Le guarentigie della giustizia nella pubblica amministrazione*. 4ª ed. Milano: A. Giuffrè, 1934, p. 24.

da administração. 9. Segue: b) considerações específicas ao dever-poder de revogação: necessidade de uma atribuição – *explícita* ou *implícita*, *específica* ou *genérica* – de dever--poder pela norma. 10. função e limites da admissibilidade da *reserva de revogação*.

1 Fundamento *abstrato* do dever-poder de revogação: a ordinária *capacidade de agir*

Da afirmação de que o dever-poder de revogação não é senão a particular concretização do genérico dever-poder de ação jurídica que cabe a todo sujeito e — no caso da administração pública — do genérico dever-poder de desenvolver a atividade jurídica de administração ativa, facilmente se pode deduzir qual deva ser considerado o fundamento jurídico desse próprio dever-poder.

Tal fundamento, pois, dever ser buscado — consequência direta da natureza do dever-poder em exame — simplesmente, como foi recentemente sustentado,[1] na normal e ordinária capacidade de agir do sujeito jurídico, igual a qualquer outra forma de manifestação do dever-poder de ação que de tal capacidade deriva.

Não é necessário, portanto — e nem é exato — procurar o direto fundamento do dever-poder de revogação no *costume* (como consequência do princípio da subordinação hierárquica), ou, então, na aplicação analógica de particulares disposições de lei, como, por exemplo, o art. 282 da L. Com. e Prov. (T.U. 1934),[2]

---

1 Cf. RESTA, Raffaele. *La revoca degli atti amministrativi*. Milano: A. Giuffrè, 1935, p. 178; cf. também: VITTA, Cino. "La nozione degli atti amministrativi e loro classificazione". *Giurisprudenza italiana*, vol. 58, IV, 1906.

2 N.T. Trata-se do Texto Único da Lei municipal e provincial, aprovada pelo Decreto Real n. 383, de 03.03.1934, cujo art. 282 dispõe: "Decisões que impliquem alterações ou revogação de decisões executivas são consideradas como não ocorridas, se não mencionarem expressamente a revogação ou alteração". (tradução nossa). O diploma normativo vigeu de 01.04.1934 a 12.06.1990.

como, às vezes,[3] foi considerado e, muito menos, em singulares e expressas normas jurídicas:[4] suficiente fundamento, conservada a sua natureza, parece ser a normal capacidade de agir do sujeito e, no caso, da administração.

2 Corolários que dela derivam: irrenunciabilidade, intransmissibilidade, imprescritibilidade do dever-poder de revogação

Honestamente, de um tal fundamento do dever-poder de revogação são deduzidas, por parte da doutrina,[5] à guisa de corolários, algumas notáveis características que é preciso, pois, reconhecer ao dever-poder de revogação, vale dizer:

a) Em primeiro lugar, a *irrenunciabilidade* do dever-poder de revogação,[6] característica que deriva diretamente da irrenunciabilidade da capacidade jurídica;[7] admite, no entanto, parte da doutrina, a possibilidade da perda do dever-poder de revogação, em referência concreta a atos estabelecidos pelo sujeito como exercício de um *status* particular, ou de uma

---

3 Cf. RAGGI, Luigi. "Sull'atto amministrativo: concetto, classificazione, validità: la revocabilità degli atti amministrativi". *Rivista di diritto pubblico*, 1917, I, p. 101; CAMMEO, Federico. *Commentario delle leggi sulla giustizia amministrativa*. vol. 1. Milano: Vallardi, [s.d.], p. 451.

4 Cf. ROMANO, Salvatore. *La revoca degli atti giuridici privati*. Padova: Cedam, 1935, p. 71, com base, no entanto, em um conceito diferente de revogação, entendida como uma exteriorização unilateral de vontade, mesmo no caso de revogação de atos bilaterais.

5 V.: RESTA, Raffaele. *La revoca degli atti amministrativi*. Milano: A. Giuffrè, 1935, p. 181.

6 Cf. ROMANO, Salvatore. *La revoca degli atti giuridici privati*. Padova: Cedam, 1935, p. 78; RESTA, Raffaele. *La revoca degli atti amministrativi*. Milano: A. Giuffrè, 1935, p. 181.

7 Deve ser lembrado que a *capacidade de agir* nada mais é do que o exercício dinâmico da *capacidade jurídica*, de modo que a diferença entre os dois conceitos não é qualitativa, mas apenas quantitativa, já que a primeira pode faltar, mesmo que exista a segunda: por exemplo, nos sujeitos incapazes.

particular condição e posição do sujeito, nos casos em que tal *status* ou condição particular sejam renunciados:[8] uma afirmação tal é, indubitavelmente, exata, mas sob o aspecto de que a renúncia ao *status* particular tenha, sem dúvida, provocado a perda pelo sujeito do dever-poder de modificar a relação por ele criada enquanto titular desse mesmo *status*: portanto, a perda do dever-poder de agir, em concreto, no que respeita a determinada relação, implica, naturalmente, também a perda do dever-poder de revogação dos atos decorrentes da própria relação, por parte do sujeito, quando investido do *status* particular.

b) Em segundo lugar, a *intransmissibilidade* do dever-poder de revogação,[9] direta consequência da intransmissibilidade da capacidade jurídica.

c) Ainda, a *imprescritibilidade* do dever-poder de revogação,[10] porquanto, como se sabe, não podem prescrever, pelo não uso, as faculdades jurídicas que são manifestações da capacidade jurídica.[11]

d) Por último, do fundamento, acima posto em relevo, do dever-poder de revogação geralmente se faz derivar, também, a

---

8 Cf. RESTA, Raffaele. *La revoca degli atti amministrativi*. Milano: A. Giuffrè, 1935, p. 182; ROMANO, Santi. *Corso di Diritto Costituzionale*. 4ª ed. Padova: Cedam, 1933, p. 73.

9 Cf. RESTA, Raffaele. *La revoca degli atti amministrativi*. Milano: A. Giuffrè, 1935, p. 181; ROMANO, Santi. *Corso di Diritto Costituzionale*. 4ª ed. Padova: Cedam, 1933, p. 73.

10 Cf. RESTA, Raffaele. *La revoca degli atti amministrativi*. Milano: A. Giuffrè, 1935, p. 182; CAMMEO, Federico. *Commentario delle leggi sulla giustizia amministrativa*. vol. 1. Milano: Vallardi, [s.d.], p. 468; RAGGI, Luigi. "Sull'atto amministrativo: concetto, classificazione, validità: la revocabilità degli atti amministrativi". *Rivista di diritto pubblico*, 1917, I, p. 119.

11 Cf. DE RUGGIERO, Roberto. *Istituzioni di diritto civile*. 5ª ed. Messina: Giuseppe Principato, 1928, I, pp. 312/313.

característica da *discricionariedade* do próprio dever-poder.[12] Se, em relação ao dever-poder de revogação em geral, tal característica é de todo óbvia, do mesmo modo que para toda forma de faculdade jurídica, no entanto, em relação ao caso específico da administração pública, ela merece um discurso bem mais amplo, enquanto se conecta ao problema dos *limites* do dever-poder de revogação, do que se trará em breve.

3 Fundamento *concreto* do dever-poder de revogação: a *disponibilidade*, por parte da administração, dos *efeitos* do ato a revogar

A afirmação, feita há pouco, de que o fundamento do dever-poder de revogação está simplesmente na capacidade de agir da administração, enquanto sujeito jurídico, é, por assim dizer, ainda insuficiente para se dizer quando, em concreto, um tal dever-poder subsiste, vale dizer, quando um ato é revogável e quando não é, eis que, para nós, como se disse, a revogabilidade de um ato não depende de elementos intrínsecos ao ato, mesmo que seja a pura discricionariedade do próprio ato, mas da existência, em concreto, de um dever-poder de revogação da administração; de modo que, na falta de maiores esclarecimentos, poder-se-ia considerar, salvo limitações que não poderiam ser senão arbitrárias, que o dever-poder em questão existe em qualquer caso, uma vez que a capacidade de agir é normalmente imanente ao sujeito; o que levaria a considerar a normal revogabilidade de todos e quaisquer atos ou provimentos, opinião indubitavelmente excessiva e que repugna ao bom senso jurídico.[13]

---

12 Cf. RESTA, Raffaele. *La revoca degli atti amministrativi*. Milano: A. Giuffrè, 1935, pp. 182/183.

13 E, realmente, mesmo a doutrina que admite a normal revogabilidade do ato administrativo é constrangida a admitir que algum limite a tal revogabilidade subsiste, limites que, ao menos, seriam constituídos pelos *direitos adquiridos* que o ato a revogar tenha dado origem (cf. D'ALESSIO, Francesco. *Istituzioni di diritto amministrativo italiano*. vol. 2. Torino: UTET, 1934, p. 204; RANELLETTI, Oreste. *Le guarentigie della giustizia nella pubblica*

Ulteriores precisões, portanto, são necessárias.

Foi dito que a revogação, em substância, nada é senão a manifestação particular do dever-poder de ação jurídica: do dever--poder, vale dizer, de produzir modificações no mundo do Direito atinentes às relações que tenham o sujeito por titular.

Não se pode, porém, esquecer que há, aqui, um elemento peculiar — a outra pedra angular da teoria da revogação, por nós explicada —, que é dado pelo conteúdo da revogação: vale dizer, o fato de que, aqui, o dever-poder de ação jurídica deve tender a uma finalidade particular, dada pela eliminação de precedentes modificações introduzidas pelo ato ou provimento antecedente, que se cuida, justamente, de revogar.

Donde, como fundamento concreto do dever-poder de revogação não será mais suficiente o genérico dever-poder de agir da administração, mas, sim, requererá também um elemento ulterior, vale dizer, a *disponibilidade*, por parte da administração, desses *efeitos* do precedente provimento, que se cuida justamente de eliminar: disponibilidade que é dada, exatamente, pelo dever-poder, por parte do sujeito, de proceder à sua eliminação.

4 *Primeiro requisito* para a existência de uma tal disponibilidade: a *titularidade atual* da relação, por parte da administração pública – atos irrevogáveis sob esse primeiro aspecto

Impõe-se investigar quando uma tal *disponibilidade* dos efeitos, por parte da administração, subsiste.

---

amministrazione. 4ª ed. Milano: A. Giuffrè, 1934, p. 139; ROMANO, Santi. *Corso di Diritto Costituzionale*. 4ª ed. Padova: Cedam, 1933, p. 290); e também do fato de que o sujeito de quem o ato emana perdeu todo poder de prover [*provvedere*] na matéria (cf. ROMANO, Santi. *Corso di Diritto Costituzionale*. 4ª ed. Padova: Cedam, 1933, p. 290).

O primeiro elemento essencial a ser tomado nesta análise é deduzido considerando que — como alhures se acenou (v. *supra*, Capítulo I, §1, n. 5) — o dever-poder de ação jurídica não é admissível senão em face de relação que tenha como titular o sujeito agente,[14] embora possam, no entanto, as modificações jurídicas produzidas pela sua atividade consistir, além de *modificações* verdadeiras e próprias (em sentido estrito) de uma antecedente relação, também na *criação* e na *extinção* de uma relação.

Posto isso, é claro que para haver a *disponibilidade dos efeitos* — fundamento do dever-poder de revogação do ato que deu vida aos efeitos em questão — vale dizer, o dever-poder do sujeito (no caso, a administração pública) de proceder à sua eliminação, exigir-se-á, em primeiro lugar, que os efeitos que se busca eliminar ou se constituem justamente numa relação jurídica, sempre tendo o sujeito por titular, ou, pelo menos, estejam de qualquer modo incorporados numa relação, cujo próprio sujeito, vale dizer, a administração, seja o titular. Esse é o requisito que mais acima foi denominado de *titularidade atual* da relação por parte do sujeito.

Noutros termos, realmente, para que se possa considerar existente a disponibilidade dos efeitos a eliminar, por parte da administração, é necessário que esta última possa proceder à sua eliminação na qualidade de *titular atual* de uma relação na qual os efeitos a serem eliminados estejam, de qualquer maneira, incorporados.

Um exemplo esclarecerá melhor tal conceito. Tenha-se a autorização ministerial, requerida nos termos do art. 8 do D. L. n. 1613, de 5 de setembro de 1935, para os aumentos superiores a um milhão, do capital da sociedade anônima: ninguém, creio, poderá pensar que uma tal autorização, uma vez concedida, e efetuado

---

14 Não queremos nos referir, evidentemente, a nada além da *ação jurídico-administrativa*, a ser realizada pelo sujeito na aplicação do direito objetivo, com a exclusão da *ação legislativa* e *jurisdicional*. Ver também, no que diz respeito ao Direito Público, as observações *supra*, nas notas 54 e 55 do cap. I, §1, n. 5.

o aumento, possa ser revogada;[15] todavia, trata-se, indubitável e propriamente, de uma *autorização* e, além disso, discricionária, que não se diferencia das autorizações, frequentes em matéria sanitária,[16] que se consideram normalmente revogáveis.[17] E igualmente deve ser dito de muitos outros casos de autorizações para realização de atos jurídicos, que são considerados irrevogáveis, embora com base em razões pouco persuasivas.[18] Qual é, portanto, a verdadeira razão da diferença de regime; e da irrevogabilidade de tais autorizações, diferentemente de outras?

A verdadeira razão emerge facilmente do que foi dito: está no fato de que, num caso, depois da edição do provimento de

---

15 V. também, para um caso análogo, VITTA, Cino. *Diritto amministrativo*. 4ª ed. Torino: Unione tipografico-editrice torinese, 1955, p. 451.

16 Lembro-me entre muitos outros: autorização para abrir uma oficina química e galênica; para produção e comercialização de narcóticos, especialidades medicinais, soros e vacinas; para a abertura de clínicas e lares de idosos, estabelecimentos balneares e de cuidados físicos; para a disseminação de meios preventivos e curativos de doenças (artigos 148 e 201 do T. U. de 27 de julho de 1934 sobre saúde pública).

17 Cf. VITTA, Cino. *Diritto amministrativo*. 4ª ed. Torino: Unione tipografico-editrice torinese, 1955, p. 446. Lembro-me que para a revogação das autorizações de S.P. [Segurança Pública] existe uma norma que contém uma atribuição expressa de dever-poder (art. 10-11 do T.U. de P.S. [*Testo Unico di Pubblica Sicurezza* – Texto Único de Segurança Pública]), norma que falta, no entanto, no caso de autorizações sanitárias, que, além disso, em conformidade com o que é dito no texto, devem ser consideradas revogáveis se uma relação de fiscalização permanecer sobre a atividade autorizada.

Note-se, além disso, que deve tratar-se de uma verdadeira e própria relação de fiscalização precisamente sobre a atividade autorizada, como, por exemplo, falta de autorização da habitabilidade das instalações recentemente construídas (art. 221 do T. U. da Lei Sanitária), pelo que essa autorização não pode ser revogada: algo bastante distinto é a interdição de locais insalubres (art. 222 do T.U. da Lei Sanitária), estabelecida em decorrência da insalubridade, mas certamente não como resultado e em aplicação de uma verdadeira e própria relação de fiscalização que pode ter decorrido da autorização emitida para a habitabilidade do local ao final da construção.

18 Cf. VITTA, Cino. *Diritto amministrativo*. 4ª ed. Torino: Unione tipografico-editrice torinese, 1955, p. 451.

autorização — provimento criador de uma relação, entenda-se, entre a administração e o particular autorizado, de natureza instantânea — não mais sobrevive qualquer relação entre as duas partes referidas, dado que a administração não tem mais nenhuma ingerência sobre a conduta do sujeito autorizado; por isso, uma revogação da autorização constituiria um absurdo jurídico — não porque a atividade autorizada já foi realizada,[19] dado que, em se tratando de atividade jurídica, poder-se-ia sempre proceder à sua anulação —, mas, porque importaria na eliminação de *efeitos* que agora estão destacados do sujeito que deveria proceder à revogação, de modo que a revogação constituiria uma operação jurídica juridicamente inadmissível, por parte de um sujeito que está fora de todas as relações das quais fora titular.

Nos outros casos, ao contrário (fez-se referência à autorização de P.S. [*Pubblica Sicurezza* – Segurança Pública] e aquelas em matéria sanitária), depois da edição da autorização, sempre permanece uma relação de vigilância por parte da administração sobre a realização da atividade autorizada, relação jurídica que contém um dever-poder discricionário de prover [*provvedere*] a suspensão do próprio exercício em caso de abuso;[20] nessa relação ficam, por assim dizer, incorporados os *efeitos* (vale dizer, o direito do particular de exercer a atividade autorizada) que se pretendem eliminar com a revogação da autorização, de modo que a autorização, ao invés de dar lugar, como no primeiro caso, a uma relação instantânea, acaba por dar lugar a uma relação de natureza continuada. Nesse sentido, a própria revogação sempre representa o exercício de atividade jurídica por parte da administração, como sujeito de uma relação da qual ela é atualmente titular, daí a sua plena admissibilidade conceitual.

---

19 Cf. VITTA, Cino. *Diritto amministrativo*. 4ª ed. Torino: Unione tipografico-editrice torinese, 1955, p. 451.

20 Cf. VITTA, Cino. *Diritto amministrativo*. 4ª ed. Torino: Unione tipografico-editrice torinese, 1955, pp. 446/447.

Tanto isso é verdade que, amiúde, na doutrina se sustenta a irrevogabilidade dos atos chamados de produção jurídica instantânea,[21] sem, porém, dar ao fenômeno uma explicação suficientemente persuasiva. A irrevogabilidade, em tal caso, é bem justificada à luz das considerações ora expostas.

Concluindo, pois, este primeiro ponto da análise sobre a existência concreta do dever-poder de revogação, pode-se dizer que, para que ele exista, em primeiro lugar, requer-se — primeiro elemento constitutivo da *disponibilidade* dos efeitos do ato a revogar — que esses *efeitos* estejam, pelo menos, incorporados na relação ainda subsistente, e tendo por titular a administração, de modo que se possa considerar que esta, procedendo à revogação, aja como *titular atual* da própria relação.

5 *Segundo requisito*: deve tratar-se de efeitos cuja produção tenha sido *querida* por parte da administração – atos irrevogáveis sob esse aspecto: atos de exercício: a) de atividade *certificadora*; b) de atividade *monitória*; c) de atividade de *esclarecimento*

Ainda. Para haver essa *disponibilidade* dos efeitos do ato a revogar, que se afirmou ser o fundamento da subsistência em concreto do dever-poder de revogação, não basta que esses efeitos se concretizem, ou, pelo menos, tenham sido incorporados a uma relação, da qual a administração pública seja *atualmente* titular; é necessário, ainda, um elemento ulterior, constituído pelo fato de que a produção desses *efeitos* — vale dizer, das modificações jurídicas produzidas pelo ato a revogar, e que devem, justamente, ser eliminadas — tenham sido, a seu tempo, *queridos* pelo sujeito, e anteriormente tenham se produzido em atuação concreta do

21 Cf. RESTA, Raffaele. *La revoca degli atti amministrativi*. Milano: A. Giuffrè, 1935, p. 106.

direito objetivo, exatamente como *queridos*. O que não parece, em verdade, conceitualmente admissível é uma eliminação, por vontade do sujeito, de efeitos jurídicos que tenham sido produzidos somente pela vontade da norma jurídica, embora em decorrência de um dado comportamento do sujeito, mas de todo independente da eventual vontade, em tal sentido, do sujeito, ou, ainda, eventualmente contra ela.

Como bem se compreende, essas considerações se reconectam com a conhecida distinção entre *negócio jurídico* e *meros atos jurídicos* (ou *atos jurídicos* em sentido estrito),[22] da qual deriva uma evidente irrevogabilidade dos atos da segunda categoria, irrevogabilidade nem sempre admitida expressamente pela doutrina,[23] porém aceita frequente e veladamente, sob outros aspectos.[24]

Disso decorre a irrevogabilidade de diversas categorias de atos administrativos, e, precisamente, de todas aquelas categorias de atos nos quais falte um elemento volitivo (juridicamente relevante, entenda-se) dirigido à produção de efeitos que, com a revogação do ato, tratar-se-ia de eliminar.

Como irrevogáveis, portanto, sob tal aspecto, se apresentam:

a) em primeiro lugar, os atos que constituem a manifestação de atividade de natureza simplesmente *certificadora*,[25] a saber:

aa) se essa atividade certificadora é realizada a pedido dos particulares, que requerem *atestações, registros,*

---

22 Sobre isso v. os autores cit. *supra*, no item I, §1º, n. 5, nota 48.

23 Nesses termos, cf.: RESTA, Raffaele. *La revoca degli atti amministrativi*. Milano: A. Giuffrè, 1935, p. 229; FORTI, Ugo. *Diritto amministrativo*: parte generale. vol. 2. Napoli: Jovene, 1937, p. 133; contra cf.: ROMANO, Salvatore. *La revoca degli atti giuridici privati*. Padova: Cedam, 1935, p. 328.

24 Cf., por exemplo, VITTA, Cino. "La revoca degli atti amministrativi". *Foro amministrativo*, IV, 1, 1930, p. 9.

25 Cf. ALESSI, Renato. *Sistema istituzionale del diritto amministrativo italiano*. Milano: A. Giuffrè, 1953, pp. 227, 229.

averbações, marcas, certificações e similares: é claro que aqui desaparece todo elemento volitivo, que seja juridicamente relevante, por parte da autoridade administrativa que realiza a certificação, de modo a produzir o efeito jurídico decorrente da verificação do fato objeto da própria certificação; tanto mais que um tal efeito vem a se produzir tendo em vista relações em que a administração permanece totalmente estranha; assim, sempre que ela realiza a atividade certificadora, não o faz tendo em vista um interesse público a satisfazer, mas porque uma norma lhe impõe deferir o pedido do particular que tem interesse de ver confirmada a certeza de um fato, mediante a chancela da autoridade.

bb) se essa atividade certificadora é realizada de ofício, ao invés de a pedido do particular, como, por exemplo, em caso de *averbações, inspeções, constatações* e similares. É bem verdade que, aqui, o efeito jurídico da certificação se produz em relações em que, diferentemente dos casos precedentes, a administração é diretamente interessada; todavia, mesmo aqui, desaparece qualquer elemento volitivo, juridicamente relevante, dirigido a produzir o efeito jurídico que pode derivar do fato da certificação dos fatos que dela são objeto.

b) em segundo lugar, como irrevogáveis se apresentam os atos que constituem manifestação da atividade *monitória*:[26] [27] *notificações, publicações, avisos, repreensões, advertên-*

---

26 Cf. ALESSI, Renato. *Sistema istituzionale del diritto amministrativo italiano*. Milano: A. Giuffrè, 1953, pp. 227, 229.

27 N.T. Alessi, em seu *Principi di Diritto Amministrativo*, refere-se à categoria de atos administrativos despidos de autonomia estrutural ou funcional. Nas palavras dele: "Trata-se de atos que constituem elementos de um procedimento administrativo em sentido estrito, editados todos em função de um unitário exercício de poder para realização de um único interesse concreto; trata-se de atividade, em outros termos, concorrente à formação ou à integração de

cias e similares. Também aqui falta qualquer *determinação volitiva* dirigida à produção dos efeitos que possam derivar da *atividade monitória*, efeitos que, como se sabe,[28] são decorrentes diretamente da exclusiva vontade da norma.

c) Irrevogáveis, enfim, apresentam-se, sob o mesmo perfil, os atos que são manifestações da atividade de *esclarecimento* [*acclaratrice*],[29] dirigida, pois, a esclarecer, relativamente a um

---

um provimento administrativo em função do qual é realizada, como se falou quando se tratou do procedimento administrativo". Alessi, em seguida, divide essas atividades em quatro grupos:

"a) Atos de *verificação* [*accertamento*] editados de ofício em função de um procedimento administrativo em curso ou exaurido (no segundo caso as atividades em questão dão-se em sede de *controle*): inspeções, exames, perícias, juízos técnicos ou médicos etc. Embora sejam diversas as funções das verificações decorrentes da primeira categoria examinada, sua estrutura é idêntica (simples verificação, que pode constar de uma mera verificação ou também de um juízo, operação lógica mental que transcende à mera constatação).

"b) Exercício de atividades que temos chamado *monitória*: comunicações, notificações, avisos etc., de ofício, relativa, portanto, a um provimento por assim dizer em fase de formação. A função do ato é comum a toda categoria (formação ou integração de um provimento), embora de estrutura diversa, que aqui é representada por um *compartilhamento* [*partecipazione*] de um fato ou de outro elemento ao notificado, ao qual se acrescenta uma certificação do compartilhamento realizado (relação de notificação).

"c) Exercício da atividade que temos denominado *esclarecimento* [*acclaratrice*], consistente essencialmente em manifestações de juízo de legitimidade ou de oportunidade de um provimento; *autorizações* de agir dadas aos órgãos ou aos entes subordinados, *pareceres*. A estrutura, pois, é de uma manifestação de juízo de oportunidade ou de legitimidade.

"d) Por fim, manifestações de atividade de propulsão por parte de um órgão a respeito de outro órgão: *pedidos* de provimentos, *propostas*". (ALESSI, Renato. *Principi di diritto amministrativo*. vol. 1. Milano: Giuffrè, 1966, §245, pp. 425/426, tradução nossa).

28 Cf. KORMANN, Karl. *System der rechtgeschäftlichen Staatsakte*. Berlim: Springer, 1910, pp. 22 e ss.; CAMMEO, Federico. *Commentario delle leggi sulla giustizia amministrativa*. vol. 1. Milano: Vallardi, [s.d.], p. 1119.

29 Cf. ALESSI, Renato. *Sistema istituzionale del diritto amministrativo italiano*. Milano: A. Giuffrè, 1953, pp. 227, 229.

provimento a ser adotado por outra autoridade: *designações, pareceres, relatórios, vistos, aprovações*[30] e similares. Também aqui não há determinação volitiva destinada a produzir o efeito jurídico que se reconecta da norma à edição do próprio ato do qual o efeito em questão tenha sido produzido.

6 Segue: revogabilidade *abstrata dos provimentos* administrativos: observações em relação a algumas categorias de provimentos

Subsistem, pois — excluídas, por outras razões, a revogação (verdadeira e própria) dos atos que têm valor de *decisão* jurisdicional, dos *regulamentos*[31] [32] e dos *negócios* submetidos ao Direito Privado[33] —, aqueles atos que constituem manifestação de uma atividade da *administração* voltada a *prover* a satisfação concreta das necessidades e interesses públicos. Atos, vale dizer, a respeito dos quais há efetivamente uma determinação volitiva voltada à

---

30 Embora a doutrina, geralmente, contraponha os *vistos* às *aprovações*, considerando *negócios* somente estes últimos, após alguma incerteza, penso em excluir ambas as categorias da noção de provimentos (*provvedimenti*), uma vez que a autoridade superior, apondo o *visto*, ou *aprovando*, não provê (*provvede*), mas se limita a declarar que o provimento (*provvedimento*) adotado pela autoridade inferior é realmente conforme ao interesse público e ao ordenamento jurídico.

31 Na medida em que limitamos o instituto da *revogação* [*revoca*], objeto deste estudo, ao campo dos atos administrativos em um sentido substancial; enquanto, por outro lado, para o campo jurisdicional e para o campo legislativo (substancial) há institutos diferentes (respectivamente, o instituto da rescisão [*revocazione*] e da ab-rogação [*abrograzione*], já mencionados por nós).

32 N.T. Por um lado concordamos com Alessi em relação às normas jurisdicionais, pois aceitamos a diferenciação entre revogação e rescisão (*supra*, Cap. I, §4º, rodapé 1). Por outro, discordamos de Alessi em relação à normas abstratas, pois não aceitamos sua diferenciação entre revogação e ab-rogação (*supra*, Cap. I, §4º, rodapés 27 e 28).

33 Dado que para eles também a revogabilidade está sujeita aos princípios do Direito Privado, daí a inadmissibilidade de uma revogação unilateral, exceto nos casos em que isso é admitido por uma norma expressa (cf. *supra*, cap. I, §1, n. 10).

produção de um efeito, de modo que a revogação, sob o perfil em exame, se apresenta conceitualmente admissível.

Trata-se agora, de ver quando ela pode ser considerada — além de conceitual e abstratamente admissível — também admissível *em concreto*. Uma tal questão requer indagações e considerações adicionais.

O conteúdo dessa categoria é variado, visto que ela compreende, além dos *provimentos* verdadeiros e próprios (manifestação de um *poder* em face de sujeitos diversos), também as meras *deliberações*, vale dizer:

a) as deliberações relativas à realização de uma atividade *material* por parte da administração (construção de obras públicas, demolição de edifícios, cultura de gramíneas num parque público etc.);

b) as *deliberações* relativas à *sucessiva* realização de *atos jurídicos* (principalmente negócios de Direito Privado): como, por exemplo, a deliberação funcional[34] para contrair um mútuo.[35]

c) as *deliberações* relativas à assunção de um determinado comportamento negativo (*omissões*), que dizem respeito a um comportamento positivo que o ente poderia ter realizado de alguma forma, na convicção de melhor satisfazer o interesse público: por exemplo, deliberações de suspender o pagamento de um débito, de recusar a concessão de um subsídio, de refutar uma admissão e similares.

---

34 N.T. Alessi utiliza a palavra *podestarile*, que significa "del podestà" (Cf. ZINGARELLI, Nicola. *Vocabolario della lingua italiana.* 12ª ed. Bologna: Zanichelli Editore, 2006, p. 1362). Segundo a tradução aqui adotada seria literalmente "do dever-poder". Preferimos, no contexto, traduzir por "funcional".

35 Cf. VITTA, Cino. *Diritto amministrativo.* 4ª ed. Torino: Unione tipografico-editrice torinese, 1955, pp. 126 e 540.

Para essas três primeiras categorias não há problema acerca de sua revogabilidade, dado que:

a) se a deliberação ainda não foi executada, o órgão deliberante poderá, sempre, indubitavelmente, revogá-la — embora haja dúvida de que se trate de uma verdadeira e própria *revogação*, em sentido técnico, ou, pelo contrário, simplesmente, da manifestação de uma nova determinação volitiva de conteúdo contrário —, de modo que nenhum obstáculo pode subsistir a respeito.

b) se, ao contrário, a deliberação já tenha sido executada, não há dúvida de que ela não possa ser revogada, porque, quando se trata de deliberações relativas à manifestação de uma atividade material, não se pode certamente eliminar do mundo material os efeitos materiais produzidos; na medida que, no entanto, se trate de deliberações relativas à efetivação de uma sucessiva atividade jurídica, nenhuma eficácia poderia ter uma deliberação de revogação dos efeitos produzidos pela atividade jurídica, realizada em função da deliberação precedente, porque esses efeitos dependem, exclusivamente, dessa ulterior atividade, pelo que não poderiam certamente serem eliminados simplesmente mediante uma deliberação de revogação da precedente deliberação.

7 Segue: condições para a *abstrata* revogabilidade dos provimentos

Subsiste, pois, a categoria dos *provimentos verdadeiros e próprios*[36] — muitíssimo mais importantes — constituídos pela manifestação volitiva e constitutiva do exercício de um *poder*

36 N.T. Sobre a teoria dos provimentos administrativos, acolhida por Alessi, vide *supra*, Cap. I, §1°, rodapé 83.

[*potere*], efetivado na intenção de dar realização a um interesse público, em face de sujeitos diversos da administração agente.

Do que foi dito em precedência emergem dois pontos inabaláveis, que podem constituir outros pontos de partida para uma análise ulterior:

a) para essa categoria de provimentos uma revogabilidade é conceitualmente admissível, tratando-se de eliminar efeitos que foram produzidos justamente enquanto *queridos* pelo sujeito (primeiro elemento da *disponibilidade* dos efeitos por parte da administração);

b) a revogabilidade concreta é, porém, em todos os casos, subordinada ao fato de que os efeitos a serem eliminados estejam, pelo menos, incorporados a uma relação jurídica, da qual a administração seja, ainda e *atualmente titular* (segundo elemento da *disponibilidade* dos efeitos por parte da administração).

Isso, porém, não é ainda suficiente para dizer quando a revogação dos provimentos administrativos exista em concreto.

8 *Terceiro requisito* para a subsistência da *disponibilidade dos efeitos* e para a *concreta* revogabilidade dos provimentos: a) referência ao fundamento concreto do dever-poder da ação da administração

Para avançar ainda mais, é necessário questionar se o dever-poder da administração pública de modificar, mediante um ato unilateral de vontade, as relações jurídicas intercorrentes entre ela e os cidadãos — dever-poder que em abstrato subsiste indubitavelmente, formando uma das faces peculiares do poder do qual ela é titular e de sua posição jurídica em relação ao sujeito privado[37] — subsiste em todos os casos ou não: foi dito e repetido que o dever-poder de revogação, em substância, pertence ao poder mais geral de produzir *ulteriores* modificações em relações jurídicas que tenham como titular a administração.

Também aqui é preciso prosseguir por partes, fixando, em primeiro lugar, certos pontos, que valham como pontos de partida para a análise. E, precisamente:

a) antes de tudo, parece-me indubitável que tal dever-poder não pode ser considerado como existente em todos os casos, sempre que a modificação [em sentido amplo: criação, modificação (em sentido estrito), extinção] de relações jurídicas não possa ser operada *ad libitum* por parte da administração: não se poderia, de fato, admitir o dever-poder da administração, por exemplo, de impor aos particulares encargos que não estejam previstos na lei, ou, então, de revogar um provimento de nomeação para um cargo público, ou ainda de promoção de um servidor.

Em verdade, um tal dever-poder ilimitado, existente em todos os casos, a favor da administração, representaria um excessivo e inadmissível fardo para os particulares, e a ausência de qualquer garantia de seus direitos, mesmo os mais merecedores de tutela.

b) em segundo lugar, de outra parte, não se pode sustentar que o único limite à existência de um tal dever-poder seja constituído pelos direitos subjetivos dos particulares, que seriam prejudicados pelo exercício desse dever-poder. Caso contrário, não poderia ser explicado porque a administração poderia realizar, por exemplo, uma revogação de provimentos (por exemplo, de concessão administrativa) mediante

37 Cf. ALESSI, Renato. *Sistema istituzionale del diritto amministrativo italiano*. Milano: A. Giuffrè, 1953, pp. 148 e ss.

o pagamento de uma indenização ao particular,[38] como compensação pela lesão aos seus direitos adquiridos,[39] ou, então, uma *conversão* dos Direitos Privados — com seu *sacrifício*[40] — em seu equivalente econômico: basta pensar no caso da desapropriação por utilidade pública de bens de propriedade privada.

Um tal limite, em verdade, representaria, ao contrário, uma muito estreita limitação da esfera de ação da administração, em favor da qual deve sempre ser reconhecido o dever-poder de *sacrificar* os Direitos Privados — vale dizer, de *os converter* no equivalente econômico — sempre que o interesse público exigir uma satisfação que não possa ocorrer senão através de *sacrifício* e de *lesão* de contrapostos Direitos Privados.

c) o fundamento e o limite do dever-poder em exame devem ser buscados, portanto, diretamente na norma jurídica, no sentido de que esse dever-poder só pode ser admitido apenas quando ele possa encontrar o seu fundamento, explícito ou implícito, na norma jurídica. Esta afirmação merece, porém, uma maior explicação.

Antes de tudo, não oferece dificuldade o caso em que a norma contenha uma expressa e específica atribuição de dever-poder à administração, vale dizer, uma expressa e específica atribuição do dever-poder de produzir determinadas modificações jurídicas: basta pensar no caso da desapropriação por utilidade pública[41]

---

38 N.T. Conforme já explicado, discordamos de Alessi sobre a admissibilidade da revogação de uma concessão (supra, Cap. I, §4º, rodapé 80).

39 Sobre o tema da relação entre a revogação e os direitos subjetivos dos particulares: v. *infra*, no §4 deste mesmo capítulo.

40 Sobre o conceito de sacrifício v. *infra*, no §4 deste mesmo capítulo; também a minha obra *La responsabilità della pubblica amministrazione*. 3ª ed. Milano: Giuffrè, 1955, pp. 116 e ss.

41 L. de 25 de junho de 1865, n. 2.359 [Texto normativo que vigorou de 23.07.1865 e 29.06.2002. N.T.].

ou da revogação das autorizações de P. S.[42] [*pubblica sicurezza* – "segurança pública"]. Nesse caso, não há nada a observar — em antecipação ao quanto será dito mais adiante (§4) — senão que, com base numa tal atribuição expressa de dever-poder, a administração pode bem proceder ao *sacrifício* dos contrapostos direitos privados, mediante uma *lesão* acompanhada da *conversão* do Direito no equivalente econômico.

Mas, a atribuição de dever-poder pela norma, embora sendo *expressa*, às vezes pode ser, ao invés de *específica*, como no caso precedente, simplesmente *genérica*: o que ocorre sempre que a norma conceda expressamente à administração um dever-poder genérico de *prover* [*provvedere*] discricionariamente a respeito de uma determinada matéria.

Enfim, a atribuição pode ser simplesmente *implícita*, o que ocorre quando, embora faltando uma atribuição expressa, toda a matéria seja reservada, por disposição implícita do ordenamento, à esfera discricionária da administração:[43] basta pensar no ordenamento dos serviços públicos ou na gestão de bens públicos.[44]

---

42 Art. 10-11 do T. U. da lei de P. S. de 1931. [Texto único da lei de segurança pública, aprovado pelo Decreto Real n. 773, de 18.06.1931. N.T.]

43 Cf.: ALESSI, Renato. *Sistema istituzionale del diritto amministrativo italiano*. Milano: A. Giuffrè, 1953, p. 151.

44 Naturalmente, afora o caso em que um provimento seja exigido pelo *estado de necessidade* em que é adotado, e isso com a finalidade de defender a comunidade de um *grave perigo iminente*, em decorrência do *direito de defesa* que necessariamente pertence a todo sujeito e, portanto, também à administração, bastando para legitimar o provimento mesmo, ao invés de uma atribuição de dever-poder pela norma: cf. ALESSI, Renato. *Sistema istituzionale del diritto amministrativo italiano*. Milano: A. Giuffrè, 1953, p. 172.

9 Segue: b) considerações específicas ao dever-poder de revogação: necessidade de uma atribuição – *explícita* ou *implícita*, *específica* ou *genérica* – de dever-poder pela norma

Faz-se, agora, aplicação desses princípios ao instituto da revogação, cuja explicação, como se disse, assenta-se na explicação do dever-poder de produzir modificações jurídicas, podendo seguramente estabelecer outros princípios, que são apenas a aplicação, à revogação, dos precedentes:

a) o fundamento *concreto* do dever-poder de revogação de um *provimento administrativo* deve ser pesquisado em uma atribuição de dever-poder pela norma;

b) essa atribuição, de outro lado, tanto pode ser *expressa*, e *específica*, como pode ser também *genérica*: o que ocorre toda vez que a norma concede expressamente à administração um genérico e permanente dever-poder de *prover* [*provvedere*] discricionariamente sobre a matéria;

c) enfim, essa atribuição pode ser ainda simplesmente *implícita*, que ocorre quando toda a matéria seja reservada, por disposições implícitas do ordenamento, à esfera discricionária da administração, que pode, portanto, *prover* [*provvedere*] do modo que melhor lhe parecer, ainda que sem uma expressa e específica atribuição de dever-poder: já vimos o exemplo em matéria dos serviços públicos e o da gestão dos bens públicos. Nessas matérias, assim como é preciso reconhecer à administração um dever-poder de prover discricionariamente para a melhor consecução da finalidade de interesse público, também é preciso reconhecer-lhe um dever-poder de revogação de provimentos antecedentemente adotados para gestão do serviço ou do bem, sempre que a revogação reflita uma melhor gestão do serviço ou do bem, no interesse público.

Outra questão de muita importância, naturalmente é, pois, a de estabelecer se, em tal caso, o uso do dever-poder de revogação aplica-se para incidir sobre direitos do particular, ou sobre simples interesses legítimos, daí a necessidade, ou não, de uma indenização. Questão que será abordada *ex professo* mais adiante (§4).

10 Função e limites da admissibilidade da reserva de revogação

Concluindo, pois, esta parte da investigação, concernente ao fundamento do dever-poder de revogação, pode-se, certamente, afirmar que, se é verdade que o fundamento abstrato do próprio dever-poder está na genérica capacidade de agir da administração, enquanto sujeito jurídico, o fundamento concreto deve ser pesquisado em elementos mais específicos, vale dizer:

a) em primeiro lugar, na *disponibilidade*, por parte da administração dos *efeitos* do ato a revogar, para a qual se requer:

aa) antes de tudo, que o ato a ser revogado seja um *provimento* administrativo, no sentido por nós indicado;

bb) de outro lado, que esses efeitos, em relação aos quais se requer a disponibilidade por parte do sujeito, estejam, pelo menos, de qualquer modo, incorporados numa relação jurídica da qual a administração seja *atualmente* titular.

b) em segundo lugar, em uma *atribuição* de dever-poder — seja ela genérica, específica, explícita ou implícita — pela norma, à autoridade administrativa.

Disso deriva, evidentemente, a admissibilidade, como fundamento do dever-poder de revogação, de uma simples autoatribuição do próprio dever-poder, em via preventiva, por parte da própria autoridade que edita o provimento, no momento da edição: é fácil entender que queremos nos referir à chamada *reserva* de revogação que geralmente é inserida nos provimentos administrativos no momento da edição.

Com base nos resultados das mais recentes pesquisas,[45] esse instituto jurídico sem dúvida deve ser classificado dentro do quadro dos elementos *acidentais* do ato administrativo,[46] e, precisamente, entre as cláusulas com função restritiva, a saber, as tendentes a restringir os normais efeitos do ato em que são inseridas,[47] dado que a reserva de revogação tende a um dos seguintes efeitos:[48]

a) tornar suscetível de revogação um ato que, de outra forma, deveria ser considerado irrevogável;[49]

b) tornar suscetível de revogação, também por outros motivos, um ato que, pela norma legal, poderia ser revogado apenas em ocorrência de determinadas circunstâncias determinadas pela própria lei;[50]

---

45 V.: LUCIFREDI, Roberto. *L'atto amministrativo nei suoi elementi accidentali.* Milano: Giuffrè, 1941, pp. 195 e ss.; v. também RAGGI, Luigi. "Sull'atto amministrativo: concetto, classificazione, validità: la revocabilità degli atti amministrativi". *Rivista di diritto pubblico*, 1917, I, p. 317; RESTA, Raffaele. *La revoca degli atti amministrativi.* Milano: A. Giuffrè, 1935, p. 140.

46 Cf. LUCIFREDI, Roberto. *L'atto amministrativo nei suoi elementi accidentali.* Milano: Giuffrè, 1941, p. 201. Sobre o conteúdo *acidental* do ato administrativo v. a completa pesquisa de LUCIFREDI, Roberto. *L'atto amministrativo nei suoi elementi accidentali.* Milano: Giuffrè, 1941.

47 Cf. LUCIFREDI, Roberto. *L'atto amministrativo nei suoi elementi accidentali.* Milano: Giuffrè, 1941, p. 202. Sobre esse tipo de disposição v. LUCIFREDI, Roberto. *L'atto amministrativo nei suoi elementi accidentali.* Milano: Giuffrè, 1941, pp. 178 e ss.

48 LUCIFREDI, Roberto. *L'atto amministrativo nei suoi elementi accidentali.* Milano: Giuffrè, 1941, p. 201.

49 Cf. RAGGI, Luigi. "Sull'atto amministrativo: concetto, classificazione, validità: la revocabilità degli atti amministrativi". *Rivista di diritto pubblico*, 1917, I, pp. 317 e 330.

50 Cf. RANELLETTI, Oreste. "Facoltà create dalle autorizzazioni e concessioni amministrative". *Rivista italiana de scienze giuridiche*, 1897, vol. XIX, nº 19, p. 44; vol. XX, nº 55, pp. 320/321.

c) tornar suscetível de revogação sem indenização um ato que, de outro modo, seria revogável apenas mediante indenização ao particular destinatário do ato a revogar.[51]

Reservando-me o direito de examinar mais profundamente, em seu lugar, as questões que refletem os outros pontos, no que diz respeito ao primeiro, com base no que se disse, pode-se sem dúvida descartar que o mero fato de uma reserva de revogação inserida no momento da sua edição possa valer para tornar revogáveis provimentos nos quais para a revogação, em concreto, falte qualquer forma de atribuição de dever-poder pela norma.[52]

Dessa forma, parece que a função e a admissibilidade das reservas de revogação devem ser limitadas aos casos em que a norma, embora não atribuindo, ela mesma, diretamente, um dever-poder de revogação, autorize a inserção da reserva de revogação num provimento que, na falta, dever-se-ia considerar irrevogável,[53] visto que, aqui, em substância, a atribuição do dever-poder não é meramente negocial, mas, ainda que indiretamente, deve ser sempre procurada na norma que autoriza a inserção da reserva; mesmo no caso em que subsista uma genérica e implícita atribuição do dever-poder de revogação a inserção parece aconselhável de um ponto de vista prático, para evitar qualquer possibilidade de dúvida a respeito.[54]

---

51 Cf. também RANELLETTI, Oreste. "Facoltà create dalle autorizzazioni e concessioni amministrative". *Rivista italiana de scienze giuridiche*, vol. XIX, 1897, pp. 8-10.

52 Em consonância, substancialmente, cf. LUCIFREDI, Roberto. *L'atto amministrativo nei suoi elementi accidentali.* Milano: Giuffrè, 1941, p. 298, embora em um aspecto diverso.

53 V., por exemplo, o art. 88 D. R. n. 1126, de 16 de maio de 1926, sobre as concessões de execução de obras de instalação e arborização de terrenos montanhosos.

54 LUCIFREDI, Roberto. *L'atto amministrativo nei suoi elementi accidentali.* Milano: Giuffrè, 1941, p. 201.

§3 Limites do dever-poder de revogação

Sumário: 1. Limite genérico dado pela existência de um certo grau de interesse público. 2. Precisões ulteriores: casos de atribuição *explícita* e *específica* de dever-poder com precisa prefixação dos limites. 3. Casos de atribuição *implícita* ou *genérica*; ou de atribuição *explícita* e *específica*, mas sem prefixação precisa de limites: a revogação deve ser justificada por um interesse público da mesma *ordem* e da mesma *natureza* do requerido para edição do provimento a ser revogado. 4. Especificações adicionais desse conceito.

1 Limite genérico dado pela existência de um certo grau de interesse público

Em conclusão às análises desenvolvidas no parágrafo precedente, afirmou-se que o dever-poder de revogação, como qualquer espécie de dever-poder de ação jurídica da administração, deve encontrar o seu concreto fundamento numa atribuição de dever-poder, seja ela explícita ou implícita, genérica ou específica, pela norma.

Ora, do fato que qualquer atribuição de dever-poder de ação jurídica à administração, pela norma, não ser nunca feita de modo ilimitado, mas, ao contrário, dentro de limites mais ou menos precisos,[1] deve-se deduzir que também o dever-poder de revogação deve encontrar os seus limites, limites que se deve, agora, individuar com a maior precisão possível.

Quais sejam os limites impostos ao dever-poder de ação jurídica da administração, já se viu quando se cuidou do problema dos vícios de mérito. Vimos como esses limites são constituídos por determinações mais ou menos precisas do interesse público que o exercício da atividade em questão, pela administração,

---

1 Cf. *supra*, cap. I, §3, n. 8.

deva satisfazer, para que possa ser considerada *legítima ou legal (conforme ao Direito)*.

Também o exercício do dever-poder de revogação, portanto, deve tender a satisfazer um certo grau de interesse público, para que possa ser considerado *legítimo (legal)*: o que, de outro lado, está em harmonia com a finalidade essencial do instituto da revogação, finalidade, como se disse, constituída pela maior adequação de uma relação jurídica ao interesse público atual.

Com tal afirmação, de outra parte, a indicação do limite do dever-poder de revogação permanece ainda muito genérica e imprecisa. Deve-se, portanto, ver se é possível uma maior precisão.

2 Precisões ulteriores: casos de atribuição *explícita* e *específica* de dever-poder com precisa prefixação dos limites

Evidentemente, o problema não oferece dificuldade quando é a própria norma, em caso de explícita e específica atribuição do dever-poder de revogação, que estabelece limites mais ou menos precisos para a exercício do próprio dever-poder, indicando específicas condições de fato, em que, apenas na ocorrência das quais a administração pode fazer uso. Note-se apenas que, dependendo de as condições de fato serem *precisas* ou *imprecisas*,[2] permanecerá, ou não, para a administração, uma margem de discricionariedade na avaliação da *suficiência* do grau em que *subsistem*,[3] [4] podendo-se,

---

2 Sobre a terminologia v. *supra*, cap. I, § 3, n. 8.

3 Comparem-se, com efeito, os artigos 10 e 11, último parágrafo, 1ª alínea (em relação aos n. 1 e 2) do T. U. da lei de S.P. (1931), o primeiro representando um limite *impreciso* ao dever-poder de revogação (dada a *imprecisão* da condição do *abuso*), e o segundo, por outro lado, representando um limite preciso (dada a precisão das condições de fato contidas nos n. 1 e 2).

4 N.T. Estabelece o art. 10 do Texto unido da Lei de Segurança Pública, aprovado pelo Decreto Real n. 776, de 18.06.1931, em vigor desde 11.07.1931:

por vezes, até mesmo se configurar uma revogação *vinculada*, ao invés de discricionária.[5] [6]

Mesmo aqui deve ser excluída a admissibilidade de uma *reserva de revogação*,[7] que tenda a permitir uma revogação mesmo fora das expressas condições às quais a norma subordina o dever-poder de revogação, expressamente concedido: não é admissível, em verdade, que, por vontade própria, a administração possa ampliar a esfera de dever-poder de ação limitada expressamente pelo direito objetivo.[8]

"As autorizações de polícia podem ser revogadas ou suspensas em qualquer momento, no caso de abuso da pessoa autorizada".

Reza o referido art. 11: Sem prejuízo de condições especiais estabelecidas lei em casos específicos, as autorizações de polícia devem ser negadas: 1° àqueles que forem condenados a pena restritiva de liberdade superior a três anos por delito não culposo e não tenham sido reabilitados; 2° àqueles que forem submetidos a uma medida de segurança pessoa ou forem declarados delinquentes habilitais, profissionais ou de tendência. As autorizações de polícia podem ser negadas àqueles que foram condenados por crimes contra a personalidade do Estado ou contra a ordem pública, ou por crimes contra pessoas cometidos com violência, ou de furto, roubo, extorsão, sequestro com finalidade de roubo ou extorsão, ou mediante violência ou resistência à autoridade e àqueles que não podem provar sua boa conduta. As autorizações devem ser revogadas quando em relação à pessoa autorizada faltem as condições a que estão sujeitas total ou parcialmente, e podem ser revogadas quando ocorrem ou venham a ocorrer circunstâncias que teriam imposto ou permitido a recusa da autorização". (Tradução nossa).

5 Veja-se, por exemplo, o art. 11, último parágrafo, 1ª alínea (em relação aos n. 1 e 2) do T. U. da S. P. cit.: "As autorizações de polícia *devem* ser revogadas...". [Texto cuja tradução transcrevemos integralmente na nota anterior - N.T.].

6 N.T. Conforme antecipado, para nós, a revogação é restrita à competência discricionária. Revogação vinculada na verdade é cassação ou decaimento ou caducidade (cf. supra, Cap. II, Sec. 1, §1°, rodapé 21).

7 V. *supra*, Cap. II, Sec. 1, §2, n. 9.

8 Assim, também aqui, a função e a admissibilidade da reserva de revogação devem limitar-se aos casos em que a norma, embora limitando com condições precisas o dever-poder de revogação expressamente concedido, preveja

Mais delicado é o problema quando falta uma específica indicação, pela norma, das circunstâncias de fato às quais esteja subordinado o exercício do dever-poder de revogação: isso quanto falta uma atribuição de dever-poder expressa e específica, ou, então, quando ela exista, quando seja feita sem subordinar seu exercício à existência de específicas condições de fato.

Claro que também em tais casos não há dúvida de que, como se disse, o dever-poder de revogação deve ser exercício tendo em vista um interesse público; mas tal limitação, como se disse, é ainda genérica, sendo, pois, desejável uma maior aproximação.

3 Casos de atribuição *implícita* ou *genérica*; ou de atribuição *explícita* e *específica*, mas sem prefixação precisa de limites: a revogação deve ser justificada por um interesse público da mesma *ordem* e da mesma *natureza* do requerido para edição do provimento a ser revogado

Para esse fim, o primeiro requisito a ser estabelecido é o seguinte: quando o exercício do dever-poder de revogação não for condicionado, pela norma, à existência de específicas condições de fato, pode o próprio dever-poder ser exercido tendo em vista a satisfação de qualquer interesse público, de qualquer natureza, ou deve ser exercido somente em vista de interesses públicos de natureza particular e determinada? Querendo simplificar, poderá uma autorização em matéria sanitária ser revogada por motivo de ordem pública, e uma concessão de prestação de serviço público ser revogada por um mero escopo fiscal, senão, de lucro, por parte da administração?

Se se tem em conta o fato de que o dever-poder de revogação, embora constituindo, como se disse, uma forma particular do

a ampliação pela administração, prevendo precisamente o caso de inserção no provimento de uma reserva de revogação.

genérico dever-poder de ação jurídica, apesar disso se diversifica pela peculiaridade do conteúdo, porquanto é sempre dirigido à eliminação dos efeitos de um precedente provimento, visando a obter o reestabelecimento da situação jurídica, referente a uma relação jurídica, antecedente à eliminação do próprio provimento, parece suficientemente claro que, para a justificação do concreto uso do próprio dever-poder, não é suficiente um interesse público de qualquer natureza, mas é preciso, ao contrário, um interesse da mesma *ordem* e *natureza* do requerido para a edição do provimento a revogar.[9] Assim, para retornar aos exemplos dados, uma autorização em matéria sanitária não poderá ser revogada tendo em vista um interesse, embora interesse público, de qualquer natureza (por exemplo, motivos de ordem pública), mas unicamente tendo em vista interesses de natureza sanitária; assim também uma concessão de prestação de serviço público não poderá ser revogada[10] senão por motivos inerentes à prestação do serviço, não por motivos de natureza essencialmente diversa: por exemplo, por uma finalidade fiscal. Essa, pois, já é uma primeira limitação ao dever-poder de revogação, mais precisa do que a simples referência a um genérico conceito de interesse público.[11]

---

9 ZANOBINI, Guido. "L' esercizio privato delle pubbliche funzioni e dei servizi pubblici". *In*: ORLANDO, Vittorio Emanuele (Coord.). *Primo trattato completo di Diritto amministrativo italiano*. vol. II, parte III. Milano: Società Editrice Libraria, 1935, p. 544.

10 Diferentemente da reversão: cf. ZANOBINI, Guido. "L' esercizio privato delle pubbliche funzioni e dei servizi pubblici". *In*: ORLANDO, Vittorio Emanuele (Coord.). *Primo trattato completo di Diritto amministrativo italiano*. vol. II, parte III. Milano: Società Editrice Libraria, 1935, p. 544.

11 N.T. Após mencionar a posição de Alessi, Daniele Coutinho Talamini assim se manifesta sobre o tema: "Diante da inexistência de expressa autorização legal de revogação, a competência para revogar surge da mesma norma que atribui ao agente a competência inicial para prover, de emanar, o ato de revogação. Ou seja, o fundamento legal para a revogação, nestes casos, é o mesmo que existe para prover originariamente sobre a matéria. E a norma que define a competência prevê a matéria sobre a qual a Administração vai dispor — por exemplo, matéria fiscal, urbanística, sanitária, de educação. No exercício de competência revogatória não cabe ao agente atingir objetivo

4 Especificações adicionais desse conceito

Ainda. Sempre tendo presente o conteúdo peculiar do dever-poder de revogação, pode-se adicionar e acolher a afirmação — feita com referência a uma categoria particular de provimento,[12] mas que pode ser generalizada, levando, assim, a uma limitação adicional ao dever-poder de revogação — de que a amplitude do próprio dever-poder deve ser considerada com relação à amplitude do dever-poder de recusar a edição do provimento a revogar, no sentido de que, quando a administração tinha um genérico dever-poder de avaliação do interesse público para fins da edição, ou não, do provimento, um dever-poder de idêntica amplitude ela conservará para a revogação; ao revés, quando o dever-poder de edição, ou não, do provimento era associado unicamente à existência

diverso daquele que foi previsto pela norma que lhe outorgou a competência. Isto porque, sendo o fundamento legal o mesmo, a finalidade a ser buscada também ser a mesma anteriormente prevista". (*Revogação do ato administrativo*. São Paulo: Malheiros, 2002, pp. 65/66).

Para nós, a revogação decorre de uma competência discricionária sobre a manutenção ou não do ato administrativo, válido, no mundo jurídico. Há, pois, uma vinculação conceitual entre a competência revocatória e a competência discricionária. Dito isso, é mister reconhecer que tanto Alessi quanto Talamini adotam o que chamamos de *orientação legalista da discricionariedade*, segundo a qual a fonte desta é a regra legislativa (Cf. MARTINS, Ricardo Marcondes. "Ato administrativo". *In*: _____; BACELLAR FILHO, Romeu Felipe. *Tratado de direito administrativo*: Ato administrativo e procedimento administrativo. vol. 5, 2ª ed. São Paulo: Revista dos Tribunais, 2019, pp. 140 e ss.). Ao revés, adotamos o que chamamos de *orientação neoconstitucionalista da discricionareidade*, segundo a qual a fonte desta é o Direito globalmente considerado (MARTINS, Ricardo Marcondes. "Ato administrativo". *In*: _____; BACELLAR FILHO, Romeu Felipe. *Tratado de direito administrativo*: Ato administrativo e procedimento administrativo. vol. 5, 2ª ed. São Paulo: Revista dos Tribunais, 2019, pp. 140 e ss.). Daí nossa discordância: para nós, na falta de autorização legal específica, não se impõe uma necessária identidade de fundamento ou de finalidade entre a edição do ato a revogar a e revogação.

12 RANELLETTI, Oreste. "Facoltà create dalle autorizzazioni e concessioni amministrative". *Rivista italiana de scienze giuridiche*, vol. XIX, 1897, pp. 329/330.

ou inexistência de condições específicas, um âmbito idêntico terá também o dever-poder de revogação, que poderá ter lugar somente no caso em que se verifique a existência ou o desaparecimento das condições a que estava subordinada a edição do provimento.

Assim, mais especificamente, nessa segunda possibilidade, o dever-poder de revogação poderá ser exercido:

a) Em primeiro lugar, no caso de surgirem circunstâncias, preexistentes, mas ignoradas, que levariam a não edição do provimento de que se trata. A esse respeito, pode-se observar que, nesse caso, tratando-se de uma inoportunidade *inicial* do provimento, poderá haver a revogação, com base no que se disse, apenas no caso de a *inoportunidade inicial* se traduzir numa *inoportunidade atual* da relação gerada, e na consideração, justamente, da *atual oportunidade* de reestabelecimento da situação antecedente à edição do provimento.[13]

b) Em segundo lugar, sempre que sobrevenha uma modificação das circunstâncias de fato — modificação objetiva ou subjetiva — de modo a fazer desaparecer aquelas que eram as condições de fato taxativamente requeridas para a edição do provimento.

---

13 N.T. Concordamos com Daniele Coutinho Talamini, quando esta afirma: "Dentre as hipóteses cogitadas por Alessi, cabe afirmar que apenas a primeira não se poderia configurar como sendo de revogação, já que o erro ou desconhecimento acerca das circunstâncias de fato existentes no momento da emanação do ato constitui hipótese de invalidação, como já afirmado, por ausência de um dos pressupostos exigidos para a prática do ato". (*Revogação do ato administrativo*. São Paulo: Malheiros, 2002, p. 133). Conforme já afirmado (*supra*, Cap. I, §4º, rodapé 13), para nós o erro no exercício de competência discricionária gera uma presunção relativa de vício de finalidade ou de contentorização.

c) Em terceiro lugar, sempre que sobrevenha uma modificação de critérios, ou de conhecimentos, técnicos ou técnico-administrativos, pelos quais se deve ulteriormente considerar como insubsistentes determinadas condições de fato ou determinados *atributos* das condições de fato,[14] cuja existência estava associada a edição do provimento a revogar.

d) Por fim, no caso de uma diferente valoração, sucessiva, das condições de fato — que sejam de tal natureza que requeiram uma valoração, além de uma mera averiguação — requeridas pela norma para a edição do provimento a revogar, após um erro inicial de juízo e de valoração por parte da autoridade que editou o provimento. Como é óbvio, também neste, como no primeiro caso, o erro inicial de valoração pode dar lugar a uma revogação somente se se reflita numa *atual inoportunidade* da relação, ou seja, numa *atual oportunidade* do reestabelecimento.[15]

Tudo isso, naturalmente, apenas no caso em que a edição do provimento seja subordinada — ou no mínimo seja *também* subordinada — apenas a uma genérica valoração do interesse

14 Por exemplo a salubridade de uma atividade ou de um local.

15 N.T. Alessi não acolhe a chamada *teoria restritiva da revogação*, pela qual esta só é admissível quando houver alteração das circunstâncias fáticas. Na doutrina brasileira a teoria foi sustentada por SUNDFELD, Carlos Ari. "Discricionariedade e revogação do ato administrativo". *Revista de Direito Administrativo e Infraestrutura* - RDAI. São Paulo, ano 2, vol. 6, jul.-set. 2018, pp. 379-390. Pela teoria ampla, adotada por Alessi, basta a mudança de opinião do agente competente sobre a melhor forma de realizar o interesse público. No mesmo sentido: TALAMINI, Daniele Coutinho. *Revogação do ato administrativo*. São Paulo: Malheiros, 2002, p. 130; OLGUÍN JUÁREZ, Hugo Augusto. *Extinción de los actos administrativos*: revocación, invalidación y decaimiento. Santiago: Editorial Jurídica de Chile, 1961, pp. 82-84; MARTINS, Ricardo Marcondes. "Ato administrativo". *In*: ______; BACELLAR FILHO, Romeu Felipe. *Tratado de direito administrativo*: Ato administrativo e procedimento administrativo. vol. 5, 2ª ed. São Paulo: Revista dos Tribunais, 2019, p. 332.

público; nesse caso, repito, também o exercício do dever-poder de revogação será subordinado apenas a uma idêntica valoração.

§4 Dever-poder de revogação e direitos subjetivos privados

Sumário: 1. Crítica à opinião segundo a qual os direitos subjetivos privados (*direitos adquiridos*) constituiriam o único limite ao exercício do dever-poder de revogação. 2. Várias formas de associar os direitos privados ao provimento a revogar: a) direitos que surgem como efeito direto do provimento; b) direitos para aos quais o provimento constitui simplesmente a remoção de um obstáculo jurídico a seu concreto exercício; c) direitos associados apenas indiretamente ao provimento. 3. Relações entre o dever-poder de revogação com os direitos da primeira categoria - possibilidade de *direitos perfeitos* ou *direitos enfraquecidos* [diritti affievoliti], conforme a revogação constitua uma *anormal possibilidade* ou uma *normal possibilidade* da relação. 4. Igualmente é de se dizer em relação aos direitos da segunda categoria. 5. Relações entre o dever-poder de revogação e os direitos da terceira categoria: direitos cujo exercício pressupõe, necessariamente, a manutenção da situação constituída pelo provimento administrativo a ser revogado e direitos cujo exercício não pressupõe a manutenção da própria situação.

1 Crítica à opinião segundo a qual os direitos subjetivos privados (*direitos adquiridos*) constituiriam o único *limite* ao exercício do dever-poder de revogação

Como já tivemos ocasião de mencionar no decorrer deste estudo, a doutrina dominante resolve o problema, de suma importância prática, das relações entre o dever-poder de revogação e os direitos subjetivos privados, considerando a existência destes últimos — sob o tipo de *direitos adquiridos* nascidos do provimento a revogar — como limite à concreta revogabilidade de um provimento;[1] o que, ao revés, parece em nítido contraste com a eventual possibilidade de uma *revogação* com *indenização*, admitida pela doutrina,[2] [3] já que é evidente que em tal caso — pressupondo a indenização, o *sacrifício*[4] ou a *conversão*[5] de um direito subjetivo — a existência deste último não pode constituir um limite intransponível à revogação do provimento.

---

1 Cf. D'ALESSIO, Francesco. *Istituzioni di diritto amministrativo italiano*. vol. 2. Torino: UTET, 1934, p. 204; RANELLETTI, Oreste. *Le guarentigie della giustizia nella pubblica amministrazione*. 4ª ed. Milano: A. Giuffrè, 1934, p. 139; ROMANO, Santi. *Corso di Diritto Costituzionale*. 4ª ed. Padova: Cedam, 1933, p. 296; ZANOBINI, Guido. *Corso di diritto amministrativo*. 7ª ed. Milano: Giuffrè, 1955, p. 329.

2 Cf. VITTA, Cino. "La revoca degli atti amministrativi". *Foro amministrativo*, IV, 1, 1930, pp. 16 e ss.; D'ALESSIO, Francesco. *Istituzioni di diritto amministrativo italiano*. vol. 2. Torino: UTET, 1934, p. 210; RANELLETTI, Oreste. *Le guarentigie della giustizia nella pubblica amministrazione*. 4ª ed. Milano: A. Giuffrè, 1934, p. 140 (em nota); IPSEN, Hans Peter. *Widerruf gültiger Verwaltungsakte*. Hamburg: Kommissionsverlag von Lütcke & Wulff, 1932, p. 172; CAMMEO, Federico. *Commentario delle leggi sulla giustizia amministrativa*. vol. 1. Milano: Vallardi, [s.d.], n. 228 *bis*.

3 N.T. De fato, a maioria da doutrina brasileira admite que a revogação possa gerar o direito à indenização. Por todos: BANDEIRA DE MELLO, Celso Antônio. *Curso de direito administrativo*. 34ª ed. São Paulo: Malheiros, 2019, pp. 470/471; TALAMINI, Daniele Coutinho. *Revogação do ato administrativo*. São Paulo: Malheiros, 2002, pp. 232 e ss. Sem desprestigiar todos que a admitem, sustentamos posição oposta. Para nós, é ínsita à revogação a situação de *precariedade* e, pois, a possibilidade de extinção do ato sem dever de indenizar. Quando há o direito à indenização é porque não se trata propriamente de revogação, mas de decaimento ou caducidade ou desapropriação. Cf. MARTINS, Ricardo Marcondes. "Ato administrativo". *In*: ______; BACELLAR FILHO, Romeu Felipe. *Tratado de direito administrativo*: Ato administrativo e procedimento administrativo. vol. 5, 2ª ed. São Paulo: Revista dos Tribunais, 2019, pp. 340-342.

4 Sobre esse conceito v., amplamente, a minha obra *La responsabilità della pubblica amministrazione*. 3ª ed. Milano: Giuffrè, 1955, pp. 115 e ss.

5 Cfr. ROMANO, Santi. *Corso di Diritto Costituzionale*. 4ª ed. Padova: Cedam, 1933, p. 309.

Dessa simples consideração, bem como daquelas realizadas anteriormente, resulta claramente que essa afirmação comum, de que os direitos subjetivos privados constituem o limite da revogabilidade dos atos administrativos, não pode ser aceita; e isso sob dois distintos aspectos.

Em primeiro lugar, sob o aspecto de que o dever-poder de revogação, mesmo na ausência de direitos adquiridos, possui outros limites, independentes da subsistência ou não de direitos subjetivos do destinatário do provimento a revogar, direitos que podem ser lesados pela revogação do próprio provimento; limites já ilustrados, e que se resumem, de um lado, genericamente, na *disponibilidade*, pela administração, dos efeitos do ato a revogar e, de outro, mais especificamente, em uma forma qualquer de atribuição de dever-poder, pela norma, à administração revogante.

Em segundo lugar, sob o aspecto de que os direitos subjetivos do particular, que possam ser lesados pela revogação de um provimento administrativo, não constituem, independentemente de outros limites acima referidos, um limite à existência e à atuação concreta do dever-poder de revogação pela administração.

Quanto à primeira dessas afirmações, não há necessidade de esclarecimentos adicionais, depois de que foi dito, até agora, no presente capítulo deste estudo; quanto à segunda afirmação, ela será mais bem esclarecida pelas considerações seguintes.

2 Várias formas de associar os direitos privados ao provimento a revogar: a) direitos que surgem como efeito direto do provimento; b) direitos para aos quais o provimento constitui simplesmente a remoção de um obstáculo jurídico a seu concreto exercício; c) direitos associados apenas indiretamente ao provimento

O problema das relações entre dever-poder de revogação e direitos subjetivos privados é muito mais complexo do que demonstra a doutrina dominante, quando concebe os direitos adquiridos simplesmente como limite à revogabilidade.

No entanto, é óbvio que, quando se fala de relações entre o dever-poder de revogação e os direitos subjetivos privados, não se faz referência ao direito subjetivo em abstrato, mas, sim, aos direitos subjetivos concretos que possuem uma concreta conexão com o dever-poder de revogação através do provimento a revogar.

Ora, o modo de conexão dos direitos privados com um provimento administrativo pode variar. Mais precisamente:

a) *Direitos subjetivos* — em sentido amplo: compreendendo, como se dirá, direitos *perfeitos* e *direitos enfraquecidos* [*diritti affievoliti*],[6] [7] a favor dos particulares, contra a administração

---

6 Sobre essa noção, v.: ALESSI, Renato. *Sistema istituzionale del diritto amministrativo italiano*. Milano: A. Giuffrè, 1953, pp. 453 e ss.

7 N.T. Os "diritti affievoliti" não têm uma denominação própria na doutrina brasileira. A palavra *affievolite* significa enfraquecido, atenuado (Cf. ZINGARELLI, Nicola. *Vocabolario della lingua italiana*. 12ª ed. Bologna: Zanichelli Editore, 2006, p. 51). Aldo Sandulli assim os explica:

"Tendo especificado que um direito subjetivo existe sempre que existe um interesse diretamente protegido pelo ordenamento jurídico, não se exclui que haja um direito subjetivo quando, embora haja uma proteção direta do interesse, ele não é ilimitado, mas para além de certos limites, é condicionado pela possibilidade do exercício de um poder. Nesses casos, é corrente falar de direitos condicionados [*diritti condizionati*].

ou terceiros, que podem surgir como *efeito* direto do provimento administrativo.[8] Como, por exemplo, o provimento de *concessão* de águas, de serviços públicos etc.

b) Direitos subjetivos que têm eficácia *erga omnes*, podem ser associados ao provimento administrativo apenas no sentido de que este último constitui uma condição requerida para o exercício

---

"Os titulares das posições jurídicas em questão gozam, até certo ponto, de um verdadeiro e próprio direito subjetivo; mas, a partir do ponto em que sobre tal direito há a possibilidade de incidir legitimamente um poder estranho, sua posição *diminui* [enfraquece - *affivolisce*] para interesse legítimo. Assim, por exemplo, a exploração de uma mina, a propriedade, o cargo são, respectivamente, para a concessionária, para o proprietário, para o servidor público verdadeiros e próprios direitos subjetivos, enquanto são diretamente protegidos pelo ordenamento em relação a todos os outros sujeitos, e a própria Administração Pública. No entanto, em alguns casos, a Administração pode revogar a concessão, expropriar ou requisitar a propriedade, suprimir o cargo, reduzir os efetivos etc.

"Nesses casos, pode-se falar em direitos enfraquecidos [*diritti affievoliti*], ou por vezes de *enfraquecimento dos direitos* [*affievolimento dei diritto*]. Essa terminologia pode muito bem ser aceita, uma vez que descreve o fenômeno de maneira plástica: no entanto, deve-se notar que a figura do direito enfraquecido não pode ser considerada uma figura intermediária entre o direito e o interesse legítimo. No direito enfraquecido, existem de fato duas posições jurídicas diferentes: a primeira — que goza de tutela plena — é um direito subjetivo verdadeiro e próprio; a segundo — que corresponde ao poder de compressão ou supressão — é apenas um interesse legítimo: de fato, ele não goza de outra proteção além daquela que pode indiretamente advir da aplicação da norma imposta no interesse público ao exercício do poder que pode afetá-lo". (SANDULLI, Aldo M. *Manuale di diritto amministrativo*. Napoli: Casa Editrice Dott. Eugenio Jovene, 1952, pp. 45/46, §36, tradução nossa).

Assim, *diritto affievolite* designa um direito subjetivo que, conquanto reconhecido como tal, cede ao se defrontar com um interesse público, sendo, então, sacrificado, com ou sem indenização, como ocorre com o direito de propriedade, que é sacrificado na desapropriação, mediante sua transformação no equivalente econômico.

8 É evidente a impropriedade que se esconde nessa expressão: na verdade, os direitos subjetivos, propriamente ditos, só podem advir da norma jurídica: o provimento administrativo, enquanto *ato jurídico*, aplica-se apenas para executar uma aplicação concreta da norma abstrata: v. CAMMEO, Federico. *Corso di Diritto Amministrativo*. Padova: La Motolitotipo, 1911, p. 1155.

do direito, a remoção de um obstáculo a seu livre exercício: é o caso, como é óbvio, das *autorizações* administrativas.[9]

c) Enfim, os direitos subjetivos podem estar associados indiretamente ao provimento a ser revogado, vale dizer, somente no sentido de que eles encontram no próprio provimento um mero pressuposto: pense-se, por exemplo, no direito — adquirido por um terceiro, por contrato com um concessionário de águas —, de ter uma quantidade diária de água, direito que tem por pressuposto o ato de concessão do ente público ao concessionário.

3 Relações entre o dever-poder de revogação com os direitos da primeira categoria - possibilidade de *direitos perfeitos* ou *direitos enfraquecidos* [*diritti affievoliti*], conforme a revogação constitua uma *anormal possibilidade* ou uma *normal possibilidade* da relação

Agora se trata de procurar — antecipando, em parte, o atinente à matéria dos *efeitos* da revogação, que será objeto do último capítulo desta obra — singularmente, para cada uma dessas categorias, em que relações o direito subjetivo se submete ao dever-poder de revogação.

a) Primeira categoria: direitos, como se disse, que encontram a sua fonte direta no provimento administrativo a ser revogado.

Uma vez que se conceba o dever-poder de revogação como fundado em uma atribuição — específica ou genérica, explícita ou implícita — pela norma, é claro que, em relação a essa primeira

---

9 Sobre isso, como também sobre a faculdades por eles criadas, v. as hoje clássicas obras de RANELLETTI, Oreste. "Teoria generale delle autorizzazioni e concessioni amministrative". *Giurisprudenza italiana*, vol. 46, 1894, IV, I; RANELLETTI, Oreste. "Facoltà create dalle autorizzazioni e concessioni amministrative". *Rivista italiana de scienze giuridiche*, 1897.

categoria de direitos não se poderá considerar que a sua existência venha a limitar o dever-poder de revogação, pois será o dever-poder de revogação que virá a limitar, de qualquer modo, a existência desses direitos. Esta afirmação merece, porém, um exame mais amplo.

É preciso considerar, em primeiro lugar, que, embora o dever-poder de revogação, como se disse, deva ser fundado em todos os casos numa atribuição — nos modos indicados — pela norma, essa atribuição, contudo, pode ser tal que constitua o exercício do próprio dever-poder como uma *normal possibilidade* ou como uma *anormal possibilidade*. Um exemplo esclarecerá melhor o conceito. Assim, por exemplo, a revogação de concessões de serviços públicos sem predeterminação de prazo final,[10] [11] sendo condicionada simplesmente a procura — sempre normalmente possível — de melhores condições para a realização do serviço, apresenta-se como uma *normal possibilidade*, ou — para utilizarmos uma expressão já usada em precedentes ocasiões[12] — como um fenômeno *fisiológico* da relação, ao invés de um fenômeno *patológico*. E igualmente se pode dizer da revogação de concessões de uso do solo rodoviário, cuja realização é condicionada à apresentação, sempre normalmente

10 Cf. ALESSI, Renato. *La responsabilità della pubblica amministrazione*. 3ª ed. Milano: Giuffrè, 1955, p. 311.

11 N.T. Registra-se nossa discordância conceitual ou, ao menos, terminológica. Concessão sem prazo não é concessão, mas permissão. Para nós, a permissão de serviço público, no Direito brasileiro, possui o mesmo regime jurídico da concessão de serviço público. Cf. MARTINS, Ricardo Marcondes. *Regulação administrativa à luz da Constituição Federal*. São Paulo: Malheiros, 2011, pp. 224-230. Logo, assim como não admitimos a "revogação" da concessão, também não admitimos a revogação de uma permissão de serviço público. No caso, sua extinção por interesse público, equipara-se ao que, na teoria do ato administrativo, é chamado de decaimento ou caducidade, extinção exigida pelo Direito em decorrência de alteração superveniente das circunstâncias fáticas ou normativas (cf. *supra*, Cap. I, §4º, rodapé 67). O que admitimos, como normal possibilidade, nos termos apresentados por Alessi, é a revogação de uma permissão de uso de bem público.

12 Cf. ALESSI, Renato. *La responsabilità della pubblica amministrazione*. 3ª ed. Milano: Giuffrè, 1955, pp. 312, 352.

possível, de requisitos de tráfego público incompatível com a continuidade da concessão.[13] Diversamente, porém, é de se dizer em relação à revogação, na pendência do prazo, de concessões com termo certo para realização de serviços públicos:[14] aqui, em vista da disposição contratual do prazo final, para legitimar a revogação exige-se não apenas simplesmente uma apresentação — sempre normalmente possível — de condições melhores para a realização do serviço, mas que esse melhoramento das condições se apresente em grau fortemente sensível — de modo a representar uma possibilidade anormal[15] — a justificar o sacrifício do interesse do concessionário privado, que, protegido, justamente pela prefixação do termo final, adquire uma bem maior consistência jurídica, do que aquela no caso da concessão sem prefixação de termo final; aqui, portanto, a revogação representa uma *anormal possibilidade*, um fenômeno *patológico* da relação, não um simples fenômeno *fisiológico*.[16] E o mesmo vale para a revogação da concessão de águas públicas,[17]

---

13 Cf. ALESSI, Renato. *La responsabilità della pubblica amministrazione*. 3ª ed. Milano: Giuffrè, 1955, p. 350.

14 Cf. ALESSI, Renato. *La responsabilità della pubblica amministrazione*. 3ª ed. Milano: Giuffrè, 1955, p. 313.

15 Lembra-se dos conhecidos casos práticos apresentados no início deste século, quando se tratava de substituir a iluminação elétrica pela iluminação a gás: ALESSI, Renato. *La responsabilità della pubblica amministrazione*. 3ª ed. Milano: Giuffrè, 1955, p. 310.

16 N.T. Quando se trata de *permissão de uso de bem público*, ato unilateral, a revogação é possível, como uma normal possibilidade, sem direito à indenização, pois a situação é precária. Em relação à *concessão de uso*, ato bilateral, para nós não é possível a revogação. O interesse público pode exigir sua extinção, em decorrência de circunstância normativa ou fática superveniente, hipótese chamada de decaimento ou caducidade. Alessi se refere à *concessão de serviço*: para nós concessão sem prazo não é concessão, mas permissão; contudo, como antecipado (Cap. 2, Sec. 1, §4º., rodapé 11), para nós, a *permissão de serviço* possui, no Direito brasileiro, o mesmo regime da concessão, sendo um ato bilateral não precário e, por conseguinte, não passível de revogação.

17 Cf. ALESSI, Renato. *La responsabilità della pubblica amministrazione*. 3ª ed. Milano: Giuffrè, 1955, p. 358; VITTA, Cino. *Diritto amministrativo*. 4ª ed. Torino: Unione tipografico-editrice torinese, 1955, II, pp. 164 e ss.

que — se levarmos em conta o fato de que, no caso de institutos que tenham um conteúdo análogo,[18] o legislador demonstra toda preocupação de que o usuário tenha uma compensação *in natura* ou em dinheiro, naturalmente tendo em vista o fato de que, diferentemente das concessões de uso do solo público, as redes de abastecimento de água são geralmente muito custosas; mesmo em conta, além disso, do fato de que os próprios canais são considerados, eles também, uso *ordinário* das águas, e não *uso excepcional*,[19] situação em que, diferentemente do que ocorre com o uso excepcional do solo público, falta um uso principal ao qual o uso por canais deva ser necessariamente subordinado; finalmente, se considerarmos o fato de que as concessões são normalmente submetidas a um longo prazo de decadência — é concebida como uma *anormal possibilidade*, dado que condicionada à apresentação — possível, sim, mas como anormalidade — de uma prospectiva de melhor utilização da água, em grau tão intenso a justificar a conversão do *direito* do particular concessionário de água em um direito ao equivalente econômico.

Ora, na primeira hipótese — a revogação, representando uma *normal possibilidade* — a própria possibilidade vem a se inserir como estruturalmente conatural à relação, e constitui uma fonte imanente da precariedade da relação, uma brecha, por assim dizer, no sistema de proteção do interesse do particular titular da relação, embora a sua ação não se produza senão sucessiva e eventualmente.[20] Daí a consequência de que em tal situação

---

18 Por exemplo, o dever-poder da administração de constranger os usuários anteriores, que tinham uma utilização tecnicamente incompatível com uma sucessiva, se esta última é mais importante, a renunciar a ela, exceto o direito de obter a quantidade correspondente de água ou de energia por um tempo correspondente (art. 45-47 T. U. de 11 de dezembro de 1933, n. 1775 das leis sobre a água e sistemas elétricos).

19 Cf. ALESSI, Renato. *La responsabilità della pubblica amministrazione*. 3ª ed. Milano: Giuffrè, 1955, p. 356, em contrário à doutrina dominante, aí indicada.

20 Como se sabe, a peculiaridade da ação da discricionariedade administrativa que afeta o interesse do indivíduo, de ter lugar somente *sucessivamente* ao

poder-se-á admitir a existência de um *direito subjetivo* (em sentido lato) mas nunca de um *direito perfeito*: direito subjetivo dado que há sempre uma garantia legislativa do interesse do sujeito,[21] mas simples *direito enfraquecido* (*affievolito*)[22] dado que, por um lado, a garantia é incompleta por particularidade estrutural, uma vez que, na presença de determinadas exigências de interesse público, o interesse do particular é estrutural e originariamente destinado a subordinar-se ao próprio interesse público.[23]

Em tal caso, portanto, é claro que o dever-poder de revogação vem a limitar a existência dos direitos subjetivos, explicando-se a limitação no sentido de um impedimento a que o interesse do particular constitua um direito perfeito, e mantendo-o, ao contrário, na condição de direito enfraquecido.

---

surgimento da relação, e, *eventualmente*, embora estruturalmente conatural à relação, é o elemento distintivo dos direitos enfraquecidos (*diritti affievoliti*) em relação aos meros *interesses legítimos*; enquanto o fato de o elemento da discricionariedade administrativa ser estruturalmente conatural à relação constitui o elemento característico dos direitos enfraquecidos (*diritti affievoliti*) verdadeiros e próprios em relação aos casos de enfraquecimento (*affievolimento*) dos *direitos perfeitos* (*diritti perfetti*). Sobre tudo isso, cf. ALESSI, Renato. *Sistema istituzionale del diritto amministrativo italiano*. Milano: A. Giuffrè, 1953, pp. 453 e ss. V. também: AMORTH, Antonio. "Figura giuridica e contenuto del diritto subiettivo affievolito". *In*: ______. *Scritti giuridici in onore di Santi Romano*. Padova: CEDAM, 1940, com indicações doutrinárias.

21 Cf. ALESSI, Renato. *Sistema istituzionale del diritto amministrativo italiano*. Milano: A. Giuffrè, 1953, pp. 438 e ss.

22 Sobre essa noção — particularmente sobre a contraposição aos *interesses legítimos* e ao *enfraquecimento dos direitos perfeitos* (*affievolimento di diritti perfetti*), além do que foi dito *supra* na nota (111), v. amplamente na minha obra *Sistema istituzionale del diritto amministrativo italiano*. Milano: A. Giuffrè, 1953, pp. 453 e ss.; v. também: RANELLETTI, Oreste. *Principi di diritto amministrativo*. Napoli: L. Pierro, 1911, pp. 437 e ss.; ZANOBINI, Guido. *Corso di diritto amministrativo*. 7ª ed. Milano: Giuffrè, 1955, p. 187; AMORTH, Antonio. "Figura giuridica e contenuto del diritto subiettivo affievolito". *In*: ______. *Scritti giuridici in onore di Santi Romano*. Padova: CEDAM, 1940, com outras indicações doutrinárias.

23 Cf. ALESSI, Renato. *Sistema istituzionale del diritto amministrativo italiano*. Milano: A. Giuffrè, 1953, pp. 453 e ss.

Na segunda hipótese, ao contrário — revogação representando uma *anormal possibilidade* — a própria possibilidade não se insere como estruturalmente conatural à relação, mas permanece uma mera *acidentalidade anormal*, embora *possível*, da relação, de modo que o sistema de garantia do interesse se apresente como estruturalmente perfeito e completo, razão pela qual é possível admitir a existência de um *direito perfeito*, embora sujeito à eventual e anormal possibilidade de um *enfraquecimento*[24] em caso de exercício do dever-poder de revogação: do mesmo modo que, por exemplo, a possibilidade de uma desapropriação por utilidade pública não afeta a natureza de direito perfeito do direito de propriedade, por ser, este último, sujeito à anormal e eventual possibilidade de enfraquecimento em caso de exercício do dever-poder de desapropriação pela administração.[25]

Em tal caso, portanto, o dever-poder de revogação — não que seja limitado pela existência de direitos perfeitos (são estes os *direitos adquiridos*, aos quais se refere a doutrina dominante), assim como a existência do direito de propriedade não limita o dever-poder de desapropriação da administração pública — vem, porém, a limitar, também aqui, a existência do direito subjetivo; todavia, diferentemente do caso precedente, não já no sentido de uma limitação abstrata à possível existência de direitos perfeitos, mas no sentido de uma limitação concreta, acidental, de específicos direitos perfeitos: no sentido, isto é, de um *enfraquecimento* de um direito concreto diante do concreto exercício do dever-poder de revogação; do mesmo modo que, repito, enfraquece um singular e concreto direito de propriedade diante do concreta exercício do dever-poder de desapropriação por utilidade pública e, em geral,

---

24 Cf. ALESSI, Renato. *Sistema istituzionale del diritto amministrativo italiano*. Milano: A. Giuffrè, 1953, pp. 453 e ss.; bem como AMORTH, Antonio. "Figura giuridica e contenuto del diritto subiettivo affievolito". *In*: ______. *Scritti giuridici in onore di Santi Romano*. Padova: CEDAM, 1940.

25 N.T. Discorda-se: em relação aos direitos perfeitos, não se trata de revogação, mas de decaimento ou caducidade.

do dever-poder da administração de *sacrificar* os direitos perfeitos dos particulares, *convertendo-os* no equivalente econômico.[26]

A grande importância prática da distinção entre as duas hipóteses será evidente quando, ao final do presente estudo, tratar-se-á dos efeitos da revogação, e, em particular, da *indenização* do dano ao particular, consequente da revogação.

4 Igualmente é de se dizer em relação aos direitos da segunda categoria

b) Segunda categoria: direitos subjetivos vinculados ao provimento administrativo apenas no sentido de que este último se aplica para remover um obstáculo estabelecido pela lei ao exercício do Direito, constituindo, de tal modo, a condição legal requerida para o próprio exercício.[27]

Também aqui se pode repetir, substancialmente, aquilo que foi dito quanto à primeira categoria, vale dizer:

1) Em vez de a existência desses direitos subjetivos ser o limite ao dever-poder de revogação, ao contrário, é o dever-poder de revogação, concebido como fundado numa atribuição da norma, que vem a limitar a existência desses direitos.

2) Também aqui, conforme o exercício do dever-poder de revogação represente uma *normal possibilidade* ou uma *anormal possibilidade*, a limitação ao exercício do direito explicar-se-á

---

26 Cf. ALESSI, Renato. *Sistema istituzionale del diritto amministrativo italiano*. Milano: A. Giuffrè, 1953, pp. 453 e ss.

27 Por exemplo, a autorização para fabricar ou deter explosivos (art. 46 do T. U. da S. P. de 1931); para realizar espetáculos públicos em locais públicos (art. 68); para abrir hotéis, pensões, restaurantes etc. (art. 86); para abrir indústrias de produtos de química farmacêutica (art. 144 do T. U. de 27 de julho de 1934, n. 1265 da Lei sanitária); para cultivar papoula (art. 149); para produzir especialidades medicinais (art. 161).

no sentido de um obstáculo ao exercício abstrato de um *direito perfeito*, podendo se admitir, aí, a existência apenas de um *direito enfraquecido*; ou no sentido de uma limitação concreta, acidental, de específicos direitos perfeitos, que, em contato com o exercício do dever-poder de revogação, enfraquecem-se do mesmo modo que o direito de propriedade se enfraquece diante do dever-poder da administração de *sacrificar* os direitos dos particulares e de *convertê-los* no equivalente econômico.

Assim, por exemplo, a revogação da autorização de polícia, também condicionada a uma mutação, sempre normalmente possível, das variáveis condições externas de ordem pública (dado que a revogação é permitida mesmo quando sobrevenham circunstâncias objetivas que teriam permitido a recusa da autorização)[28] — apresenta-se (tendo em conta o fato de que a revogação é prevista expressamente pela norma; bem como o fato de que as próprias autorizações, em regra com termo, são concedidas pelo prazo curtíssimo de um ano) — apresenta-se, digo, como uma normal possibilidade, como um fenômeno *fisiológico*, não *patológico*, da relação, de modo que os exercícios individuais do direito de liberdade, que são objeto da autorização, não podem ser considerados, mesmo depois da autorização, como outros *direitos perfeitos*, mas simplesmente como *direitos enfraquecidos*.

O que não se pode dizer, ao contrário, no caso das autorizações em matéria sanitária,[29] cuja revogação — para a qual falta uma explícita atribuição de dever-poder, existindo apenas uma atribuição implícita, decorrente do dever-poder de a administração vigiar as condições sanitárias em que se desenvolve a atividade autorizada — apresenta-se como uma anormal possibilidade, como fenômeno patológico, enquanto condicionada

---

28 Art. 11, último parágrafo, do T. U. da S. P. 1931.

29 Cf. ALESSI, Renato. *La responsabilità della pubblica amministrazione*. 3ª ed. Milano: Giuffrè, 1955, p. 264.

à mutação das condições de higiene sob as quais se desenvolve a atividade autorizada, mutação sempre possível, mas como fenômeno *anormal*, não como fenômeno *normal*; por isso, aqui, os singulares e concretos exercícios do direito de liberdade e do direito de propriedade, que formam o objeto das autorizações, devem ser considerados como verdadeiros e próprios *direitos perfeitos*, embora estejam sujeitos a *enfraquecimento* no caso de a administração decidir — mediante a revogação da autorização — de operar o *sacrifício* dos direitos em questão.[30] [31]

---

30 V. contudo: *infra,* cap. IV, para a questão de quando tal sacrifício é indenizável.

31 N.T. Registramos nossa discordância com Alessi. Distinguimos as *situações precárias*, em que o domínio da situação jurídica por parte da Administração Pública se mantém, como se dá nas *autorizações administrativas* propriamente ditas, passíveis de revogação, das situações não precárias, em que o domínio da situação não se mantém, como nas *licenças administrativas*, para nós não passíveis de revogação, mas passíveis, a depender da hipótese, de desapropriação ou de decaimento ou caducidade.

Para nós, é possível qualificar como "direitos enfraquecidos" apenas os direitos ínsitos a situações precárias. Por exemplo: é um direito enfraquecido o direito ao porte de arma ou ao uso de bem público, decorrentes, respectivamente, de uma autorização administrativa e de uma permissão de uso. Esses direitos podem ser atingidos pela revogação do ato administrativo, sem que haja direito à indenização, pois a situação, estabelecida pelo ato, é precária.

Já o direito de construir, decorrente de uma licença administrativa, não é, para nós, um direito enfraquecido, mas um direito subjetivo em sentido estrito, próprio do direito de propriedade. A situação decorrente da licença de construção não é precária e, pois, não é passível de ser atingida pela revogação. O interesse público pode justificar a desapropriação, mediante prévia e justa indenização, do direito de construir. Nesse sentido: BANDEIRA DE MELLO, Celso Antônio. *Ato administrativo e direito dos administrados*. São Paulo: Revista dos Tribunais, 1981, pp. 189-191; MARTINS, Ricardo Marcondes. *Estudos de direito administrativo neoconstitucional*. São Paulo: Malheiros, 2015, p. 261. Em relação à licença para exercício de atividade, admitimos não a desapropriação propriamente dita, mas o decaimento ou a caducidade (Cf. MARTINS, Ricardo Marcondes. *Estudos de direito administrativo neoconstitucional*. São Paulo: Malheiros, 2015, pp. 261-266).

5 Relações entre o dever-poder de revogação e os direitos da terceira categoria: direitos cujo exercício pressupõe, necessariamente, a manutenção da situação jurídica constituída pelo provimento administrativo a ser revogado e direitos cujo exercício não pressupõe a manutenção da própria situação

b) Terceira categoria: direitos subjetivos que podem estar vinculados apenas indiretamente ao provimento administrativo, vale dizer, apenas no sentido que encontram nesse provimento um mero pressuposto.

Também aqui, uma vez que se admita um dever-poder de revogação que encontre seu fundamento em uma atribuição de dever-poder pela lei, resulta inadmissível conceber que esses direitos subjetivos possam constituir um limite ao próprio dever-poder.

Em vez disso, para verificar se, ao contrário, o dever-poder de revogação valha para limitar a existência dessa terceira espécie de direitos, será preciso distinguir entre direitos cujo exercício pressuponha a manutenção da situação jurídica constituída pelo provimento administrativo a ser revogado, e que seria justamente eliminada com a revogação, e direitos cujos exercício não pressuponha a manutenção da situação referida.

No primeiro caso, não parece haver dúvida de que, sucumbindo, por efeito da revogação, a situação jurídica que constitui seu pressuposto, devem sucumbir também os direitos de terceiros, cujo exercício pressupõe justamente a própria situação: por exemplo, não há dúvida de que, em seguida à revogação de uma concessão de água, devem sucumbir também os direitos adquiridos, por via contratual, dos terceiros em relação ao concessionário.

O que se justifica, do ponto de vista teórico, considerando que, posto o fato de que o dever-poder de revogação, em abstrato, preexistia para a administração desde o momento em que o provimento administrativo foi editado, também os direitos que surgiram sucessivamente, encontrando o seu pressuposto na situação jurídica instituída pelo próprio provimento, trouxeram consigo um germe de morte, constituído pela abstrata possibilidade de eliminação, após a revogação do provimento, da situação que esses direitos pressupõem. Noutros termos, essa abstrata possibilidade de revogação do ato criador da situação que constitui o pressuposto dos direitos em questão (possibilidade de revogação preexistente ao nascimento desses direitos) determina, em relação a eles, uma situação que muito se avizinha àquela criada pela condição resolutiva aposta em um negócio criador de direitos: assim, os direitos surgem, mas condicionados ao não uso pela administração do dever-poder de revogação. Por isso, não existe obstáculo conceitual para acreditar que, sucumbindo a situação jurídica com a revogação do provimento que a instituiu, devem necessariamente sucumbir também os direitos cujo exercício pressupõe a permanência dessa situação.[32]

No outro caso, ao contrário (direitos cujo exercício não pressupõe a manutenção da situação constituída pelo provimento a ser revogado) nada obsta admitir (levando em conta também o efeito meramente *ex nunc* da revogação) que os direitos sobrevivam à revogação do provimento: realmente, embora a *criação* dos direitos em questão tiveram que pressupor a situação jurídica constituída pelo provimento, sucessivamente, eles são de todo destacados, por assim dizer, dessa situação, dado que seu exercício não mais pressupõe a manutenção dela: por isso, nada impede sua sobrevivência à eliminação da respectiva situação.

32 Substancialmente no mesmo sentido cf.: RESTA, Raffaele. *La revoca degli atti amministrativi*. Milano: A. Giuffrè, 1935, 282; RANELLETTI, Oreste. "Facoltà create dalle autorizzazioni e concessioni amministrative". *Rivista italiana de scienze giuridiche*, 1897, pp. 283 e ss.

Seção II – Exercício do dever-poder de revogação

Sumário: 1. Generalidades; referência aos princípios inerentes ao princípio da hierarquia na organização administrativa, e ao princípio da autarquia. 2. Problema da *competência* para exercer o dever-poder de revogação nas relações interorgânicas: a) competência normal da *própria autoridade* que editou o provimento a ser revogada; b) normal exclusão da competência da autoridade *hierarquicamente inferior.* 3. Segue: c) problema relativo à competência da autoridade *hierarquicamente superior*: caráter excepcional de tal competência, com base numa relação de hierarquia. 4. Segue: exclusão da possibilidade de uma ampliação da referida esfera de competência excepcional, com base na relação de controle. 5. Problema da *competência* para exercer o dever-poder de revogação nas relações intersubjetivas inerentes ao ordenamento dos *entes autárquicos*: exclusão dessa competência.

1 Generalidades; referência aos princípios inerentes ao princípio da *hierarquia* na organização administrativa, e ao princípio da *autarquia*

Depois de haver examinado o dever-poder de revogação sob o aspecto estático — vale dizer, estudando sua natureza, seu fundamento, seus limites —, convém agora tomá-lo em exame sob o aspecto dinâmico: vale dizer, estudar o seu exercício pela autoridade administrativa.

Para dizer a verdade, sob esse perfil entraríamos também no tratamento do *ato de revogação* e dos *efeitos* da revogação: por outro lado, dado que esses dois pontos serão objeto dos dois capítulos seguintes, este escorço do presente capítulo deverá limitar-se ao problema de qual é, em concreto, a autoridade administrativa que pode exercer o dever-poder de revogação nos casos em que, tendo em vista tudo que se disse em precedência, o próprio dever-poder compete abstratamente à administração pública: problema, então, inerente à *competência* para exercer o dever-poder de revogação.

Sabemos realmente que, diante da estrutura complexa da administração pública, o dever-poder de agir é distribuído de maneira não uniforme entre uma multiplicidade de ofícios [*uffici*],[1] [2] os quais, considerados como personificados nas pessoas físicas que nele são prepostas, constituem os *órgãos*[3] do Estado: ofícios de órgãos que, para o fim de uma indispensável aplicação do princípio de *coordenação*,[4] estão entre si ligados, no sentido da bem conhecida figura piramidal, no chamado *ordenamento hierárquico*.[5] O problema antes referido, relativo ao exercício do dever-poder

---

1 Sobre a noção de ofício (*oufficio*) e de órgão (*organo*) v. minha obra *Sistema istituzionale del diritto amministrativo italiano*. Milano: A. Giuffrè, 1953, pp. 73 e ss.; com as necessárias indicações doutrinárias.

2 N.T. Nas palavras de Alessi: "Enquanto a teoria originária tinha um conteúdo subjetivo, considerando órgão [*organo*] da entidade a pessoa física do servidor, evidente consequência da concepção antropomórfica, ao revés, em momento posterior, ao menos no campo do Direito Público, a noção de órgão andou objetivando-se, uma vez que é referida essencialmente, ao invés da pessoa física, à esfera abstrata de poderes e funções que, como se dirá, constitui o ofício [*ufficio*], ao qual a pessoa física é preposta, chegando às vezes a fazer completa abstração dessa pessoa física, que não seria outra senão a *portadora* do órgão". (*Principi di diritto amministrativo*. vol. 1. Milano: Giuffrè, 1966, §33, p. 82, tradução nossa).

3 V. a nota 01 desta Seção.

4 Cf. AMORTH, Antonio. *La nozione di gerarchia*. Milano: Vita e pensiero, 1936, p. 2.

5 Cf. ROMANO, *Principi*..., cit., ed. 1912, p. 80. Sobre a noção de hierarquia e sobre a explicação do princípio hierárquico, v. GIRIODI, L. Massimo. "I pubblici uffici e la gerarchia amministrativa". *In*: ORLANDO, Vittorio Emanuele (Coord.). *Primo trattato completo di Diritto amministrativo italiano*. vol. 1. Milano: Società Editrice Libraria, 1900, pp. 80 e ss.; DE VALLES, Arnaldo. *Teoria giuridica dell'organizzazione dello Stato*. Padova: Cedam, 1931, I, pp. 271 e ss.; AMORTH, Antonio. *La nozione di gerarchia*. Milano: Vita e pensiero, 1936, que exatamente distingue as duas noções de *ordenamento hierárquico* e de *vínculo hierárquico*. No mesmo sentido v. minha obra ALESSI, Renato. *Sistema istituzionale del diritto amministrativo italiano*. Milano: A. Giuffrè, 1953, pp. 200 e ss.

de revogação, põe-se, por isso, em primeiro lugar, relativamente às relações interorgânicas, no sentido de que se pode perguntar, fundamentadamente, se a autoridade hierarquicamente superior pode se dizer competente para revogar provimentos editados pela autoridade inferior.

Sabemos também, que a administração pública procede, além do Estado, também de outros entes públicos menores, ligados ao Estado pela chamada relação de autarquia,[6] relação que, como é bem sabido, ao lado do *poder-dever* [*potere-dovere*] relativo às funções atribuídas ao ente pela lei, incumbidas ao próprio ente, compreende também um poder [*potere*] de vigilância e de controle por parte do Estado, quanto do exercício, por parte do ente autárquico, das funções referidas.[7] [8] O problema relativo ao exercício do dever-poder de revogação, por isso, apresenta-se também relativamente a essas relações intersubjetivas entre Estado e entes públicos menores, no sentido de que se pode perguntar se a autoridade estatal, investida de um poder de vigilância e de controle sobre os referidos entes,

---

6 BRONDI. *Autarchia*, nota apresentada à R. Accademia delle Scienze di Torino, 1927; ROMANO, Santi. "Il Comune". *In*: ORLANDO, Vittorio Emanuele (Coord.). *Primo trattato completo di Diritto amministrativo italiano*. vol. 2, parte 1. Milano: Società Editrice Libraria, 1908, pp. 575 e ss.; MARCHI, Teodosio. *L'istituto giuridico dell'autarchia*. Modena: Società Tipografica, 1904; ALESSI, Renato. *Sistema istituzionale del diritto amministrativo italiano*. Milano: A. Giuffrè, 1953, pp. 65 e ss.

7 ALESSI, Renato. *Sistema istituzionale del diritto amministrativo italiano*. Milano: A. Giuffrè, 1953, pp. 65 e ss.

8 N.T. A "relação de autarquia" mencionada por Alessi refere-se, na doutrina brasileiro à relação própria da descentralização administrativa. Logo, a expressão "ente autárquico" não possui o sentido restrito que possui no Direito brasileiro, abrange todos os integrantes da Administração Indireta: autarquias, fundações, empresas públicas e sociedades de economia mista. Como se sabe, esses entes possuem personalidade própria, não estão submetidas a um vínculo hierárquico com a Administração direta, mas a uma relação de controle ou tutela. Por todos: MARTINS, Ricardo Marcondes. "Descentralização administrativa e contrafações". *Interesse Público*, Belo Horizonte, ano 21, nº 114, mar.-abr. 2019, pp. 49 e ss.

possa proceder à revogação dos provimentos editados pelos entes públicos controlados.

2 Problema da *competência* para exercer o dever-poder de revogação nas relações interorgânicas: a) competência normal da *própria autoridade* que editou o provimento a ser revogada; b) normal exclusão da competência da autoridade *hierarquicamente inferior*

A competência para exercer o dever-poder de revogação, antes de tudo, pertence, obviamente, à mesma autoridade que editou o provimento a ser revogado: esta é uma afirmação que decorre diretamente da consideração de que, tratando-se de eliminar as consequências jurídicas de um precedente provimento, subsiste, indubitavelmente, para fazê-lo, a competência do órgão ou da autoridade à cuja competência pertence a edição do provimento a revogar.[9]

A competência da própria autoridade que editou o provimento, para revogá-lo, parece, porém, dever ser afastada apenas no caso em que essa autoridade tenha agido, na edição do provimento, na qualidade de superior hierárquico de uma autoridade inferior, vindo, pois, a perder todo *poder de iniciativa* em relação à matéria: por exemplo, no caso de provimentos sobre recurso hierárquico,[10] já que a ligação entre dever-poder de revogação e poder de iniciativa não subsiste apenas em sentido objetivo e substancial, mas também em sentido objetivo e orgânico, como adiante melhor se verá, e como, por outro lado, é pacífico na doutrina.

9 Substancialmente de acordo, cf. RESTA, Raffaele. *La revoca degli atti amministrativi*. Milano: A. Giuffrè, 1935, p. 192.

10 Cf., nesse sentido: FORTI, Ugo. "La revocazione nei ricorsi amministrativi". *In*: ______. *Studi di Diritto Pubblico*. vol. II. Roma: Foro Italiano, 1937, p. 136; mas é hoje doutrina pacífica.

Vice-versa, parece óbvio excluir a competência da autoridade hierarquicamente inferior para revogar provimentos editados pela autoridade hierarquicamente superior, seja quando esta última tenha agido por competência própria, exclusiva, seja quando tenha agido com base em uma competência excepcional e genericamente atribuída a todo um complexo de órgãos,[11] seja, por fim, quando tenha agido com base numa *avocação*[12] de competência originariamente atribuída a uma autoridade inferior: em todos os casos, em verdade, admitir uma competência da autoridade inferior para revogar provimentos editados pela autoridade superior implicaria — já que é verdade que a revogação substancialmente não é senão uma nova modificação da relação, mas não é menos verdade que tal modificação se traduz na eliminação dos efeitos do provimento anterior — o reconhecimento de um inadmissível dever-poder da primeira de rever o que foi feito pela segunda, mesmo que seja para o limitado fim de adequá-lo à alterada situação e às alteradas exigências do interesse público.

Quando muito, poder-se-ia admitir, em via excepcional, uma competência do inferior para revogar provimentos editados pelo superior hierárquico, com base numa *delegação* por parte deste último: digo em caráter excepcional, dado que, como é pacífico,

---

11 Cf. RESTA, Raffaele. *La revoca degli atti amministrativi*. Milano: A. Giuffrè, 1935, p. 193.

12 Sobre essa noção v. CAMMEO, Federico. *Commentario delle leggi sulla giustizia amministrativa*. vol. 1. Milano: Vallardi, [s.d.], p. 472; ROMANO, *Principi di Diritto Amministrativo Italiano...*, p. 78; PRESUTTI, Enrico. *Istituzioni di diritto amministrativo italiano*. 3ª ed. Messina: Principato, 1931, nº 103; D'ALESSIO, Francesco. *Istituzioni di diritto amministrativo italiano*. vol. 2. Torino: UTET, 1934, p. 232; DE VALLES, Arnaldo. *Teoria giuridica dell'organizzazione dello Stato*. Padova: Cedam, 1931, I, p. 128. A excepcionalidade do instituto da avocação é geralmente referida: v. mais recentemente: ZANOBINI, Guido. *Corso di diritto amministrativo*. 7ª ed. Milano: Giuffrè, 1955, p. 148; v. no entanto: D'ALESSIO, Francesco. *Istituzioni di diritto amministrativo italiano*. vol. 2. Torino: UTET, 1934, p. 232; DE VALLES, Arnaldo. *Teoria giuridica dell'organizzazione dello Stato*. Padova: Cedam, 1931, I, p. 128.

a *delegação* é um instituto excepcional no nosso Direito e não pode ser admitida senão em casos estritamente contemplados pela norma.[13] [14] Em tal caso, embora se deva considerar que o ofício delegado exercite uma competência própria e não em representação do ofício superior,[15] exprimindo, pois, uma vontade própria,[16] também poder-se-ia admitir a competência para revogar provimentos do superior sob a perspectiva de que há, aqui, uma atribuição de competência pela lei,[17] embora subordinada, em concreto, a uma manifestação de vontade por parte do superior, expressa, justamente, na delegação.[18]

---

13 Cf. D'ALESSIO, Francesco. *Istituzioni di diritto amministrativo italiano*. vol. 2. Torino: UTET, 1934, p. 234; ZANOBINI, Guido. *Corso di diritto amministrativo*. 7ª ed. Milano: Giuffrè, 1955, p. 148; DE VALLES, Arnaldo. *Teoria giuridica dell'organizzazione dello Stato*. Padova: Cedam, 1931, I, p. 232; sobre o instituto, v. FRANCHINI, Flaminio. *La delegazione amministrativa*. Milano: Giuffrè, 1950.

14 N.T. Na doutrina brasileira há duas correntes sobre o tema: pela primeira, a delegação não decorre da hierarquia, mas da expressa autorização legal. É posição de OLIVEIRA, Regis Fernandes. *Delegação e avocação administrativas*. 2ª ed. São Paulo: Revista dos Tribunais, 2005, p. 80. Pela segunda, são poderes do hierarca, que independem de autorização legal. Por todos: BANDEIRA DE MELLO, Celso Antônio. *Curso de direito administrativo*. 34ª ed. São Paulo: Malheiros, 2019, p. 159. A segunda corrente prevalece amplamente sobre a primeira. Assim, na doutrina brasileira, diversamente do que afirma Alessi, além de não ser pacífico, prevalece a tese oposta. A Lei n. 9.784/99, que disciplina, no âmbito federal, o processo administrativo, manteve a controvérsia: enquanto seu art. 11 parece acolher a primeira corrente, seu art. 12 parece acolher a segunda.

15 DE VALLES, Arnaldo. *Teoria giuridica dell'organizzazione dello Stato*. Padova: Cedam, 1931, I, p. 237.

16 DE VALLES, Arnaldo. *Teoria giuridica dell'organizzazione dello Stato*. Padova: Cedam, 1931, p. 237. Sobre o problema da atribuição da vontade do órgão ao ente, v. por todos, DE VALLES, Arnaldo. *Teoria giuridica dell'organizzazione dello Stato*. Padova: Cedam, 1931, pp. 92 e ss.

17 DE VALLES, Arnaldo. *Teoria giuridica dell'organizzazione dello Stato*. Padova: Cedam, 1931, p. 235.

18 DE VALLES, Arnaldo. *Teoria giuridica dell'organizzazione dello Stato*. Padova: Cedam, 1931, p. 236.

3 Segue: c) problema relativo à competência da autoridade *hierarquicamente superior*: caráter excepcional de tal competência, com base numa relação de hierarquia

Mais delicada e complexa é, ao contrário, a questão de saber se, como regra, a autoridade hierarquicamente superior à que editou o provimento pode ser competente.

Pode-se observar, em primeiro lugar, que tal competência é frequentemente admitida sem discussão,[19] dado que está incluída no normal conteúdo dos *poderes* do superior hierárquico, mas isso ocorre porque os autores que a admitem, geralmente, entendem a revogação no sentido de uma eliminação do provimento por motivos de *mérito*, em antítese à *anulação*, eliminação por motivos de *legitimidade*, de modo que, em substância, a noção de revogação, em tal concepção, vem a compreender também a de *anulação por vício de mérito*, vindo a revogação, em tal modo, surgir como manifestação do dever-poder de *controle*,[20] de forma que bem se compreende o fundamento da opinião referida, que faz incluir, como se disse, o dever-poder de revogação dos atos do inferior no âmbito normal dos poderes que competem ao superior hierárquico.[21]

Tal fundamento, ao contrário, falta, naturalmente, quando se considera a revogação, como se faz aqui, rigorosamente, como uma eliminação dos efeitos de um provimento em si originária

---

19 V., por exemplo, ZANOBINI, Guido. *Corso di diritto amministrativo*. 7ª ed. Milano: Giuffrè, 1955, p. 331; VITTA, Cino. *Diritto amministrativo*. 4ª ed. Torino: Unione tipografico-editrice torinese, 1955, I, p. 441.

20 V., no entanto, na 7ª edição, ZANOBINI, Guido. *Corso di diritto amministrativo*. Milano: Giuffrè, 1955, p. 331, que associa o dever-poder de revogação do superior com um pleno dever-poder estabelecido.

21 Cf. AMORTH, Antonio. *Il merito dell'atto amministrativo*. Milano: A. Giuffrè, 1939, p. 71. [Apesar de Alessi ter inserido essa nota, não inseriu o respectivo número no corpo do texto. Consultada a obra de Amorth, acredita-se que o local da citação é o inserido por nós] (N. T.).

e plenamente legítimo e oportuno, em consequência de novas e alteradas exigências do interesse público: de modo, então, a desvincular completamente a noção de revogação da de *controle*,[22] de modo a considerar a própria revogação como exercício de atividade *administrativa ativa*, em lugar, justamente, de um exercício de atividade de *controle*.

Também, de tal modo, por outro lado, como foi recentemente observado,[23] uma justificação teórica do exercício do dever-poder de revogação pela autoridade hierárquica superior poderia entrever-se no fato de que, concedendo o ordenamento hierárquico à autoridade superior o dever-poder de predeterminar, mediante comando, o comportamento da autoridade subordinada, não seria obstáculo lógico admitir que, ao invés do dantes afirmado, o poder jurídico se realize sucessivamente, e, ao invés de determinar a retirada de um ato, a autoridade hierárquica venha ela própria a revogar.

Contudo — posta a noção de revogação como exercício de *ulterior* atividade de administração ativa —, é claro que revogando um provimento editado pela autoridade inferior, a autoridade superior vem a agir, em via de administração ativa, em lugar da primeira; por isso, como foi observado recentemente,[24] não basta a existência de um fundamento lógico e racional, como aquele ora aclarado, da extensão do dever-poder de revogação à autoridade hierarquicamente superior, para justificar uma tal efetiva extensão, sempre que haja uma distribuição e atribuição rigorosa de competência (por graus) a autoridades distintas, distribuição e atribuição que deve ser, como tal, respeitada.

---

22 AMORTH, Antonio. *Il merito dell'atto amministrativo*. Milano: A. Giuffrè, 1939, p. 67.

23 AMORTH, Antonio. *Il merito dell'atto amministrativo*. Milano: A. Giuffrè, 1939, p. 67.

24 Nesse sentido também RESTA, Raffaele. *La revoca degli atti amministrativi*. Milano: A. Giuffrè, 1935, p. 194.

O resultado é que, no nosso ordenamento, marcado precisamente por uma rigorosa atribuição e distinção da competência por graus dentro do ordenamento hierárquico, a extensão à autoridade superior da competência para revogar provimentos editados pela autoridade inferior poderá subsistir unicamente:

a) Nos casos excepcionais,[25] de atribuição de competência a toda uma ordem de órgãos administrativos, sem maiores especificações dos órgãos;[26] nesse caso, faltando uma específica atribuição de competência ao inferior, a extensão ao superior da competência para revogar os provimentos do inferior não viola o princípio da distribuição da competência, uma vez que o superior pode livremente agir em lugar do inferior, de modo que se reconhece, geralmente, ser perfeitamente admissível, em linha normal, uma tal forma de *avocação*, pelo superior, da competência para revogar os provimentos editados pelo inferior, competência que caberia normalmente a este último.[27]

b) Nos casos em que o órgão inferior tenha funções *meramente executivas*, em relação a elas, pode-se admitir que, sendo o inferior necessariamente obrigado a obedecer, o poder do superior resulte naturalmente abrangente também do poder de revogar os atos editados pelo inferior.[28]

c) Enfim, no caso de *avocação* da competência do inferior pelo superior: caso também excepcional, porquanto se

---

25 Cf. RESTA, Raffaele. *La revoca degli atti amministrativi*. Milano: A. Giuffrè, 1935, p. 193.

26 Por exemplo, a atribuição de competência à autoridade de S. P.

27 V.: RESTA, Raffaele. *La revoca degli atti amministrativi*. Milano: A. Giuffrè, 1935, pp. 192 e ss.

28 AMORTH, Antonio. *Il merito dell'atto amministrativo*. Milano: A. Giuffrè, 1939, p. 68.

considera,[29] com base justamente no princípio da rigorosa distribuição e distinção das competências, que o instituto da *avocação*, salvo no caso, já visto, de atribuição genérica de competência, é um instituto excepcional no nosso Direito, e admitido somente nos casos contemplados na lei.[30]

De tudo isso decorre que a associação entre o dever-poder de revogação e o poder de iniciativa — sempre referido, naturalmente, à iniciativa relativa a ulteriores modificações da relação — além de um valor objetivo e substancial (v. *supra*, Cap. I, §1, n. 6), tem também um valor, por assim dizer, orgânico (referindo-se, claro, às relações interorgânicas), no sentido de que o dever-poder de revogação, além de atribuído ao órgão que editou o provimento a revogar, reside também no órgão hierarquicamente superior limitadamente nos casos excepcionais, ora passados em resenha, nos quais este último tem o poder de iniciativa relativamente a ulteriores modificações da relação constituída pelo inferior: noutros termos, tem o poder de iniciativa relativamente a uma ulterior atividade administrativa ativa na matéria já tratada pelo órgão inferior.[31]

---

29 Cf. CAMMEO, Federico. *Commentario delle leggi sulla giustizia amministrativa*. vol. 1. Milano: Vallardi, [s.d.], p. 412; ROMANO, *Principi...*, p. 78; PRESUTTI, Enrico. *Istituzioni di diritto amministrativo italiano*. 3ª ed. Messina: Principato, 1931, nº 103; RESTA, Raffaele. *La revoca degli atti amministrativi*. Milano: A. Giuffrè, 1935, p. 195. V. contudo: DE VALLES, Arnaldo. *Teoria giuridica dell'organizzazione dello Stato*. Padova: Cedam, 1931, I, p. 126; ORLANDO, Vittorio Emanuele. "La giustizia amministrativa". *Trattato di Diritto Amministrativo*, vol. 3, 1901.

30 N.T. Estende-se à avocação tudo que afirmamos sobre a delegação: na doutrina brasileira prevalece a tese oposta, segundo a qual é um poder do hierarca que independe de autorização legal expressa.

31 Cf. FORTI, *La revocabilità dei decreti emessi su ricorso gerarchico*, cit.

4 Segue: exclusão da possibilidade de uma ampliação da referida esfera de competência excepcional, com base na relação de controle

É de se indagar, porém, se uma extensão ao superior hierárquico da competência para revogar provimentos editados pelo inferior possa ocorrer por efeito da propositura de recurso hierárquico, em decorrência do fato de que, nesse caso — sob o fundamento de relação de *controle*, que vem a integrar a mera relação de *hierarquia*[32] —, os poderes do superior, referentemente aos provimentos do inferior, ganham uma indubitável extensão em comparação com aqueles que são os poderes normais advindos da relação de hierarquia, no sentido de permitir, a pedido da parte, um completo reexame dos atos editados pela autoridade inferior, também nos casos de competência exclusiva desta, nos casos em que, como se disse, isso não poderia ocorrer com fundamento apenas na relação de hierarquia.[33]

Mas, é claro que, justamente pelo fato de que uma tal extensão ocorre com base na relação de *controle*, ao invés do que ocorre com base na mera relação de *hierarquia*, nesses casos a atividade do superior deve permanecer mera *atividade de controle*: atividade, vale dizer, dirigida a uma comparação entre o ato que deveria ser realizado, no momento da sua edição, e o ato tal qual efetivamente

---

32 Que a relação de controle integra a relação de hierarquia sem, no entanto, identificar-se com ela é hoje uma noção pacífica, comprovada pelo fato de que a relação de controle pode existir mesmo fora da hierarquia [por todos, v. RANELLETTI, Oreste. "I poteri del superiore nella gerarchia amministrativa". *Foro Amministrativo*, 1930, IV, 53]. Assim, quando se fala em controle hierárquico entende-se controle que ocorre na organização hierárquica, e não controle que deriva suas regras da relação hierárquica (RESTA, Raffaele. *La revoca degli atti amministrativi*. Milano: A. Giuffrè, 1935, p. 200).

33 Cf. RESTA, Raffaele. *La revoca degli atti amministrativi*. Milano: A. Giuffrè, 1935, p. 201; mas é uma noção, hoje, pacífica.

é,[34] mediante um juízo lógico, realizado, como todos os juízos, mediante um procedimento silogístico, tendo por escopo uma declaração de *legalidade* ou de *ilegalidade* (vício de legitimidade e vício de mérito) do ato do inferior, com consequente *supressão* do ato em que se apurou a falta de aderência à norma (ilegalidade).

A revogação, ao contrário — estabelecida a noção apresentada como ulterior exercício de administração ativa dirigida a prover [*provvedere*], embora mediante a eliminação dos efeitos de um precedente provimento, diante das alteradas exigências do interesse público — não pode jamais aparecer como uma manifestação do poder de controle,[35] em que, de um lado, é claro que nem mesmo o fato da interposição do recurso hierárquico vale para estender ao superior, nos casos de competência exclusiva do inferior, a competência para revogar os provimentos editados pelo inferior, e, por outro, ao contrário, estende a competência para *anular* os provimentos do inferior que são viciados, seja por ilegalidade, seja por vício de mérito.[36]

---

34 RESTA, Raffaele. *La revoca degli atti amministrativi*. Milano: A. Giuffrè, 1935, p. 202.

35 Assim, explicitamente, AMORTH, Antonio. *Il merito dell'atto amministrativo*. Milano: A. Giuffrè, 1939, p. 71; nos mesmos termos, cf. RESTA, Raffaele. *La revoca degli atti amministrativi*. Milano: A. Giuffrè, 1935, p. 202.

36 Que o poder de anulação seja normal no superior hierárquico, mesmo fora do caso em que o recurso foi proposto (anulação chamada *de ofício*), e apenas nos casos de competência não exclusiva do inferior, é controverso (v., em vários sentidos: CAMMEO, Federico. *Corso di Diritto Amministrativo*. Padova: La Motolitotipo, 1911, p. 932; RAGGI, Luigi. "Sull'atto amministrativo: concetto, classificazione, validità: la revocabilità degli atti amministrativi". *Rivista di diritto pubblico*, 1917, I, nº 6; VITTA, Cino. "La revoca degli atti amministrativi". *Foro amministrativo*, IV, 1, 1930, p. 6; RESTA, Raffaele. *La revoca degli atti amministrativi*. Milano: A. Giuffrè, 1935, p. 203; RANELLETTI, Oreste. *Istituzioni di diritto pubblico*. 4ª ed. Padova: CEDAM, 1933, p. 440; ROMANELLI, Vincenzo Maria. *L'annullamento degli atti amministrativi*. Milano: A. Giuffrè, 1939, pp. 222 e ss.), mas não parece discutível, uma vez que o ato de anulação pressupõe ainda o dever-poder e a competência para prover [*provvedere*] esse objeto (ROMANELLI, Vincenzo Maria. *L'annullamento degli atti amministrativi*. Milano: A.

Nem contrasta com esses princípios o fato da possibilidade de uma *reforma* do provimento impugnado pelo superior: de fato, mesmo querendo ver na reforma uma anulação acompanhada pela substituição por um novo provimento editado pelo superior, com base na *avocação* de competência permitida pelo fato da interposição do recurso,[37] permanece sempre o fato de que o fundamento desse poder de reforma é uma relação de *controle* — de modo que a reforma representa o exercício de uma atividade de controle em nítida antítese à noção de revogação.

Giuffrè, 1939, p. 225), enquanto a atribuição de uma determinada matéria à competência exclusiva do inferior elimina completamente do superior qualquer poder para o prover [*provvedere*].

O efeito do recurso hierárquico, portanto, será o de induzir uma extensão da competência ao superior nos casos em que falte para ele o poder de anular de ofício, embora não possa induzir senão uma obrigação jurídica de reexame, nos casos em que um poder-dever de anulação de ofício já exista para o superior (cf. por todos: ALESSI, Renato. *Sistema istituzionale del diritto amministrativo italiano*. Milano: A. Giuffrè, 1953, pp. 618 e ss.).

É, pois, pacífico que, em regra, o recurso hierárquico possa ser interposto tanto por motivos de legitimidade como por motivos de mérito (cf. RANELLETTI, Oreste. *Le guarentigie della giustizia nella pubblica amministrazione*. 4ª ed. Milano: A. Giuffrè, 1934, p. 257; BORSI, Umberto. *La giustizia amministrativa*. 3ª ed. Padova: CEDAM, 1933, p. 62; ROMANELLI, Vincenzo Maria. *L'annullamento degli atti amministrativi*. Milano: A. Giuffrè, 1939, p. 281), assim como, ao contrário, é controverso se a anulação de ofício possa ocorrer somente por vício de legitimidade ou também por vício de mérito (por todos cf. ROMANELLI, Vincenzo Maria. *L'annullamento degli atti amministrativi*. Milano: A. Giuffrè, 1939, p. 226, com amplas indicações).

Por fim, é bem sabido que deve ser distinguido do poder de anulação de ofício do superior hierárquico, o poder de anulação conferido ao Governo pelo rei (art. 6 do T. U. da L. Com. Prov. de 1934), fora de qualquer relação hierárquica e com base em mera relação de controle (v. por todos: ROMANELLI, Vincenzo Maria. *L'annullamento degli atti amministrativi*. Milano: A. Giuffrè, 1939, pp. 237 e ss. com amplas indicações).

37 Cf. RESTA, Raffaele. *La revoca degli atti amministrativi*. Milano: A. Giuffrè, 1935, p. 203.

5 Problema da *competência* para exercer o dever-poder de revogação nas relações intersubjetivas inerentes ao ordenamento dos *entes autárquicos*: exclusão dessa competência

Com base em análogas considerações deve ser enfrentada — passando ao campo das relações intersubjetivas, intercorrentes, isto é, entre o Estado e os entes públicos menores — a segunda das duas questões propostas, vale dizer, se a autoridade estatal, investida do poder de vigilância e de controle sobre os entes referidos, poder derivado da relação autárquica, pode prevalecer para a revogação dos provimentos editados pelos entes controlados.

Sabe-se, em verdade, que a especial relação de *autarquia*[38] atribui, de um lado, aos entes públicos a capacidade e o direito de autoadministração e, de outro lado, ao Estado, o direito de os controlar e de os vigiar;[39] vigilância e controle que se exercem de diversas maneiras e com eficácia diversa. Mas, em todos os casos, trata-se ou de controle exercido de *ofício*, ou, então, de controle exercido por recurso de um interessado (o chamado *recurso hierárquico impróprio*) aos órgãos estatais que o exercem, cuidando-se sempre, justamente, de uma atividade de *controle*, dirigida, quase sempre, a uma verificação e a uma repressão, por falta de aderência à norma, de um ato da entidade controlada, seja por *ilegitimidade*, seja por *vício de mérito*;[40] se, às vezes (no caso do controle chamado *substitutivo*),[41] o órgão estatal pode chegar até a substituir o órgão da entidade autárquica, para que se cumpram atos obrigatórios pela lei, por ele não cumpridos, mesmo nesses casos, trata-se sempre de

---

38 N.T. Vide rodapé 08 nesta Seção.

39 Cf. a minha obra ALESSI, Renato. *Sistema istituzionale del diritto amministrativo italiano*. Milano: A. Giuffrè, 1953, pp. 65 e ss.

40 V.: CODACCI-PISANELLI, Giuseppe. *L´annullamento degli atti amministrativi*. Milano: Giuffrè, 1939, pp. 42 e ss.

41 Cf. D'ALESSIO, Francesco. *Istituzioni di diritto amministrativo italiano*. vol. 2. Torino: UTET, 1934, p. 372.

uma substituição de *órgãos*, não de uma substituição de *sujeitos*, porquanto o órgão substituto age sempre como órgão da entidade autárquica e não como órgão do Estado, e o provimento aparece sempre como editado pelo ente, e não pelo Estado.

Noutros termos, justamente porque se trata de uma relação e de uma atividade de mero *controle*, o órgão estatal que o exercita não pode jamais chegar a agir e substituir, em nome próprio, o ente autárquico, para prover [*provvedere*] a satisfação dos interesses públicos cuja tutela foi deferida a este, vale dizer, a *agir* por conta deste último, porquanto isso viria a lesar, intoleravelmente, o direito de autarquia da entidade.[42]

Disso decorre claramente — posta a noção de revogação como forma de atividade administrativa ativa dirigida a prover [*provvedere*], mediante a eliminação de um precedente provimento, às alteradas exigências do interesse público — que o órgão estatal não pode jamais, na realização de suas funções de controle e de vigilância, *revogar* (no entanto, pode *anular*) os provimentos editados pelo ente vigiado, porque isso significaria inadmissível lesão ao direito de autarquia do próprio ente.[43]

---

42 Cf. AMORTH, Antonio. *Il merito dell'atto amministrativo*. Milano: A. Giuffrè, 1939, p. 71.

43 Cf. AMORTH, Antonio. *Il merito dell'atto amministrativo*. Milano: A. Giuffrè, 1939, p. 71.

CAPÍTULO III

O ATO DE REVOGAÇÃO

Sumário: 1. Natureza do ato de revogação. 2. Suas características. 3. Sua função. 4. Admissibilidade de uma *revogação tácita*: estreitos limites para sua admissão. 5. Admissibilidade de uma *revogação implícita*: estreitos limites para sua admissão. 6. Forma do ato de revogação; a) referência aos princípios que regulam a forma do ato administrativo. 7. Segue: b) aplicação ao caso específico do ato de revogação; ulteriores limites peculiares ao princípio da liberdade das formas. 8. Problema relativo a uma obrigação de *motivação* do ato de revogação.

1 Natureza do ato de revogação

Depois de examinar a noção de revogação e o dever-poder de revogação, deve-se agora tomar em exame o ato que constitui exercício do próprio dever-poder: o ato, justamente, de revogação.

É bem lógico que a natureza e as características essenciais desse ato estejam em relação direta com a natureza e as características essenciais da atividade revogatória da qual ele constitui exercício.

Como se viu, a revogação, substancialmente, não é senão uma *ulterior* modificação de uma relação da qual a administração revogante seja atualmente titular, com a particularidade de que a modificação ulterior consiste na eliminação dos efeitos produzidos, referentes à própria relação, de um precedente provimento editado pela própria administração, de modo a reestabelecer a situação jurídica antecedente.

Disso decorre tanto a natureza, como a estrutura e a função, como também as características essenciais do ato de revogação.

Em primeiro lugar, é claro que o fato de a revogação, como se disse, não poder ser concebida simplesmente como uma "cessação de querer" pela administração, requerendo-se, ao contrário, um novo e distinto ato volitivo, voltado à eliminação dos efeitos do ato de vontade antecedente, deriva que o ato de revogação terá uma própria autonomia formal e substancial, na falta da qual não se pode conceber verdadeiro e próprio exercício da atividade revocatória.

Em segundo lugar, é claro que, do mesmo modo que a atividade revocatória, o ato de revogação terá natureza substancial de *ato administrativo* — não só —, mas de *ato de administração ativa*, porquanto não se trata de avaliar e de eliminar uma deformidade do ato a ser revogado, tendo em vista a norma jurídica e o interesse público, mas, sim, de adequar — embora mediante a eliminação dos efeitos do ato a revogar — a situação jurídica, concernente a uma relação, às alteradas exigências do interesse público, que impõem, atualmente, justamente tal eliminação.

Natureza, por isso, substancialmente diversa da do ato de *anulação*, no qual se pode ver um *ato administrativo substancial*, mas não um ato de administração *ativa*, e, sim, um ato de administração *de controle*,[1] visto que dirigido, precisamente, a eliminar

---

1 Cf. AMORTH, Antonio. *Il merito dell'atto amministrativo*. Milano: A. Giuffrè, 1939, p. 64.

a divergência entre um ato, em si mesmo, e uma norma jurídica ou entre ele e o interesse público.

Além disso, no ato de revogação observa-se um verdadeiro e próprio *provimento* administrativo: com efeito, por meio dele, a administração não apenas tende a prover [*provvedere*], de modo direto e concreto, a satisfação de um interesse público, ele mesmo concreto (sabemos, de fato, que a eliminação dos efeitos do ato a revogar, finalidade da revogação, é realizada justamente enquanto requerida pelas alteradas exigências do interesse público, que impõem, como se disse, em face da relação, o reestabelecimento da situação jurídica antecedente), mas também exerce unilateralmente um *poder* [*potere*] em relação aos administrados.[2]

Ainda: enquanto exercício de atividade tendente a produzir modificações jurídicas atinentes a uma relação — sabemos que a eliminação de modificações jurídicas antecedentes constitui, a seu turno, ulterior modificação jurídica —, o ato de revogação constitui, do ponto de vista da Teoria Geral do Direito,[3] um *ato jurídico*; igualmente — dado que a ulterior modificação jurídica vem a se

2 Sobre provimento (*provvedimento*) como exercício de um *poder* [*potere*] em relação a um sujeito diverso, v.: OTTAVIANO, Vittorio. "Studi sul merito degli atti amministrativi". *Annuario di diritto comparato e di studi legislativi*, Istituto Italiano di Studi Legislativi, vol. XXII, nº 3, Roma, 1947, p. 346. Sobre a noção de provimento (*provvedimento*) como exercício de um poder [*potere*], v.: GIANNINI, Massimo Severo. *Lezioni di diritto amministrativo*. vol. 1. Milano: Giuffrè, 1950, p. 290.

3 Sobre a função e a aplicabilidade da Teoria Geral do Direito em alternativa a uma autônoma teoria publicista de atos administrativos, v. as considerações que fiz em minha obra ALESSI, Renato. *Sistema istituzionale del diritto amministrativo italiano*. Milano: A. Giuffrè, 1953, pp. 218 e ss.

produzir enquanto expressamente *querida* pela administração —, constitui um verdadeiro e próprio *negócio jurídico*.[4] [5]

2 Suas características

Prosseguindo, pode-se estar de acordo com a doutrina que[6] defende a essencial unilateralidade do ato de revogação, pelo menos em relação ao ato administrativo. Por outro lado, contrariamente à doutrina referida, essa unilateralidade não deve ser considerada característica essencial do ato de revogação em si mesmo, em abstrato — dado que, na Teoria Geral do Direito, não parece de todo inconcebível um ato de revogação bilateral ou plurilateral[7] — mas, sim, característica essencial apenas no campo do Direito Público,

---

4 Não se pode acolher, portanto, a opinião (v. RESTA, Raffaele. *La revoca degli atti amministrativi*. Milano: A. Giuffrè, 1935, p. 229; ROMANO, Salvatore. *La revoca degli atti giuridici privati*. Padova: Cedam, 1935, pp. 327 e ss.; este último contra toda a doutrina) segundo a qual o ato de revogação dos meros atos jurídicos — abstraído o fato da irrevogabilidade desses últimos — deveria constituir, a seu turno, um mero ato jurídico, deduzindo isto da estrutura neutra do ato de revogação, que se adapta à estrutura do ato a ser revogado. Ao contrário, a consideração de que, com a revogação, em qualquer caso, provê-se voluntariamente para eliminar os efeitos do ato a revogar, deve convencer sobre a essencial negociabilidade do ato de revogação.

5 N.T. Sobre os negócios administrativos vide Cap. I, §1º, rodapé 49.

6 RESTA, Raffaele. *La revoca degli atti amministrativi*. Milano: A. Giuffrè, 1935, p. 232; ROMANO, Salvatore. *La revoca degli atti giuridici privati*. Padova: Cedam, 1935, p. 329.

7 Já se disse, em verdade, que a revogação, normalmente, com base no simples dever-poder de ação jurídica, deve emanar de todos os sujeitos dos quais emana o ato a ser revogado, donde a unilateralidade da revogação de atos unilaterais, e a bilateralidade ou pluralidade dela em relação aos atos bilaterais ou plurilaterais. É frequentemente correto não considerar verdadeira revogação o mútuo dissenso (v. as considerações de ROMANO, Salvatore. *La revoca degli atti giuridici privati*. Padova: Cedam, 1935, pp. 62 e ss.), o que decorre de outras razões, e somente em casos específicos: assim, por exemplo, uma revogação bilateral de um ato de venda não é uma revogação, mas um novo ato de revenda, dado que o vendedor havia perdido a titularidade da relação (direito de propriedade sobre a coisa que é objeto do contrato).

no que diz respeito à revogação dos atos administrativos, tendo em vista a natureza do ato administrativo do próprio ato de revogação, e sempre que, naturalmente, se admita uma unilateralidade essencial do ato administrativo.[8] [9]

Ao contrário, não parece que se deve acolher a opinião[10] que defende a essencial discricionariedade do ato de revogação, derivando

---

8 Sobre a questão v., por todos, GALLO, Mario. *I rapporti contrattuali nel diritto amministrativo*. Padova: CEDAM, 1936, com ampla referência doutrinária sobre a questão. Anoto, porém, de passagem que, de todo modo — nem mesmo por parte dos que sustentam a admissibilidade de um contrato de Direito Público que possa ser acompanhado de um ato administrativo verdadeiro e próprio — hoje não se discute mais sobre a essencial unilateralidade do ato administrativo em si mesmo, dado que não é realmente concebível um ato administrativo no qual a vontade do particular esteja no mesmo nível da vontade da administração: v. FORTI, Ugo. *Diritto amministrativo*: parte generale. vol. 2. Napoli: Jovene, 1937, p. 74; cf. também: MIELE, Giovani. *La manifestazione di volontà del privato nel diritto amministrativo*. Roma: Anonima Romana Editoriale, 1931, p. 32.

9 N.T. Para Alessi os atos administrativos são, por definição, unilaterais e, só por isso, a revogação de atos administrativos é, também, unilateral. Adotamos, porém, um *conceito amplo de ato administrativo*, abrangente dos *atos bilaterais* e dos *atos abstratos*. Cf. MARTINS, Ricardo Marcondes. "Ato administrativo". *In*: ______; BACELLAR FILHO, Romeu Felipe. *Tratado de direito administrativo*: Ato administrativo e procedimento administrativo. vol. 5, 2ª ed. São Paulo: Revista dos Tribunais, 2019, pp. 128/129 e 136-139. Quando o conteúdo do ato é fruto da manifestação de duas ou mais pessoas, seja uma pública e outra privada, sejam duas ou mais públicas, o ato é bilateral. Logo, ao contrário da conclusão de Alessi, consideramos possível a revogação de atos administrativos bilaterais, desde que o ato seja: 1) fruto da manifestação de duas pessoas de Direito Público; 2) a revogação seja *bilateral*, vale dizer, decorra da manifestação das duas pessoas de Direito Público que o editaram. A bilateralidade faz com que a situação decorrente de manifestação privada não seja precária. Por isso, não consideramos possível a revogação de atos bilaterais fruto de manifestação privada (MARTINS, Ricardo Marcondes. "Ato administrativo". *In*: ______; BACELLAR FILHO, Romeu Felipe. *Tratado de direito administrativo*: Ato administrativo e procedimento administrativo. vol. 5, 2ª ed. São Paulo: Revista dos Tribunais, 2019, p. 336).

10 V.: RESTA, Raffaele. *La revoca degli atti amministrativi*. Milano: A. Giuffrè, 1935, pp. 182/183; CAMMEO, Federico. *Commentario delle leggi sulla*

tal característica do fato de que um fundamento do poder-dever de revogação está na capacidade normal de agir do sujeito; na verdade, se isso pode ser considerado praticamente verdadeiro no campo do Direito Privado, em decorrência da essencial discricionariedade — ou melhor, *liberdade*[11] — do exercício positivo da capacidade de agir do sujeito privado, não se pode admitir no campo do Direito Público: dado que, na verdade, a natureza discricionária de um ato não constitui característica intrínseca — depende da natureza do próprio ato —, mas, sim, decorre da relação na qual atua o dever-poder concreto do sujeito de editar o ato em questão e da norma que tal dever-poder se enquadra[12] —, é lógico considerar que a discricionariedade, ou não, do ato de revogação não constitui característica essencial do próprio ato, dependente de sua natureza, mas depende, em concreto, das relações intercorrentes, também em concreto, entre o dever-poder de revogação de um ato determinado e a norma em que tal dever-poder, assim como todo dever-poder de ação da administração, se enquadra, não sendo inconcebível um estrito e preciso enquadramento do próprio dever-próprio, de maneira a se configurar a revogação de um determinado provimento, em circunstâncias precisas e determinadas, como exercício de atividade *vinculada*, e não *discricionária*.[13] [14]

---

giustizia amministrativa. vol. 1. Milano: Vallardi, [s.d.], p. 461; RAGGI, Luigi. "Sull'atto amministrativo: concetto, classificazione, validità: la revocabilità degli atti amministrativi". *Rivista di diritto pubblico*, 1917, I, p. 119.

11 V. sobre esse ponto as considerações que faço no estudo: *Sul concetto di attività discrezionale della pubblica amministrazione* (*Foro Ammin.*, 1935, n. 10).

12 Cf. ALESSI, Renato. *Sistema istituzionale del diritto amministrativo italiano*. Milano: A. Giuffrè, 1953, p. 157.

13 Veja-se, por exemplo, o caso da revogação obrigatória de autorização de S. P. (art. 11, último capítulo do T. U. de 1931 em relação ao 1° capítulo, n. 1 e 2).

14 N.T. É mister reconhecer a correção da premissa de Alessi. Não existem atos discricionários, é a competência que é discricionária ou vinculada. Cf. BANDEIRA DE MELLO, Celso Antônio. *Discricionariedade e controle jurisdicional*. 2ª ed. São Paulo: Malheiros, 1996, p. 18; MARTINS, Ricardo Marcondes. "Ato administrativo". *In*: ______; BACELLAR FILHO, Romeu Felipe. *Tratado de direito administrativo*: Ato administrativo e procedimento

3 Sua função

Função do ato de revogação é a eliminação dos efeitos produzidos, no que concerne à relação, de um precedente provimento administrativo.

Por essa razão, dado que tal eliminação constitui, indubitavelmente, ulterior modificação da relação, decorre a evidente natureza *constitutiva* do ato de revogação,[15] afirmação sobre a qual, diferentemente do que ocorre com a anulação,[16] inexiste uma explícita controvérsia na doutrina.[17]

---

administrativo. vol. 5, 2ª ed. São Paulo: Revista dos Tribunais, 2019, p. 140. Se o ato não é, em si, discricionário, conclui Alessi que o ato de revogação também não seria, em si, discricionário. Concordamos com a premissa, mas discordamos da conclusão. Para nós, a edição do ato de revogação pressupõe o exercício de uma competência discricionária, pois a extinção se dá por motivo de conveniência e oportunidade, vale dizer, por uma escolha discricionária do agente competente. Cf. MARTINS, Ricardo Marcondes. *Estudos de direito administrativo neoconstitucional*. São Paulo: Malheiros, 2015, pp. 191-193.

15 É sabido, com efeito, que dependendo de o efeito do negócio for o de constituir novos direitos, novas obrigações, novas situações jurídicas, ou for o de remover a dúvida, a incerteza que pairava sobre um fato preexistente, os negócios se distinguem em *constitutivos* e *declaratórios*; isso, no entanto, não por força de estrutura diferente, mas, sim, por força de uma diversa função; no que diz respeito ao Direito Público, veja-se: ZANOBINI, Guido. "Sull'amministrazione pubblica di diritto privato". *Rivista di Diritto Pubblico*, 1918, I, pp. 196 e ss.; mais genericamente, v., recentemente, GIORGIANNI, Michele. *Il negozio d'accertamento*. Milano: Giuffrè, 1939. Finalmente, no que diz respeito ao campo jurisdicional, v., em sentido diverso, CHIOVENDA. *Principi di diritto processuale civile*. Napoli: [s.n.], 1908, p. 185; CHIOVENDA, Giuseppe. *Istituzioni di diritto processuale civile*. Napoli: Jovene, 1933, I, nº 53-55; ROCCO. *La sentenza civile*, pp. 141 e ss.; SATTA, Salvatore. *L'esecuzione forzata*. Milano: Giuffrè, 1937.

16 V., de fato: ROMANELLI, Vincenzo Maria. *L'annullamento degli atti amministrativi*. Milano: A. Giuffrè, 1939, p. 315, e as indicações doutrinárias sobre a questão

17 Cf., de fato, RESTA, Raffaele. *La revoca degli atti amministrativi*. Milano: A. Giuffrè, 1935, p. 231.

A doutrina se indagou se o ato de revogação tem, ou não, uma estrutura *típica*,[18] e concluiu por afirmar a estrutura *neutra* do ato em questão, embora, visto isso, tenha uma função *típica*: a eliminação de um ato antecedente, no que diz respeito à sua estrutura, modelar-se-ia no esquema estrutural — que varia de vez em quando — do ato revogado;[19] deduzindo tal afirmação da concepção da revogação e do poder [*potere*] de revogação como nada além de atividade e vontade negativas, iguais e contrárias às positivas pelas quais foi editado o ato revogando,[20] daí "a correlação entre os dois poderes [*poteri*] — conduzindo à correlação das funções cuja vontade positiva e vontade negativa são exercidas na vida jurídica — produz a correlação de estrutura material dos atos que a realizam".[21]

Como foi recentemente bem observado,[22] a noção de *tipicidade* ou *atipicidade* de um ato pode ser referida a um ou outro elemento do próprio ato, podendo-se chegar desse modo a conclusões diferentes, a depender do elemento tomado em consideração. Ora, falando de *tipicidade* ou de *atipicidade de estrutura*, pode-se referir evidentemente ao esquema negocial do ato[23] — em relação, claro, àquilo que é o seu conteúdo[24] — em

---

18 V.: RESTA, Raffaele. *La revoca degli atti amministrativi*. Milano: A. Giuffrè, 1935, p. 227.

19 RESTA, Raffaele. *La revoca degli atti amministrativi*. Milano: A. Giuffrè, 1935, p. 228.

20 Assim, explicitamente, RESTA, Raffaele. *La revoca degli atti amministrativi*. Milano: A. Giuffrè, 1935, p. 228.

21 RESTA, Raffaele. *La revoca degli atti amministrativi*. Milano: A. Giuffrè, 1935, pp. 228/229.

22 LUCIFREDI, Roberto. *L'atto amministrativo nei suoi elementi accidentali*. Milano: Giuffrè, 1941.

23 RESTA, Raffaele. *La revoca degli atti amministrativi*. Milano: A. Giuffrè, 1935, pp. 228/229.

24 Sobre a noção de *conteúdo* de um ato, bem como a contraposição entre *forma* e *conteúdo*, v. a perspicaz observação de LUCIFREDI, Roberto. *L'atto amministrativo nei suoi elementi accidentali*. Milano: Giuffrè, 1941, pp. 13 e ss.

relação, claro, àqueles elementos do ato que concorrem para constituir a parte dispositiva do ato.[25]

Portanto, pode-se facilmente aderir à afirmação relativa à *neutralidade* da estrutura do ato de revogação, e, pois, de sua *atipicidade*, embora não se acolha o pressuposto, diante da consideração de que, não obstante a *tipicidade* da *função* do ato em questão, no que diz respeito à sua estrutura e à comparação da parte dispositiva — tratando-se de eliminar os efeitos de um precedente provimento — não há dúvida de que mudam de acordo com o ato a ser revogado: é claro que a diversidade dos efeitos a serem eliminados não podem não induzir a uma diversidade estrutural da parte dispositiva do ato de revogação; o ato de revogação, realmente, de uma *concessão* diferirá, evidentemente, — quanto ao conteúdo dispositivo — do ato de revogação de uma *ordem* ou de uma autorização em matéria de segurança pública.

Justamente em vista dessa *neutralidade* de conteúdo, resulta exata a afirmação[26] de que o ato de revogação jamais se presta a uma inserção nas várias classificações dos atos administrativos, que baseiam sua discriminação na diversidade de conteúdo. Tudo que se pode dizer de positivo é que o ato de revogação *sempre* consistirá num *provimento*,[27] como, de resto, já se afirmou.

---

25 Cfr. LUCIFREDI, Roberto. *L'atto amministrativo nei suoi elementi accidentali*. Milano: Giuffrè, 1941, pp. 13 e ss.

26 RESTA, Raffaele. *La revoca degli atti amministrativi*. Milano: A. Giuffrè, 1935, p. 233.

27 V., ao revés, RESTA, Raffaele. *La revoca degli atti amministrativi*. Milano: A. Giuffrè, 1935, p. 229; ROMANO, Salvatore. *La revoca degli atti giuridici privati*. Padova: Cedam, 1935, p. 327.

4 Admissibilidade de uma *revogação tácita*: estreitos limites para sua admissão

Examinada a natureza e as características intrínsecas do ato de revogação, pode-se agora tratar da *forma* do ato em questão, vale dizer, do *modo* de manifestação da vontade revocatória.[28]

Pode-se indagar, em primeiro lugar, se além da forma da revogação *expressa* e *explícita*, também se admitem outras formas, *tácitas* ou *implícitas*.[29]

É sabido, na verdade, que se distinguem, normalmente, as *declarações expressas* — feitas, claro, através de meios tangíveis que estão nos usos cotidianos, adotados justamente para manifestação de vontade[30] — das *declarações tácitas*, dedutíveis, estas, do *facta concludentia*:[31] fatos, vale dizer, não destinados de *per si* a externar

---

28 Sobre o conceito de *forma* de um ato, e sobre a antítese entre *forma* e *conteúdo* v. a perspicaz observação de LUCIFREDI, Roberto. *L'atto amministrativo nei suoi elementi accidentali.* Milano: Giuffrè, 1941, pp. 16 e ss.

29 Cfr. RESTA, Raffaele. *La revoca degli atti amministrativi.* Milano: A. Giuffrè, 1935, p. 248.

30 DE RUGGIERO, Roberto. *Istituzioni di diritto civile.* 5ª ed. Messina: Giuseppe Principato, 1928, I, p. 239; COVIELLO, Nicola. *Manuale di diritto civile*: parte generale. vol. 1. Milano: Società editrice libraria, 1910, p. 339.

31 Cf. DE RUGGIERO, Roberto. *Istituzioni di diritto civile.* 5ª ed. Messina: Giuseppe Principato, 1928, I, p. 239; COVIELLO, Nicola. *Manuale di diritto civile*: parte generale. vol. 1. Milano: Società editrice libraria, 1910, p. 340. É difícil, no entanto, estabelecer quando há uma manifestação tácita, isto é, quando há *facta concludentia*, vale dizer, *facta ex quibus voluntas concludi potest.* Como se sabe, o fato, para ser conclusivo, deve ser unívoco e não inequívoco, isto é, incompatível com uma vontade contrária àquilo que se discute a partir dele. Mas a incompatibilidade não deve ser apenas lógica e absoluta, como a que pode decorrer do princípio da contradição, basta que seja prática e relativa, como a resultante da ideia predominante na vida prática dos negócios (COVIELLO, Nicola. *Manuale di diritto civile*: parte generale. vol. 1. Milano: Società editrice libraria, 1910, p. 340).

uma vontade, mas que permitem presumi-la.[32] Essa distinção, de outro lado, não coincide exatamente com aquela entre declarações *explícitas* e declarações *implícitas*, eis que, se é verdade que as declarações *explícitas* são sempre *expressas*, também é verdade que podem ser *expressas* as declarações *implícitas*, designando-se, desse modo, as declarações que podem, implicitamente, deduzir-se de outras declarações que tenham um objeto diverso.

Também é corrente como se discute, em particular — e a discussão atinge seu ápice no que respeito ao problema do *silêncio*[33] — se são admissíveis *declarações tácitas* proferidas pela administração pública: vale dizer, se são admissíveis *atos administrativos tácitos*.[34]

O problema, a meu ver, deve ser desenganchado do relativo à *forma* verdadeira e própria do ato administrativo: do problema,

---

32 DE RUGGIERO, Roberto. *Istituzioni di diritto civile*. 5ª ed. Messina: Giuseppe Principato, 1928, I, p. 239. V. também a nota precedente.

33 Sobre a questão v.: RANELLETTI, Oreste. "Il silenzio nei negozi giuridici". *Rivista italiana per le scienze giuridiche*, vol. XIII, 1892, pp. 3 e ss.; SIMONCELLI, Vincenzo. "Il silenzio nel diritto civile: note a proposito d'una teoria del professor Ranelletti". *Rendiconti del Reale Instituto Lombardo di Scienze e lettere*, série 2, vol. 30, 1897; SRAFFA, Angelo. "Il silenzio nella conclusione dei contratti". *Giurisprudenza italiana*, 1898, IV, p. 353; GABBA, Carlo Francesco. "Il silenzio nel diritto civile". *Giurisprudenza italiana*, 1901, IV, p. 378; BONFANTE, Pietro. "Il silenzio nella conclusione dei contratti". *Foro italiano*, 1900, I, 467; COVIELLO, Nicola. *Manuale di diritto civile*: parte generale. vol. 1. Milano: Società editrice libraria, 1910, p. 341; BORSI, Umberto. "Il silenzio della pubblica amministrazione". *Giurisprudenza italiana*, 1903, IV; RESTA, Raffaele. *Il silenzio nell'esercizio della funzione amministrativa*. Roma: Il Foro Amministrativo, 1932; MONTAGNA, Raffaele. "Il silenzio della pubblica amministrazione". *In*: ______. *Studi per il centenario del Consiglio di Stato*. vol. 2. Roma: Istituto Poligrafico dello Stato, 1932; FORTI, Ugo. "Il silenzio della pubblica amministrazione ed i suoi effetti processuali". *Rivista di diritto processuale civile*, 1932, p. 121.

34 Cf. ZANOBINI, Guido. *Corso di diritto amministrativo*. 7ª ed. Milano: Giuffrè, 1955, p. 285; VITTA, Cino. *Diritto amministrativo*. 4ª ed. Torino: Unione tipografico-editrice torinese, 1955, I, p. 395; ROMANO, Santi. *Corso di Diritto Costituzionale*. 4ª ed. Padova: Cedam, 1933, pp. 261 e ss.

vale dizer, de saber se ao ato administrativo pode aplicar-se o princípio da liberdade das formas, ao invés da forma vinculada;[35] desenganchado, pois, no sentido de que eventual admissibilidade de atos administrativos *tácitos* é naturalmente concebida e limitada estritamente ao âmbito dos atos pelos quais não seja imposta rigorosamente uma forma vinculada.[36]

Ainda: um segundo limite no âmbito do qual pode ser eventualmente admitida uma *declaração tácita* pela autoridade administrativa decorre do fato de que, amiúde, em razão da peculiaridade da Constituição da entidade administrativa em face do particular,[37] a formação da vontade administrativa constitui um fenômeno de ordem complexa, que pressupõe uma manifestação formal dela e, pois, *expressa*.[38]

Respeitada essa dupla ordem de limites, não há dificuldade em se admitir a possibilidade de *declarações tácitas* por parte da autoridade administrativa e, pois, de *atos administrativos tácitos*.[39] [40]

---

35 Sobre essa oposição v. a observação de LUCIFREDI, Roberto. "Forma scritta e prova testimoniale in materia di atti amministrativi". *Rivista di diritto civile*, Milano, 1933, p. 421.

36 Sobre esse problema v. *infra*, nº 6; e LUCIFREDI, Roberto. "Forma scritta e prova testimoniale in materia di atti amministrativi". *Rivista di diritto civile*, Milano, 1933, cit.

37 Observações sobre a analogia entre entes públicos e entes coletivos privados em relação ao procedimento de formação da vontade, v. LUCIFREDI, Roberto. "Forma scritta e prova testimoniale in materia di atti amministrativi". *Rivista di diritto civile*, Milano, 1933, p. 420.

38 Suponha-se a manifestação de vontade de um órgão colegiado: a formação da vontade só pode ocorrer na forma expressa de *deliberação*, de modo que não pode ser deduzida do *fato concludentia*.

39 V., substancialmente nesses termos, os autores cit. *supra*, na nota 31 deste Capítulo.

40 N.T. De nossa parte, rejeitamos a categoria dos "atos administrativos tácitos". O *silêncio administrativo* não é um ato administrativo, mas um fato administrativo, um acontecimento do mundo real a que o Direito atribui efeitos. Cf. MARTINS, Ricardo Marcondes. "Ato administrativo". *In*: ______;

Diversos são, porém, os termos do problema respeitante às assim chamadas *declarações implícitas*: declarações, pois, que pressuponham sempre uma exteriorização *expressa* de uma vontade, que, ademais, visa a expressar um outro conteúdo;[41] a partir do qual, outrossim, seja dado, *implicitamente*, deduzir a existência de uma vontade dirigida ao conteúdo em questão:[42] [43] particularmente, poder-se-ia entrever declarações implícitas de revogação ou de anulação no caso de edição de atos incompatíveis com outros antecedentes.[44] [45] Como se vê, o problema se liga ao — mais grave

---

BACELLAR FILHO, Romeu Felipe. *Tratado de direito administrativo*: Ato administrativo e procedimento administrativo. vol. 5, 2ª ed. São Paulo: Revista dos Tribunais, 2019, pp. 99-102. O problema do silêncio administrativo não se confunde, de fato, com a possibilidade de haver discricionariedade na exteriorização do ato administrativo, que admitimos, com muitas ressalvas. Cf. MARTINS, Ricardo Marcondes. "Princípio da liberdade das formas no Direito Administrativo". *In*: BANDEIRA DE MELLO, Celso Antônio (*et al.*). *Direito administrativo e liberdade*. São Paulo: Malheiros, 2014, pp. 641-687. Em relação à "revogação tácita", fruto de um silêncio administrativo, consideramo-la, regra geral, um desrespeito ao ato administrativo editado sem sua formal extinção, o que é ilícito (Cf. MARTINS, Ricardo Marcondes. "Ato administrativo". *In*: ______; BACELLAR FILHO, Romeu Felipe. *Tratado de direito administrativo*: Ato administrativo e procedimento administrativo. vol. 5, 2ª ed. São Paulo: Revista dos Tribunais, 2019, p. 333).

41 ROMANELLI, Vincenzo Maria. *L'annullamento degli atti amministrativi*. Milano: A. Giuffrè, 1939, pp. 335-36; ROMANO, Santi. *Corso di Diritto Costituzionale*. 4ª ed. Padova: Cedam, 1933, p. 263.

42 Veja, por exemplo, para o Direito Privado, art. 682 C. Civ.

43 N.T. Reza o art. 682 do Código Civil italiano, mencionado por Alessi na nota anterior: "O testamento posterior que não revoga de modo expresso os precedentes, só anula estes nas disposições que são incompatíveis com ele". O dispositivo é semelhante ao parágrafo único do art. 1970 do Código civil brasileiro: "Se parcial, ou se o testamento posterior não contiver cláusula revogatória expressa, o anterior subsiste em tudo que não for contrário ao posterior".

44 V.: RESTA, Raffaele. *La revoca degli atti amministrativi*. Milano: A. Giuffrè, 1935, pp. 254 e ss.; ROMANO, Salvatore. *La revoca degli atti giuridici privati*. Padova: Cedam, 1935, pp. 350 e ss. e respectivas citações.

45 N.T. Alessi não fala, ao contrário de parte da doutrina, de "atos implícitos", mas de "declarações implícitas". De fato, não se trata de um ato administrativo: ato administrativo implícito é, na verdade, o efeito implícito de um ato expresso,

e delicado — da incompatibilidade entre atos administrativos sucessivos e atos antecedentes.[46]

Sem pretender iniciar uma análise, que nos levaria muito longe desse complexo problema, considero que se possa acolher o princípio já firmado pela doutrina,[47] pelo qual não basta o fato de que, da edição de um ato, se possa deduzir, implicitamente, a existência de uma vontade voltada a um conteúdo diverso — no caso, a vontade de revogar ou anular atos antecedentes com ele incompatíveis — para que se possa admitir a existência de uma implícita declaração *expressa*,[48] dirigida a realizar o conteúdo que implicitamente transparece no ato explicitamente editado, mas é necessário que a vontade implícita não seja algo substancialmente

---

e não um ato administrativo autônomo (Cf. MARTINS, Ricardo Marcondes. "Ato administrativo". *In*: ______; BACELLAR FILHO, Romeu Felipe. *Tratado de direito administrativo*: Ato administrativo e procedimento administrativo. vol. 5, 2ª ed. São Paulo: Revista dos Tribunais, 2019, p. 99). Dito isso, também recusamos a chamada "revogação implícita": não se trata propriamente de revogação, mas de contraposição ou derrubada (MARTINS, Ricardo Marcondes. "Ato administrativo". *In*: ______; BACELLAR FILHO, Romeu Felipe. *Tratado de direito administrativo*: Ato administrativo e procedimento administrativo. vol. 5, 2ª ed. São Paulo: Revista dos Tribunais, 2019, p. 333).

46 Sobre isso v. RESTA, Raffaele. *La revoca degli atti amministrativi*. Milano: A. Giuffrè, 1935, pp. 157 e ss.; TEDESCHI. *Negozi giuridici incompatibili (Arch. Giuridico*, 1929, fasc. II).

47 ROMANELLI, Vincenzo Maria. *L'annullamento degli atti amministrativi*. Milano: A. Giuffrè, 1939, p. 336; e ROMANELLI, Vincenzo Maria. "Atto di fondazione e riconoscimento della persona giuridica". *(Riv. Dir. Comm.*, 1934, II, 142). Considere. também, em questões e casos específicos: RANELLETTI, Oreste. "Facoltà create dalle autorizzazioni e concessioni amministrative". *Rivista italiana de scienze giuridiche*, 1897, p. 225; BORSI, Umberto. "Le funzioni del Comune italiano". *In*: ORLANDO, Vittorio Emanuele (Coord.). *Primo Trattato Completo di Diritto amministrativo italiano*. vol. 2, parte 2. Milano: Società Editrice Libraria, 1915, pp. 159 e ss.

48 Não se olvide, na verdade, que quando se fala de declarações *implícitas* quer-se referir a declarações *expressas*, embora tendo um conteúdo direto e principal diverso, e não a declarações tácitas. Já que o problema se apresenta justamente para saber se a declaração contida *implicitamente* pode valer como declaração *expressa*.

distinto da manifestada no ato explicitamente editado, mas, sim, um aspecto desta vontade primária, também nela contida e expressamente resultante — embora não imediatamente e em linha principal — do mesmo ato, de modo a poder considerar que por *unu actu* se realizem vários efeitos jurídicos,[49] o que acontece, por exemplo, no caso da *reforma* de atos precedentes, em cujo ato se pode ver, indubitavelmente, uma declaração *expressa*, mas *implícita*, de *revogação* ou de anulação, conforme o caso, do ato reformado,[50] [51] dado que, se a vontade que nela se manifesta é dirigida em linha primária a formular uma disposição positiva, em linha implícita e indireta ela tende também a uma revogação ou a uma anulação[52] do ato reformado.

---

49 ROMANELLI, Vincenzo Maria. *L'annullamento degli atti amministrativi*. Milano: A. Giuffrè, 1939, p. 336.

50 Cf. ROMANELLI, Vincenzo Maria. *L'annullamento degli atti amministrativi*. Milano: A. Giuffrè, 1939, p. 336.

51 N.T. É teoricamente possível que simultaneamente à revogação de um ato administrativo, a administração edite outro, também no exercício de competência discricionária, com conteúdo parcial ou totalmente diferente do ato revogado. Parte da doutrina chama esse outro ato de *reforma* (por todos: GORDILLO, Agustín. *Tratado de derecho administrativo*: el acto administrativo. tomo 3, 2ª ed. colombiana. Medellín: Biblioteca Jurídica Diké; Fundación de Derecho Administrativo, 2001, p. XIII-8). Há, nesse caso, a extinção de um ato válido por outro, sem efeitos retroativos. Não há propriamente modificação do ato reformado. Cf. MARTINS, Ricardo Marcondes. "Ato administrativo". *In*: ______; BACELLAR FILHO, Romeu Felipe. *Tratado de direito administrativo*: Ato administrativo e procedimento administrativo. vol. 5, 2ª ed. São Paulo: Revista dos Tribunais, 2019, p. 400. Alessi considera possível que a reforma efetue, de modo implícito, a revogação do ato reformado. De fato, é possível que, de fato, o conteúdo do novo ato torne inequívoco o propósito de extinguir o anterior, sem expressamente revogá-lo. Seguindo o que afirmamos sobre a revogação implícita (supra, rodapé 45, neste Capítulo), para nós haverá, nesse caso, uma contraposição ou derrubada, vale dizer, uma extinção por efeito atípico do novo ato, e não propriamente uma revogação.

52 Cf. ROMANELLI, Vincenzo Maria. *L'annullamento degli atti amministrativi*. Milano: A. Giuffrè, 1939, p. 81 nota (54).

Caso contrário, vale dizer, no caso de simples *pressuposição* implícita, ou de simples *incompatibilidade*, a edição do ato explícito pode valer no máximo, eventualmente, enquanto *factum concludente*, para supor a existência de uma *declaração tácita* tendo por objeto, respectivamente, o conteúdo pressuposto, ou seja, a eliminação do ato incompatível.

Por isso, deve-se considerar aplicação do princípio geral a disposição contida no art. 282 da vigente Lei de Municípios e Províncias (T.U. 3 de março de 1934) (que reproduz o art. 103 do precedente T. U. de 1915),[53] que prescreve: "as deliberações que importem na modificação ou revogação de deliberações executivas têm-se como se não tivessem ocorrido, a menos que mencionem expressamente a revogação ou a modificação".[54]

5 Admissibilidade de uma *revogação implícita*; estreitos limites para sua admissão

Aplicando esses princípios ao ato de revogação, podem ser fixados os seguintes pontos:

a) A admissibilidade de uma *revogação tácita* deve ser estritamente restrita ao âmbito dos casos para os quais não se exija um *forma* determinada para a revogação: princípio, este, que é conectado a outro princípio — que será examinado em seguida, e que ora antecipamos — segundo o qual o ato de revogação deve revestir-se pelo menos das mesmas formas requeridas para a edição do ato a ser revogado; portanto — uma vez que a manifestação *expressa* constitui, em face da manifestação

---

53 N.T. O referido art. 282 do Decreto Real n. 383, de 03.03.1934, Decreto esse que promulgou o texto único da lei municipal e provincial, citado por Alessi, vigorou até 12.06.1990, tendo sido revogado pelo Decreto Legislativo n. 267, de 18.08.2000.

54 V., porém, RESTA, Raffaele. *La revoca degli atti amministrativi*. Milano: A. Giuffrè, 1935, p. 253, os equivalentes admitidos na jurisprudência.

tácita, já um mínimo de forma — deduz-se que o âmbito de admissibilidade da revogação tácita está estreitamente limitado aos casos de revogação de *provimentos editados em forma tácita*: por outro lado, é suficiente o fato de que o provimento a revogar seja editado de forma *expressa* (ainda, por exemplo, que *oral* ou inclusive *simbólica*),[55] para que a revogação deva ocorrer de forma *expressa*, embora simplesmente, no caso, de forma, respectivamente, *oral* ou *simbólica*.

b) A admissibilidade de uma *revogação implícita* é estritamente limitada ao caso em que a vontade revocatória não constitui um elemento substancialmente distinto da vontade manifestada com a edição do provimento explícito — embora seja implicitamente deduzível, devido à incompatibilidade desta última com a precedente —, mas, em vez disso, seja propriamente um aspecto da vontade explicitamente manifestada, de modo a estar expressamente contida — conquanto não imediatamente e em linha principal — no ato explícito: como ocorre, por exemplo, como se disse, no caso da *reforma*.[56]

6 Forma do ato de revogação: a) referência aos princípios que regulam a forma do ato administrativo

E chegamos agora, finalmente, às *formas* do ato de revogação.

É bem conhecido o que se entende por *forma* de um ato: *forma*, na verdade, é o modo de manifestação, de exteriorização

---

55 Vale dizer, mediante sinais, placas, indicações gráficas etc.: cf. ZANOBINI, Guido. *Corso di diritto amministrativo*. 7ª ed. Milano: Giuffrè, 1955, p. 281; LUCIFREDI, Roberto. "Forma scritta e prova testimoniale in materia di atti amministrativi". *Rivista di diritto civile*, Milano, 1933, p. 425.

56 N.T. Para nós, conforme explicitado nas notas 45 e 51 deste Capítulo, a revogação implícita não configura revogação, mas contraposição ou derrubada.

da vontade do sujeito:[57] pois, se a vontade é elemento essencial que determina a produção dos efeitos de direito, para que se produzam esses efeitos é preciso que a vontade seja externada.

É bem conhecida a regra do Direito Privado de que a vontade pode ser externada por qualquer forma que se possa utilizar para exprimi-la, dentro, naturalmente, do limite mínimo de uma suficiente cognoscibilidade exterior: princípio da autonomia do declarante no que diz respeito à escolha da forma, sobre a qual a lei pode estabelecer, como de fato estabelece, limites negativos ou positivos: negativos, quando proíbe uma forma determinada; positivos, quando, ao contrário, prescreve uma dada forma sob a cominação de inidoneidade da declaração, se dela é desprovida, para produzir os efeitos a que se destina.

Também é sabido como no campo do Direito Público as formas assumem maior importância que no campo do Direito Privado, maior importância que, como tem sido observado,[58] não decorre tanto da diferença entre o procedimento de formação da vontade do particular e o procedimento de formação da vontade da administração — diferença concretamente esclarecida pela doutrina, que nela se baseia para justificar a maior importância, como acenado, das formas no campo do Direito Público,[59] sem considerar suficientemente o fato de que a nítida contraposição

---

57 Cf. LUCIFREDI, Roberto. *L'atto amministrativo nei suoi elementi accidentali*. Milano: Giuffrè, 1941, pp. 16 e ss.

58 LUCIFREDI, Roberto. "Forma scritta e prova testimoniale in materia di atti amministrativi". *Rivista di diritto civile*, Milano, 1933, pp. 419/420.

59 Nesse sentido, cf.: INGROSSO, Gustavo. "Le forme in diritto amministrativo". *Giurisprudenza italiana*, Torino, 1908, IV, p. 353; FRAGOLA, Giuseppe. "L'invalidità degli atti amministrativi". *Rivista di Diritto Pubblico*, 1910, II, pp. 231/232; TRENTIN, Silvio. *L'atto amministrativo*. Roma: Athenaeum, 1915, pp. 231-233; DE VALLES, Arnaldo. *La validità degli atti amministrativi*. Roma: Athenaeum, 1917, pp. 140/141 e 228/229; LUCIFREDI, Roberto. "Forma scritta e prova testimoniale in materia di atti amministrativi". *Rivista di diritto civile*, Milano, 1933, p. 419.

entre os dois tipos de formação de vontade se atenua notavelmente quando se toma em consideração não a formação da vontade individual, mas, sim, das pessoas jurídicas privadas[60] — no que se refere à função de *garantia* que as formas são chamadas a realizar nas organizações estatais modernas.[61]

Como se sabe, por fim, discute-se na doutrina, se também no Direito Administrativo deve valer a regra da liberdade das formas — no sentido de que, sempre que uma norma especial não disponha em sentido contrário, o ato administrativo não precisa de uma forma especial[62] — ou seja, se tal princípio não deve ser admitido para o ato administrativo,[63] ao menos no sentido de que

---

60 LUCIFREDI, Roberto. "Forma scritta e prova testimoniale in materia di atti amministrativi". *Rivista di diritto civile*, Milano, 1933, p. 420.

61 Cf. LUCIFREDI, Roberto. "Forma scritta e prova testimoniale in materia di atti amministrativi". *Rivista di diritto civile*, Milano, 1933, p. 420.

62 Nesse sentido: KORMANN, Karl. *System der rechtgeschäftlichen Staatsakte*. Berlim: Springer, 1910, pp. 175 e ss.; FLEINER, Fritz. *Droit administratif allemand*. Trad. Franc. Paris: Delegrave, 1932, pp. 121/122; TRENTIN, Silvio. *L'atto amministrativo*. Roma: Athenaeum, 1915, pp. 230 e ss.; DE VALLES, Arnaldo. *La validità degli atti amministrativi*. Roma: Athenaeum, 1917, pp. 230/231; LUCIFREDI, Roberto. "Forma scritta e prova testimoniale in materia di atti amministrativi". *Rivista di diritto civile*, Milano, 1933, p. 420; ZANOBINI, Guido. *Corso di diritto amministrativo*. 7ª ed. Milano: Giuffrè, 1955, pp. 281 e ss.

63 Nesse sentido: RANELLETTI, Oreste. *Le guarentigie della giustizia nella pubblica amministrazione*. 4ª ed. Milano: A. Giuffrè, 1934, pp. 135-137; ROMANO, Santi. *Corso di diritto amministrativo*. 4ª ed. Padova: Cedam, 1937, p. 261; MONTAGNA, Raffaele. "Il silenzio della pubblica amministrazione". *In*: ______. *Studi per il centenario del Consiglio di Stato*. vol. 2. Roma: Istituto Poligrafico dello Stato, 1932, p. 354.

este deva ser consagrado na forma escrita:[64] [65] dissenso, por outro lado,[66] como já se observou, muito menos grave do que possa parecer à primeira vista, dado o grande número de exceções pelas quais os que sustentam ambas as teorias atenuam o rigor do princípio respectivamente afirmado.

---

64 Nesse sentido: HAURIOU, Maurice. *Précis de droit administratif et de droit public.* 8ª ed. Paris: Sirey, 1914, p. 198; CAMMEO, Federico. *Corso di Diritto Amministrativo.* Padova: La Motolitotipo, 1911, pp. 1274/1275; ROMANO, Santi. *Corso di diritto amministrativo.* 4ª ed. Padova: Cedam, 1937, p. 261; cf. também FORTI, Ugo. *Diritto amministrativo*: parte generale. vol. 2. Napoli: Jovene, 1937, p. 163. Salvo, naturalmente, em relação aos atos para os quais seja, ao revés, prevista a forma oral (cf. ROMANO, Santi. *Corso di diritto amministrativo.* 4ª ed. Padova: Cedam, 1937, p. 262); v., por exemplo, art. 94 C. Civ.; art. 22, 23 do T. U. da L. de S. P.

65 N.T. O art. 94 do Código Civil italiano de 1942, citado por Alessi na nota anterior, trata do lugar da publicação dos editais de casamento, e corresponde ao art. 1.527 do Código Civil brasileiro. Os editais de casamento, tanto no Brasil como na Itália, não são verbais. A terceira parte do dispositivo, porém, trata do requerimento do oficial de registro, *in verbis*: "O oficial do estado civil a quem se requer a publicação, providencia o seu pedido aos oficiais das outras comunas nas quais a publicação deve ser feita. Deve estes remeter, ao oficial do estado civil que fez o pedido, os certificados da publicação realizada". Não nos parece que se trata necessariamente de ato verbal. Tudo leva a crer — sobretudo tendo em vista a nota 68 — que Alessi se refere ao art. 94 do Código Civil de 1865 (revogado pelo Código de 1942), correspondente ao art. 1535 do Código Civil brasileiro, que trata da declaração dos nubentes perante a autoridade estatal sobre a vontade de casarem-se, ato inequivocamente verbal.

Os artigos 22 e 23 do Texto único da Lei italiana de segurança pública (n. 773, de 18.06.1931) tratam da dissolução de reuniões realizadas em locais públicos ou abertos ao público. Nos termos do art. 22, as pessoas reunidas são convidadas a dissolvê-las pelos agentes de segurança pública. Nos termos do art. 23, se o convite resta ineficaz, a dissolução é determinada por três intimações formais, precedidas cada uma de um toque de corneta. Trata-se, de fato, de atos administrativos verbais.

66 LUCIFREDI, Roberto. "Forma scritta e prova testimoniale in materia di atti amministrativi". *Rivista di diritto civile*, Milano, 1933, p. 420.

Sem entrar em um exame aprofundado da questão,[67] pode-se, sem dúvida, observar que, se com base em um critério meramente quantitativo pareceria necessário aceitar a tese que exclui o princípio da liberdade das formas — dado que, na prática, os casos de atos vinculados a uma dada forma são muito mais numerosos que os casos nos quais pode ser aplicado o referido princípio —, no entanto, quando se considera o caráter de limite à normal possibilidade de manifestar de qualquer modo a própria vontade, que toda prescrição de forma assume, então, também no Direito Administrativo, em caso de dúvida, não se pode não considerar excluído o limite e liberada a forma, também em conformidade com o disposto no art. 4º das disposições sobre a aplicação das leis em geral,[68] [69] que valem tanto para o Direito Público como para o Direito Privado, não se pode não acolher o princípio da liberdade das formas, embora se possa admitir a maior importância e o mais amplo desenvolvimento das formas no Direito Administrativo que no Direito Privado.

Princípio da liberdade das formas, na ausência de uma sujeição expressa a uma forma específica, que no Direito Administrativo deve, contudo, ser complementado, em primeiro lugar, no sentido

---

67 Para o exame aprofundado disso, veja, por todos, o estudo de LUCIFREDI, Roberto. "Forma scritta e prova testimoniale in materia di atti amministrativi". *Rivista di diritto civile*, Milano, 1933.

68 Correspondente ao art. 4º das disp. prelim. do C. Civ. de 1865.

69 N.T. Dispõe o referido art. 4º: "As leis penais e as que restringem o livre exercício dos direitos ou configuram exceções a normas gerais ou a outras leis não se estendem a outros casos e períodos aos nela expressos" (tradução nossa). Observa-se que o Código Civil italiano de 1865 e suas disposições sobre as leis em geral foram revogados pelo Código Civil de 1942. O diploma corresponde no Direito brasileiro ao Decreto-lei 4.657/42, que se denominava, até a edição da Lei 12.376/10, "Lei de introdução ao Código Civil", e hoje denomina-se "Lei de introdução às normas do Direito brasileiro". Não há, na lei brasileira, dispositivo idêntico ao referido art. 4º da Lei introdutória ao Código Civil italiano de 1865, mas a diretriz também é afirmada, apesar da falta de texto expresso, pela doutrina brasileira. Por todos: MAXIMILIANO, Carlos. *Hermenêutica e aplicação do direito*. 16ª ed. Rio de Janeiro: Forense, 1997, pp. 225-231.

de que a restrição à liberdade de forma, no sentido da imposição de uma forma específica, pode decorrer, além de uma norma legal explícita, também de uma imposição indireta, decorrente das várias exigências concretas inderrogáveis:[70] como, por exemplo, a necessidade de um ou mais sucessivos controles administrativos sobre o ato, que torna evidente a necessidade de redigi-lo por escrito, para que as autoridades que exercem o controle possam submetê-lo a exame, ou, então, a necessidade de protocolar, publicar, notificar o ato, ou, ainda, exigências de ordem fiscal, ou exigências internas de organizações administrativas, que induzam a considerar a impossibilidade de que o ato possa ser editado na forma diversa da escrita.[71] Em segundo lugar, no sentido de que a eventual restrição à liberdade de forma — resultante de uma explícita prescrição legal, ou, como agora se disse, de mera exigência concretas — deve ser, em todos os casos, considerada imposta *ad substanciam actus*: por isso, não parece que se deva acolher, no campo do Direito Administrativo, a bipartição que vigora no campo do Direito Privado, entre formas requeridas *ad substanciam* e formas requeridas meramente *ad probationem*.[72]

---

70 Cf. LUCIFREDI, Roberto. "Forma scritta e prova testimoniale in materia di atti amministrativi". *Rivista di diritto civile*, Milano, 1933, pp. 427 e ss.

71 Cf. LUCIFREDI, Roberto. "Forma scritta e prova testimoniale in materia di atti amministrativi". *Rivista di diritto civile*, Milano, 1933, p. 427.

72 Bipartição já sustentada firmemente por DE VALLES (*La validità degli atti amministrativi*. Roma: Athenaeum, 1917, pp. 229-234). Para uma crítica a tal opinião v. LUCIFREDI, Roberto. "Forma scritta e prova testimoniale in materia di atti amministrativi". *Rivista di diritto civile*, Milano, 1933, pp. 427 e ss.

7 Segue: b) aplicação ao caso específico do ato de revogação; ulteriores limites peculiares ao princípio da liberdade das formas

Fazendo agora, aplicação específica ao ato de revogação dos princípios até aqui enunciados em linha geral, pode-se estabelecer os seguintes pontos:

a) Também no caso do ato de revogação, assim como, mais genericamente, para toda espécie de atos administrativos, pode-se considerar aplicável o princípio da liberdade das formas, no sentido de que, na falta de uma restrição imposta a tal liberdade, em um dos quaisquer modos que seguem, deve-se considerar que o ato de revogação pode ser realizado de qualquer forma, sem, pois, que a administração esteja vinculada a formas predeterminadas.

b) Por outro lado — e na prática de modo frequentíssimo — podem ser estabelecidas restrições à liberdade da vontade revogatória de se externar e de se manifestar de qualquer forma, no sentido, justamente, da imposição de uma forma determinada, requerida *ad substanciam actus*, e cuja falta, portanto, deve atuar sobre a formal *legitimidade* e, portanto, sobre a *validade* do ato de revogação.

c) A referida restrição pode, em primeiro lugar, derivar diretamente — é o caso mais simples — de uma expressa disposição legal; mas pode também derivar de outra circunstância.

d) Pode, na verdade, derivar somente indiretamente de uma disposição legal, na medida em que, então, a lei contenha determinadas prescrições substanciais, das quais decorram, indiretamente, com base em inderrogável exigência prática, a necessidade de determinadas formas: já se referiu ao caso dos controles sucessivos à edição, aos quais o ato de revogação deve ser submetido, e dos quais deriva a inderrogável exigência do ato escrito.

e) No caso específico do ato de revogação, há, além disso, uma ulterior fonte de limites à liberdade de forma, que podem ser deduzidos de uma outra ordem de considerações. É preciso considerar, realmente, que a revogação, embora seja voltada substancialmente a produzir ulteriores modificações em uma relação, apresenta a seguinte característica, em confronto com os outros atos jurídicos: a ulterior modificação consiste na eliminação dos efeitos produzidos, referentes à própria relação, por um provimento antecedente. Em outras palavras, mediante a revogação, provê-se [*provvedere*], em substância, novamente em relação à relação e às suas anteriores modificações introduzidas pelo ato a revogar.

Ora, se esses efeitos a serem eliminados foram produzidos mediante uma declaração *não formal* de vontade — se, em outras palavras, a edição do ato a ser revogado não estava vinculada a uma forma determinada —, nada obsta que a eliminação ocorra mediante um sucessivo ato de vontade também *não formal*. Mas, se, ao contrário, a edição do ato a ser revogado era vinculada a uma forma determinada, não se pode admitir que a eliminação dos efeitos produzidos por tal ato — que se concretiza com um ulterior *provimento* dirigido a esses mesmos efeitos — possa ocorrer sem a garantia (não se olvide a já mencionada função eminentemente de garantia das formas no campo do Direito Público) disponibilizada pelas formas anteriormente exigidas para o primeiro *provimento* no que respeita aos mesmos efeitos: vale dizer, para a produção, mediante o ato a ser revogado, desses efeitos.

Assim, por exemplo, não se pode admitir que a revogação de um provimento para cuja edição era requerida a forma de Decreto Real, ouvido o Conselho de Estado, possa ocorrer sem a garantia disponibilizada por uma tal forma. E para a revogação de um provimento editado de forma escrita é suficiente uma declaração verbal de vontade.

Eis, portanto, de acordo com que considerações pode-se justificar teoricamente o princípio — muitas vezes enunciado sem suficiente demonstração pela doutrina[73] e acolhido pela jurisprudência[74] — pelo qual o ato de revogação deve se revestir da mesma forma requerida *ad substanciam* para o ato a ser revogado ou, ao menos, de formas estritamente *equivalentes*.[75]

De maneira que, recapitulando, para o ato de revogação, o princípio da liberdade das formas só pode ser aplicado no caso de revogação de provimento a cuja edição, por sua vez, o princípio poderia ser aplicado, desde que:

1) a norma não imponha, para a revogação, expressamente, uma forma determinada;

2) a imposição da forma determinada não decorra, para o ato de revogação, de uma das inderrogáveis exigências de fato dantes referidas.

Com base, pois, em análogas considerações, deve-se considerar *receptivo* [*recettizio*] o ato de revogação do ato receptivo,[76]

---

73 Cf. IPSEN, Hans Peter. *Widerruf gültiger Verwaltungsakte*. Hamburg: Kommissionsverlag von Lütcke & Wulff, 1932, p. 181; RAGGI, Luigi. "Sull'atto amministrativo: concetto, classificazione, validità: la revocabilità degli atti amministrativi". *Rivista di diritto pubblico*, 1917, I, p. 360; VITTA, Cino. "La revoca degli atti amministrativi". *Foro amministrativo*, IV, 1, 1930, p. 7; RESTA, Raffaele. *La revoca degli atti amministrativi*. Milano: A. Giuffrè, 1935, p. 252; RANELLETTI, Oreste. *Le guarentigie della giustizia nella pubblica amministrazione*. 4ª ed. Milano: A. Giuffrè, 1934, p. 142; ROMANO, Santi. *Corso di diritto amministrativo*. 4ª ed. Padova: Cedam, 1937, p. 300; VITTA, Cino. *Diritto amministrativo*. 4ª ed. Torino: Unione tipografico-editrice torinese, 1955, I, p. 442.

74 Cons. de Estado, V Seção, de 19 janeiro de 1935 (*Riv. dir. pubblico*, 1935, II, 294); *id.*, IV Seção, 22 janeiro de 1952 (*Riv. amm.*, 1952, 320).

75 Cf. RESTA, Raffaele. *La revoca degli atti amministrativi*. Milano: A. Giuffrè, 1935, p. 248.

76 Sobre esse conceito, v. KORMANN, Karl. *System der rechtgeschäftlichen Staatsakte*. Berlim: Springer, 1910, §23; BARASSI, Lodovico. *La notificazione necessaria delle dichiarazioni stragiudiziali*. Milano: Società Editrice Libraria, 1906; FORTI, Ugo. *Diritto amministrativo*: parte generale. vol. 2. Napoli: Jovene, 1937, p. 185.

[77] sendo necessário para o próprio ato a mesma forma de notificação, de publicação, de comunicação, às quais estava sujeito o ato a ser revogado.[78]

8 Problema relativo a uma obrigação de *motivação* do ato de revogação

Malgrado a *motivação* — tendo em vista a sua função — não deva propriamente ser enquadrada entre os elementos formais do ato administrativo,[79] [80] pode-se também tratar aqui da questão relativa à obrigação, ou não, da *motivação* do ato de revogação, vale dizer, da exposição das considerações de ordem jurídica, teórica e administrativa, que justificam a edição do provimento e com base nas quais a vontade da entidade é determinada.[81]

Como se sabe, discute-se na doutrina, a existência ou não de uma obrigação geral da motivação para todos os atos administrativos;[82] em geral, a doutrina conclui por negar que uma tal obrigação

---

77 N.T. *Recettizio* – aqui traduzido por "receptivo" — é o "que produz seus efeitos jurídicos quando se torna conhecido pelo destinatário – ato receptivo". Cf. ZINGARELLI, Nicola. *Vocabolario della lingua italiana.* 12ª ed. Bologna: Zanichelli Editore, 2006, p. 1490.

78 Cf. RESTA, Raffaele. *La revoca degli atti amministrativi.* Milano: A. Giuffrè, 1935, p. 259, com as respectivas citações.

79 V. as observações de LUCIFREDI (*L'atto amministrativo nei suoi elementi accidentali.* Milano: Giuffrè, 1941, p. 24), e respectivas citações.

80 N.T. Discorda-se: a motivação é, sim, pressuposto formalístico de regularidade dos atos administrativos. Cf. MARTINS, Ricardo Marcondes. "Ato administrativo". *In*: ______; BACELLAR FILHO, Romeu Felipe. *Tratado de direito administrativo*: Ato administrativo e procedimento administrativo. vol. 5, 2ª ed. São Paulo: Revista dos Tribunais, 2019, p. 301.

81 ZANOBINI, Guido. *Corso di diritto amministrativo.* 7ª ed. Milano: Giuffrè, 1955, p. 283.

82 V., em particular, IACCARINO, Carlo Maria. *Studi sulla motivazione (con speciale riguardo agli atti amministrativi).* Roma: Soc. editrice del Foro italiano, 1933, pp. 194 e ss.

genérica exista,[83] diferentemente do que ocorre com as decisões jurisdicionais.[84] Admite-se, geralmente, por outro lado, que em casos particulares uma obrigação de motivar, além, naturalmente, de uma expressa disposição legal, possa decorrer do provimento ou da possibilidade de sua impugnação por excesso de poder.[85] Em particular, admite-se a obrigação de motivação nos casos de atos discricionários,[86] bem como no caso de atos derrogatórios, ou que contradigam provimentos anteriores,[87] como, por exemplo, os atos de anulação e de revogação.[88]

---

83 IACCARINO, Carlo Maria. *Studi sulla motivazione (con speciale riguardo agli atti amministrativi)*. Roma: Soc. editrice del Foro italiano, 1933, pp. 194 e ss.; ZANOBINI, Guido. *Corso di diritto amministrativo*. 7ª ed. Milano: Giuffrè, 1955, p. 283; FORTI, Ugo. *Diritto amministrativo*: parte generale. vol. 2. Napoli: Jovene, 1937, p. 167; VITTA, Cino. *Diritto amministrativo*. 4ª ed. Torino: Unione tipografico-editrice torinese, 1955, I, p. 415. Contra: TRENTIN, Silvio. *L'atto amministrativo*. Roma: Athenaeum, 1915, p. 72, com base em razoáveis considerações baseadas na particular natureza das manifestações de vontade administrativa, que, contudo, são em geral consideradas muito vagas para servir de base a um princípio jurídico.

84 N.T. Na doutrina brasileira, é praticamente pacífica a posição contrária. De fato: os princípios estruturantes do Estado de Direito, da República e da Democracia impõem a motivação para todos os atos administrativos. Cf. MARTINS, Ricardo Marcondes. "Ato administrativo". *In*: ______; BACELLAR FILHO, Romeu Felipe. *Tratado de direito administrativo*: Ato administrativo e procedimento administrativo. vol. 5, 2ª ed. São Paulo: Revista dos Tribunais, 2019, pp. 302-304.

85 Cf. ZANOBINI, Guido. *Corso di diritto amministrativo*. 7ª ed. Milano: Giuffrè, 1955, p. 316; VITTA, Cino. *Diritto amministrativo*. 4ª ed. Torino: Unione tipografico-editrice torinese, 1955, I, p. 365; FORTI, Ugo. *Diritto amministrativo*: parte generale. vol. 2. Napoli: Jovene, 1937, p. 167.

86 V. todos os autores cit. na nota precedente.

87 V.: IACCARINO, Carlo Maria. *Studi sulla motivazione (con speciale riguardo agli atti amministrativi)*. Roma: Soc. editrice del Foro italiano, 1933, pp. 55 e ss., 106 e ss.

88 Nesse sentido, explicitamente, v. também ZANOBINI, Guido. *Corso di diritto amministrativo*. 7ª ed. Milano: Giuffrè, 1955, p. 330; ROMANELLI, Vincenzo Maria. *L'annullamento degli atti amministrativi*. Milano: A. Giuffrè, 1939, p. 332; RESTA, Raffaele. *La revoca degli atti amministrativi*. Milano: A. Giuffrè, 1935, p. 254; na jurisprudência v. Cons. Estado, V

Ora, que se deva considerar subsistente a obrigação de motivar o ato de revogação do provimento, para cuja edição exista, por sua vez, uma obrigação de motivação, é coisa bastante óbvia, dado que — com base na mesma ordem de razões pelas quais, como se disse, deve ser considerada obrigatória para o ato de revogação a mesma *forma* obrigatória para o provimento a ser revogado — se tratando de prover [*provvedere*], mediante a revogação do provimento, sobre os próprios efeitos produzidos por ele, não se pode não considerar necessária para a revogação a *garantia*, disponibilizada pela motivação, que para a produção desse efeito era necessária.

Mais duvidosa é, porém, a obrigação de motivar a revogação dos provimentos para os quais uma obrigação de motivação não existe, e que, pois, ou não foram motivados, ou então, foram-no *ad abundantiam*. Aqui não se sustenta mais a razão anteriormente exposta, já que se a garantia da motivação não era requerida para a produção dos efeitos, do mesmo modo, não pode ser requerida igualmente para a eliminação desses efeitos.[89]

Seção, 24 de março de 1936 (*Foro Ammin.*, 1936, I, 2, p. 186); V Seção, 18 agosto 1936 (*Giur. it.*, 1936, III, 234); VI Seção, 15 janeiro 1951 (*Rass. di dir. pubblico*, 1951, II, 3, 147). Se, no entanto, a administração, diante da provocação do particular, decidir não realizar a revogação, a motivação não é necessária: IV Seção, 22 janeiro 1952 (*Riv. Ammin.*, 1952, 320); VITTA, Cino. *Diritto amministrativo*. 4ª ed. Torino: Unione tipografico-editrice torinese, 1955, I, p. 443.

89 N.T. Como negamos a premissa de Alessi, de que a motivação não se impõe a todos os atos administrativos, negamos também sua conclusão, de que a revogação nem sempre deve ser motivada. Essa também é a conclusão de Daniele Coutinho Talamini: "Não se discute, portanto, se existe ou não dever de motivação do ato que revoga outro ato administrativo. Não tem razão de ser no Direito brasileiro o entendimento que existe na doutrina estrangeira que sustenta o dever de motivar somente quando o ato primário também estivesse sujeito a tal formalidade". (TALAMINI, Daniele Coutinho. *Revogação do ato administrativo*. São Paulo: Malheiros, 2002, p. 138). Como a revogação deve sempre ser motivada, para nós não é possível revogação tácita, virtual e implícita (MARTINS, Ricardo Marcondes. "Ato administrativo". *In*: _____; BACELLAR FILHO, Romeu Felipe. *Tratado de direito*

Uma obrigação de motivar, de outra banda, poderia, também aqui, deduzir-se da eventual natureza discricionária do ato de revogação e da possibilidade de ser impugnável por excesso de poder, caso se considere que uma obrigação de motivar possa decorrer de tais elementos.

---

administrativo: Ato administrativo e procedimento administrativo. vol. 5, 2ª ed. São Paulo: Revista dos Tribunais, 2019, pp. 332/333).

CAPÍTULO IV

OS EFEITOS DA REVOGAÇÃO

Sumário: 1. Generalidades e posicionamento do problema. 2. Problema relativo à eficácia *ex tunc* ou *ex nunc* da revogação. 3. Problema relativo à eficácia subjetiva da revogação. 4. Problema da eventual indenizabilidade da lesão de interesses privados em consequência da revogação: a) referência aos princípios, já expostos, inerentes às relações entre dever-poder de revogação e direitos privados. 5. Segue: b) enfrentamento do problema da indenizabilidade. 6. Eventual ressarcibilidade do dano decorrente de uma revogação *ilegítima*. 7. Problema dos efeitos da revogação em relação a terceiros.

1 Generalidades e posicionamento do problema

Depois de examinarmos, sucessivamente, a *noção de revogação*, o *dever-poder de revogação* e o *ato de revogação*, resta, agora, considerar, para terminar o exame do instituto, os *efeitos da revogação*.

Pelo que foi exposto, resulta óbvia a afirmação de que os efeitos da revogação se concretizam na eliminação dos que foram, concernente a uma relação jurídica, os efeitos do provimento a ser revogado: vale dizer, o reestabelecimento, referente à própria relação, da situação jurídica antecedente à edição do provimento a ser revogado. Como já se disse, nessa eliminação, nesse reestabelecimento, está justamente a *ulterior modificação* da relação que decorre do ato de revogação.

Com isso, de outra parte, não se pode crer que tal afirmação baste para examinar o assunto, pois em relação a ele apresentam-se várias questões, graves e delicadas, que convém examinar.

Na verdade, posto que, como se disse, efeito da revogação é a eliminação dos efeitos produzidos pelo provimento a ser revogado, com reestabelecimento da situação jurídica anterior, é de se perguntar se tal eliminação e tal reestabelecimento devem ser entendidos como operados meramente desde o momento da edição do ato de revogação ou desde o momento, anterior, da edição do provimento revogado: em outros termos, para usar a terminologia usual, *ex nunc* ou *ex tunc*; vale dizer, ainda, se a revogação deixa subsistir, ou não, a situação jurídica criada pelo ato revogado relativamente ao período intermediário entre a edição desse provimento e a edição do ato de revogação.

Em segundo lugar, pode-se indagar qual é a eficácia subjetiva dessa eliminação: vale dizer, no caso em que o destinatário do ato revogado seja mais de um, se a revogação produz efeitos relativamente a todos, ou não.

Pode-se indagar ainda, se a revogação produz sempre uma eliminação pura e simples dos efeitos do provimento revogado, ou, então, e quando possa, às vezes, conduzir a uma *conversão* desses efeitos em outros: em outras palavras, praticamente se, e quando, a eliminação dos efeitos do ato revogado é acompanhada de uma *conversão* dos direitos do destinatário do próprio ato no equivalente econômico, vale dizer, na *indenização* correspondente: com isso, é claro que ao lado do efeito principal da revogação, haveria um efeito colateral, secundário, de natureza patrimonial.

Por fim, pode-se perguntar quais efeitos produz a revogação de um provimento, não já no que respeita ao destinatário do próprio provimento, mas aos terceiros, ligados ao destinatário por relações conexas, de qualquer modo, com a relação principal, intercorrentes entre a administração e o destinatário do ato revogado.

2 Problema relativo à eficácia *ex tunc* ou *ex nunc* da revogação

No que diz respeito ao primeiro ponto: questão relativa à eficácia *ex tunc* ou *ex nunc* do ato de revogação, pode-se observar que a doutrina ainda está profundamente dividida; deve-se notar, porém, que essa divisão e incerteza doutrinária sobre a eficácia da revogação decorre também, em grande parte, da incerteza e divisão sobre a noção de revogação que ainda dominam os escritores.

Lógico, realmente, que quem admite, ao lado de uma *revogação por motivos de mérito*, uma *revogação por motivos de ilegitimidade*,[1] pode admitir, pelo menos em relação à última — com base nas mesmas razões que os induzem a considerar a eficácia *ex tunc* da *anulação*[2] — uma eficácia *ex tunc* também da revogação. Dessa forma, é lógico que aqueles que vêm na revogação a eliminação de um ato viciado pela inoportunidade originária[3] admitem que essa eliminação — fundada, substancialmente, num elemento, embora de mérito, intrínseco ao ato revogado — possa ter efeito *ex tunc*.[4]

---

1 Cf., efetivamente: D'ALESSIO, Francesco. *Istituzioni di diritto amministrativo italiano*. vol. 2. Torino: UTET, 1934, p. 208.

2 Cf. ROMANELLI, Vincenzo Maria. *L'annullamento degli atti amministrativi*. Milano: A. Giuffrè, 1939, pp. 341 e ss., com as respectivas citações.

3 Cf. GUICCIARDI, Enrico. "L'abrogazione degli atti amministrativi". *In*: ______. *Scritti di diritto pubblico in onore di Giovanni Vacchelli*. Milano: Vita e pensiero, 1937, pp. 245-270; ZANOBINI, Guido. *Corso di diritto amministrativo*. 7ª ed. Milano: Giuffrè, 1955, p. 336.

4 N.T. Na época da publicação desta obra, era pacífico na doutrina equiparar a invalidação à declaração de inexistência, pois a invalidade era equiparada

Menos explicável é, ao contrário, a concepção de uma eficácia *ex tunc* por parte daqueles que vêm na revogação a retirada de um ato válido — que a administração realiza com fundamento num *ius poenitendi* nos casos atribuídos a ela pela lei, e com a qual, *melius re perpensa*, destrói seu ato precedente[5] [6] — ou a retratação facultativa de um ato administrativo, no exercício dessa atividade cuja eliminação do ato revogado é decorrência — em contraposição à anulação, que é exercício do poder de controle.[7]

Contudo, estabelecida a noção de revogação aqui acolhida, entendida, pois, como uma *ulterior* modificação de uma relação, no sentido de uma eliminação dos efeitos produzidos pelo provimento a ser revogado, não há dúvida de que a eficácia da revogação deve

---

ao *nulo*, e, pois, ao inexistente. Daí, por conseguinte, a invalidação sempre teria efeitos *ex tunc et ab initio*. Como já antecipamos (*supra*, Cap. I, §1º, rodapé 14), consagrada a dissociação entre o nulo e o inexistente, a declaração de nulidade não é propriamente uma declaração, mas uma desconstituição do ato — sua efetiva retirada do mundo jurídico — e possível desconstituição de seus efeitos. Admite-se, então, contemporaneamente, a modulação dos efeitos da invalidação: *ex tunc et non ab initio*; *ex nunc* ou *pro futuro*. Por todos: MARTINS, Ricardo Marcondes. "Ato administrativo". *In*: ______; BACELLAR FILHO, Romeu Felipe. *Tratado de direito administrativo*: Ato administrativo e procedimento administrativo. vol. 5, 2ª ed. São Paulo: Revista dos Tribunais, 2019, pp. 366 e ss.; MARTINS, Ricardo Marcondes. *Efeitos dos vícios do ato administrativo*. São Paulo: Malheiros, 2008, pp. 406 a 423. Sem embargo, continua pacífico na doutrina o entendimento de que a revogação é sempre *ex nunc*, entendimento com o qual concordamos plenamente.

5 Distinto, portanto, tanto da *anulação* — retirada de um ato inválido por ilegitimidade ou vício de mérito — quanto da *ab-rogação* – retirada de um ato válido, com eficácia não retroativa, realizada pela Administração em nome de seu poder, contínuo e permanente, de prover [*provvedere*] com novos provimentos, as novas exigências do interesse público.

6 Cf. ROMANO, Santi. *Corso di diritto amministrativo*. 4ª ed. Padova: Cedam, 1937, pp. 287-294; ROMANO, Santi. "Teoria dell'annullamento nel diritto amministrativo". *In*: ______. *Nuovo Digesto Italiano*. Verbete: Annullamento. Torino: UTET, 1937, p. 474.

7 Cf. CODACCI-PISANELLI, Giuseppe. *L´annullamento degli atti amministrativi*. Milano: Giuffrè, 1939, pp. 124-145.

ser considerada sempre como meramente *ex nunc*,[8] e tal conclusão nos leva a duas ordens distintas de considerações.

Em primeiro lugar, é óbvio que uma eficácia *ex tunc* da revogação implicaria uma *retroatividade* do ato de revogação, retroatividade que, para poder ser admitida, dever-se-ia fundamentar num elemento originário, intrínseco ao ato revogado: um tipo de germe de morte,[9] trazido por ele desde sua origem, de modo a criar uma espécie de *precariedade* para a situação jurídica dele resultante;[10] portanto, se uma retroatividade pode bem ser considerada adequada ao ato de *anulação*[11] — independente do fato de *como* uma tal retroatividade deva ser entendida[12] —, não se vê de que modo poderia ser associada ao ato de revogação, dado o fato

---

8 Nesse sentido, cf. também: RANELLETTI, Oreste. *Le guarentigie della giustizia nella pubblica amministrazione*. 4ª ed. Milano: A. Giuffrè, 1934, p. 140; VITTA, Cino. *Diritto amministrativo*. 4ª ed. Torino: Unione tipografico-editrice torinese, 1955, I, p. 441; FORTI, Ugo. *Diritto amministrativo*: parte generale. vol. 2. Napoli: Jovene, 1937, p. 173; IPSEN, Hans Peter. *Widerruf gültiger Verwaltungsakte*. Hamburg: Kommissionsverlag von Lütcke & Wulff, 1932, p. 180.

9 Cf. BARASSI, Lodovico. *Istituzioni di diritto civile*. 2ª ed. Milano: Vallardi, 1921, p. 194.

10 N.T. Para nós, a situação estabelecida pelo ato administrativo a ser revogado é sempre precária, mas não utilizamos a palavra "precariedade" no sentido ora utilizado por Alessi. Consideramos a situação *precária* por ser passível de ser revista pela Administração, de modo que esta pode, a qualquer momento, extinguir o ato que a originou sem que isto gere direito à indenização. Contudo, a situação não é precária no sentido de permitir sua extinção desde o momento que surgiu, retroativamente. A revogação, de fato, extingue a relação a partir da edição do ato revogante, sem efeitos retroativos.

11 Cf. nesse sentido ROMANELLI, Vincenzo Maria. *L'annullamento degli atti amministrativi*. Milano: A. Giuffrè, 1939, pp. 348 e ss. e respectivas citações.

12 Vale dizer — dado que não pode tratar-se de retroatividade efetiva, real, no passado — se deve ser entendida como *ficção* (em tal sentido ainda CODACCI-PISANELLI, Giuseppe. *L´annullamento degli atti amministrativi*. Milano: Giuffrè, 1939, p. 215) ou como reestabelecimento, *no presente*, da situação antecedente: cf. ROMANELLI, Vincenzo Maria. *L'annullamento degli atti amministrativi*. Milano: A. Giuffrè, 1939, pp. 351 e ss., 355 e ss.

de que a revogação não se baseia num elemento intrínseco ao ato, e, pois, originário, mas, sim, num elemento de todo extrínseco e superveniente, uma *oportunidade* atual, superveniente, de uma ulterior modificação da relação, ainda que no sentido do reestabelecimento da situação antecedente.

Em segundo lugar, considerando que o efeito da revogação outra coisa não é senão uma *ulterior* modificação de uma relação, requerida pelas atuais condições do interesse público, é óbvio que a eficácia da revogação deva ser limitada *ex nunc*: na verdade, posto que essas condições de interesse público não possam concernir senão ao presente e ao futuro, não ao passado — não se pode esquecer, na verdade, que o interesse público nada mais é que o resultante das *necessidades* da coletividade[13] em um dado momento histórico, e as *necessidades* não podem concernir senão ao presente e ao futuro, nunca ao passado —, também as modificações jurídicas de relações que o interesse público considera oportunas (e, entre elas, precisamente a conexa com a revogação de um provimento precedente) não podem dizer respeito senão ao presente e ao futuro, não ao passado: em uma palavra, deverão ser concretizadas com efeito meramente *ex nunc*, vale dizer, a partir do momento da edição do provimento que tende a produzi-la.

Com base nessas considerações, portanto, não há dúvida de que a eficácia do ato de revogação deve ser considerada meramente *ex nunc*.

3 Problema relativo à eficácia subjetiva da revogação

Pode-se passar agora ao segundo ponto, relativo à eficácia subjetiva do ato de revogação.

---

13 O conceito, econômico, de *necessidade*, entra no campo jurídico, como se sabe, precisamente por meio do conceito de *interesse*.

Trata-se, aqui, de estabelecer se a eficácia da revogação se estende a todos os destinatários do provimento a ser revogado, ainda que esses destinatários sejam mais de um, e ainda que a própria revogação seja dirigida expressamente *ex intuitu* a apenas alguns deles.

A solução dessa questão é consideravelmente facilitada pela noção de revogação, por nós acolhida, segundo a qual, de um lado, o fundamento da revogação é, em todos os casos, a oportunidade superveniente de uma ulterior modificação da relação, e, de outro, em consequência, o ato de revogação tem, em todos os casos, natureza de ato administrativo. Porquanto, desse modo, não se apresentam aqui, em matéria de revogação, as dificuldades que tornam árdua a solução de questão, análoga, relativa à eficácia subjetiva da anulação:[14] dificuldades que se apresentam apenas, como se sabe, para a anulação *jurisdicional* — imposta, pois, por um órgão no exercício de atividade jurisdicional —, não para a anulação administrativa.[15]

Em verdade, estabelecida a natureza sempre e essencialmente administrativa do ato de revogação; estabelecida, de outro lado, a noção de revogação no sentido de uma *ulterior* modificação de uma relação, é claro, de um lado, que tal modificação ulterior, que afeta objetivamente a relação, deve necessariamente refletir a sua eficácia, do ponto de vista subjetivo, sobre todos os particulares dessa relação, se forem mais de um; assim como, de outro lado, nenhum obstáculo, proveniente da natureza do ato de revogação, impede uma tal extensão absoluta.[16]

---

14 Sobre isso, v. CODACCI-PISANELLI, Giuseppe. *L´annullamento degli atti amministrativi*. Milano: Giuffrè, 1939, pp. 232 e ss.

15 Cfr. CODACCI-PISANELLI, Giuseppe. *L´annullamento degli atti amministrativi*. Milano: Giuffrè, 1939, p. 233.

16 Como ocorre, ao contrário, nos casos de anulação jurisdicional, com base no princípio da eficácia meramente *inter partes* da decisão: v. CODACCI-PISANELLI, Giuseppe. *L´annullamento degli atti amministrativi*. Milano:

Tudo isto, naturalmente, sempre que se trate de uma única relação, tendo por titular mais de um sujeito privado; se, ao contrário, tratar-se de relações distintas, embora extrinsecamente unidas, em consequência de uma acidental e material reunião, em um único contexto, pelo provimento do qual essas relações se originaram, é claro que o princípio referido não será aplicável.

4 Problema da eventual indenizabilidade da lesão de interesses privados em consequência da revogação: a) referência aos princípios, já expostos, inerentes às relações entre dever-poder de revogação e direitos privados

Terceira e mais importante questão: se o efeito da revogação se limita em todos os casos à pura e simples eliminação dos efeitos do provimento a ser revogado, ou se esse efeito primário da revogação às vezes é acompanhado, e quando, de uma *conversão* desses efeitos do provimento em outros, diversos, de conteúdo econômico-patrimonial: em outros termos, se, e quando, a eliminação dos efeitos do ato revogado é acompanhada do surgimento de uma obrigação de *indenização* pela *lesão*[17] [18] que dela decorre para o destinatário do ato revogado, obrigação de indenização

Giuffrè, 1939, pp. 234 e ss.; sobre a eficácia meramente tendencial, aliás, em que a atuação do dito princípio deve ser considerada, cf. CODACCI-PISANELLI, Giuseppe. *L'annullamento degli atti amministrativi*. Milano: Giuffrè, 1939, pp. 250 e ss.

17 Sobre a noção de *lesão*, em contraposição a de *violação*, v. a minha obra *La responsabilità della pubblica amministrazione*. 3ª ed. Milano: Giuffrè, 1955, p. 116.

18 N.T. Renato Alessi considera que um pressuposto da *responsabilidade* é a violação de um direito subjetivo, mas este, segundo ele, não pode derivar de um *ato legítimo*, apenas de um ato ilegítimo. Deveras: atos legítimos, para eles, podem violar *direitos enfraquecidos*, que podem ser *sacrificados*. Utiliza, então, a palavra ressarcimento (*risarcimento*) para se referir à responsabilização pelo dano a um direito subjetivo, e indenização (*indennizzo*) para se referir à contraprestação devida pelo sacrifício de um direito. Em suma: ele não admite

que, como se sabe, representa normalmente o fruto da *conversão* dos direitos que o destinatário era titular.[19]

Precisamente porque a indenização[20] representa o resultado de uma *conversão* — ou de um *sacrifício*,[21] se se preferir — de

---

a responsabilidade por atos legítimos. Cf. ALESSI, Renato. *La responsabilità della pubblica amministrazione.* 2ª ed. Milano: Giuffrè, 1951, pp. 217 e ss.

Discordamos parcialmente de Alessi nesse ponto. Conforme explica Celso Antônio Bandeira de Mello, há casos em que o Estado é autorizado pelo Direito a praticar certos atos que não têm por conteúdo próprio sacrificar o direito de outrem, mas que podem, sim, atingir direitos. Ao contrário do que pensava Alessi, nesse caso é correto falar em *responsabilidade* — responsabilidade do Estado por atos lícitos — e, seguindo sua terminologia, em ressarcimento e não em indenização (Cf. BANDEIRA DE MELLO, Celso Antônio. *Curso de direito administrativo.* 34ª ed. São Paulo: Malheiros, 2019, Cap. XX-09, p. 1055). Os casos de sacrifícios são aqueles em que o efeito típico da norma é atingir o núcleo essencial do Direito, o que, regra geral, só é possível mediante prévia e justa indenização (Cf. MARTINS, Ricardo Marcondes. *Estudos de direito administrativo neoconstitucional.* São Paulo: Malheiros, 2015, pp. 472 e ss.).

Explicada a divergência conceitual, é possível explicar os desdobramentos dela na teoria da revogação. Para nós, conforme já antecipado (rodapé 10 deste Capítulo), a revogação não gera direito à indenização, pois diz respeito a situações precárias. Os casos referidos por Alessi, para nós, em que seria o caso de revogação e indenização, não são casos de revogação, mas de caducidade ou decaimento. A extinção do ato exigida pelo Direito, em decorrência da invalidade superveniente, pode gerar a responsabilidade civil do Estado, e, pois, o dever de ressarcir, campo da responsabilidade do Estado por atos lícitos. Sobre o tema, vide: MARTINS, Ricardo Marcondes. *Estudos de direito administrativo neoconstitucional.* São Paulo: Malheiros, 2015, p. 675; MARTINS, Ricardo Marcondes. "Ato administrativo". *In*: ______; BACELLAR FILHO, Romeu Felipe. *Tratado de direito administrativo*: Ato administrativo e procedimento administrativo. vol. 5, 2ª ed. São Paulo: Revista dos Tribunais, 2019, pp. 340-342.

19 Cf. ALESSI, Renato. *La responsabilità della pubblica amministrazione.* 3ª ed. Milano: Giuffrè, 1955, pp. 115 e ss.; ROMANO, *Corso*, cit., p. 309.

20 Sobre tal noção, em contraposição a do ressarcimento, v. a minha obra ALESSI, Renato. *La responsabilità della pubblica amministrazione.* 3ª ed. Milano: Giuffrè, 1955, pp. 115 e ss., e respectivas citações.

21 Sobre esse conceito v. ALESSI, Renato. *La responsabilità della pubblica amministrazione.* 3ª ed. Milano: Giuffrè, 1955, pp. 115 e ss.; também me reporto

direitos subjetivos, operada pela administração durante o desenvolvimento de uma atividade legítima,[22] é claro que a solução da questão pressupõe a solução daquela relativa às relações entre dever-poder de revogação e direitos subjetivos dos destinatários do provimento revogado.

Como tal questão já foi tratada anteriormente (Capítulo II, §4º), quando da análise do dever-poder de revogação, podemos agora nos limitar a resumir esquematicamente as conclusões. Podem ser assim resumidas:

1) A existência de direitos subjetivos originados do provimento a ser revogado não é obstáculo à existência concreta do dever-poder de revogar, que encontra seu limite não nas relações entre a administração e o destinatário do ato a ser revogado,[23] mas no dever-poder, ou não, da administração, de agir modificando discricionariamente a relação em que interveio o provimento em questão.

2) O problema das relações entre direitos subjetivos e dever-poder de revogação não se apresenta, como é óbvio, senão no que respeita aos específicos direitos concretos, que se acham concretamente vinculados com o próprio dever-poder pelo provimento a ser revogado. Vinculação que — no que diz respeito ao destinatário do provimento — pode ocorrer de dois modos diversos, a saber:

a) pelo fato de o direito ter surgido como efeito direto do provimento a ser revogado: por exemplo, o direito do *concessionário* de um canal de águas públicas.

---

ao estudo citado a tudo a que concerne ao fundamento teórico e positivo da indenizabilidade dos danos em caso de *sacrifícios* reais de direitos privados.

22 Cf. ALESSI, Renato. *La responsabilità della pubblica amministrazione*. 3ª ed. Milano: Giuffrè, 1955, pp. 115 e ss.

23 Cf. também: RESTA, Raffaele. *La revoca degli atti amministrativi*. Milano: A. Giuffrè, 1935, p. 269.

b) ou, então: pelo fato de o direito — ao menos relativamente ao seu exercício em um determinado sentido — poder ser exercido apenas porque o provimento a ser revogado removeu um obstáculo a esse livre exercício: é o caso dos direitos cujo exercício requer uma *autorização* administrativa.

3) Em ambos os casos, além disso, a solução da questão das relações entre esses direitos subjetivos e o dever-poder de revogação depende, em concreto, do modo pelo qual o exercício do próprio dever-poder se apresenta, vale dizer, se como *normal possibilidade*, ou como *anormal possibilidade*: em outros termos, como *fenômeno fisiológico* da relação, ou como *fenômeno patológico*. Com efeito:

4) - a) no primeiro caso, (a revogação como *normal possibilidade* da relação) a possibilidade de revogação apresenta-se como estruturalmente conatural à relação, vindo a se constituir uma fonte de precariedade, uma brecha, por assim dizer, no sistema de proteção do interesse do particular, titular da relação — ainda que a sua ação não se faça sentir senão *sucessivamente* ao surgimento da relação e de modo *eventual*[24] — de modo que esse interesse poderá muito bem ser considerado não um *direito subjetivo*, mas sim um *direito enfraquecido* [*affievolito*].

b) No segundo caso, ao contrário, (a revogação como *anormal possibilidade* da relação) essa possibilidade não se apresenta como estruturalmente conatural à própria relação, mas permanece uma mera eventualidade *anormal*, embora possível — fenômeno *patológico* —; então, o sistema de proteção do interesse se apresente como estruturalmente perfeito e completo — embora seja possível uma anormal e possível ruptura, em determinadas circunstâncias —, assim, o próprio interesse se apresenta como verdadeiro e próprio

24 Veja-se a nota 4 do cap. II, §4.

direito perfeito, embora sujeito à possibilidade anormal, de um *enfraquecimento* no caso do exercício do dever-poder de revogação, como ocorre por exemplo, com o direito de propriedade, sujeito à anormal possibilidade de um *enfraquecimento* no caso do exercício do dever-poder de *expropriação* ou de *requisição* pela administração.[25]

5 Segue: b) enfrentamento do problema da indenizabilidade

Com base nesses elementos é fácil resolver o problema concernente à indenizabilidade, ou não, do interesse do destinatário do provimento revogado, lesado pela revogação.

Posto que, na verdade, a indenização representa, como se sabe, a compensação da lesão econômica decorrente do *sacrifício* de um *direito perfeito* que o particular é titular, ou então, como se costuma dizer, o fruto da *conversão* do próprio direito, operada pela administração no caso do exercício de sua atividade legítima, disso derivam as seguintes consequências:[26]

a) A indenização é, sem dúvida, devida no caso de uma revogação que represente uma *possibilidade anormal* em

---

25 N.T. Conforme explicado na nota 18 deste capítulo, consideramos as situações inconfundíveis: a extinção da propriedade pela desapropriação é efeito típico desta, sacrifício do Direito que pressupõe prévia e justa indenização; o dano causado pela extinção do ato por decaimento ou caducidade (e não por revogação, ao contrário do que sustenta Alessi) é efeito atípico do ato — o efeito típico é a extinção do ato anterior e não o dano causado pela extinção —, de modo que a situação não se adequa ao conceito de sacrifício, mas, sim, ao de responsabilidade por atos lícitos, podendo gerar direito ao ressarcimento.

26 N.T. Sobre a divergência conceitual, vide nota 18 deste Capítulo. Para nós é possível responsabilidade por atos lícitos — e não sacrifício — e, pois, na terminologia do autor — ressarcimento — e não indenização. A extinção que gera o direito ao ressarcimento, porém, configure hipótese de decaimento ou caducidade, e não revogação.

relação a direitos constituídos por efeito direto do provimento revogado: por exemplo, no caso da revogação de concessão de canais de águas públicas,[27] ou de concessões com *prazo* de prestação de sérvios públicos.[28] Aqui, na verdade, a revogação representa, indubitavelmente, o *sacrifício* de um direito *perfeito*: vale dizer, a lesão — operada no curso do exercício de uma atividade legítima — de um direito perfeito é fonte, sem dúvida, à luz dos princípios gerais,[29] de sua indenizabilidade.

b) Ao contrário, a revogação não parece ser fonte de indenização quando ela representa uma *possibilidade normal* da relação — tanto em relação aos direitos constituídos por *efeito direto* do provimento revogado, como também em relação aos direitos em que o provimento configura simplesmente a *remoção de um obstáculo* jurídico, que é imposto ao livre exercício dos direitos; desde que, no entanto, a revogação seja realizada tendo em vista o interesse público que foi, por assim dizer, amalgamado na relação,[30] o que significa dizer que a permanência da própria relação era subordinada à compatibilidade com ele: por exemplo, o interesse na melhoria das condições de tráfego no caso de revogação de concessões rodoviárias; o interesse do serviço no caso de revogação de concessões de serviços públicos sem fixação de prazo, e assim por diante.

---

27 Cf. ALESSI, Renato. *La responsabilità della pubblica amministrazione*. 3ª ed. Milano: Giuffrè, 1955, p. 359. Veja-se também o que foi dito *supra*, no cap. II, §4, n. 4.

28 Cf. ALESSI, Renato. *La responsabilità della pubblica amministrazione*. 3ª ed. Milano: Giuffrè, 1955, p. 312. Veja-se também o que foi dito *supra*, no cap. II, §4, n. 4.

29 V. ALESSI, Renato. *La responsabilità della pubblica amministrazione*. 3ª ed. Milano: Giuffrè, 1955, pp. 115 e ss.

30 Cf. RANELLETTI, Oreste. "Facoltà create dalle autorizzazioni e concessioni amministrative". *Rivista italiana de scienze giuridiche*, 1897, p. 289.

É claro, de fato, que, nesse caso, o exercício do dever-poder de revogação — cuja possibilidade normal, como se disse, corresponde a face de menor resistência da estrutura do direito enfraquecido e do sistema de proteção do interesse privado — constitui, por assim dizer, o desaguadouro natural da situação de precariedade em que se encontrava a relação constituída pelo provimento, de modo que a revogação não encontra o direito senão na sua natureza de direito enfraquecido; assim, a revogação não pode representar o sacrifício de um direito, mas apenas a *lesão* de um interesse, e, como tal, não indenizável.[31]

Nenhuma indenização, portanto, é devida, por exemplo, no caso de revogação de concessões rodoviárias,[32] ou de concessões de serviços públicos sem data de encerramento estabelecida,[33] operada, respectivamente, no interesse de melhoria das condições de trânsito ou no interesse do serviço.[34]

---

31 Cf. ALESSI, Renato. *La responsabilità della pubblica amministrazione*. 3ª ed. Milano: Giuffrè, 1955, pp. 115 e ss.

32 Cf. ALESSI, Renato. *La responsabilità della pubblica amministrazione*. 3ª ed. Milano: Giuffrè, 1955, p. 350. Veja-se também o que foi dito *supra*, no cap. II, §4, n. 3.

33 Cf. ALESSI, Renato. *La responsabilità della pubblica amministrazione*. 3ª ed. Milano: Giuffrè, 1955, p. 313. Veja-se também o que foi dito *supra*, no cap. II, §4, n. 3.

34 N.T. Para nós, concessão sem prazo não é concessão, mas permissão, e a revogação de uma permissão não gera direito à indenização. Contudo, em relação à permissão de serviço público, a CF/88 equiparou-a, no art. 175, à concessão (vide Cap. II, Seção I, §4º, rodapé 11). De modo que tanto a concessão de serviço público como a permissão de serviço público são atos bilaterais não precários e, pois, não sujeitos a revogação. Não se admite no Direito brasileiro permissão de serviço público sem prazo, pois a Constituição exige, para ela, a celebração de um contrato administrativo (Cf. MARTINS, Ricardo Marcondes. *Regulação administrativa à luz da Constituição Federal*. São Paulo: Malheiros, 2011, pp. 224-230). Podem, sim, concessão e permissão de serviço público serem extintas por decaimento ou caducidade, que pode gerar direito ao ressarcimento.

c) Por outro lado, a indenização é devida quando a revogação — embora realizada com base no interesse público, ou mesmo em um interesse da mesma ordem que o inerente à edição do provimento — é para um interesse diverso do que estava amalgamado na relação, e a permanência dela era subordinada à compatibilidade com ele. Aqui, na verdade, diante de interesses de natureza diversa, o Direito Privado não é considerado enfraquecido, uma vez que a permanência da relação não é nem impregnada e nem subordinada à compatibilidade com interesses públicos de *qualquer* natureza;[35] caso em que a revogação não pode ser considerada como o desaguadouro natural da precariedade da relação, mas, sim, propriamente um *sacrifício* verdadeiro e próprio — portanto indenizável — de um *direito*.

Com esses princípios, parece que se deve considerar indenizável, por exemplo, a revogação de concessões rodoviárias, operada por um interesse — embora de natureza pública e inerente à gestão dos bens públicos — diverso do interesse de melhoria das condições de trânsito.[36]

Tudo isso, naturalmente, desde que não se trate ainda de revogação *ilegítima*, se realizada com base em interesses de ordem e natureza essencialmente diversos dos inerentes à edição do

---

35 N.T. Conforme já explicado, não concordamos com Alessi de que a revogação, quando não fundamentada numa norma específica, exige um interesse público da mesma natureza que deu ensejo à edição do ato a ser revogado (cf. Cap. II, Seção I, §4º, rodapé 11). A situação precária pode ser extinta, a nosso ver, em decorrência de um interesse diverso do que a justificou. Sendo precária a relação, a extinção não gerará indenização. Sem embargo, caso se admita a impossibilidade de revogação, deve-se verificar se é possível o decaimento ou caducidade, ainda que mediante ressarcimento. Somente se não for possível a extinção por decaimento ou caducidade, impor-se-á a desapropriação do direito mediante prévia indenização.

36 Cf. ALESSI, Renato. *La responsabilità della pubblica amministrazione*. 3ª ed. Milano: Giuffrè, 1955, p. 313.

provimento revogado (por exemplo, uma revogação de concessão de exercício de serviços públicos operada por um escopo fiscal): isso com base em tudo que se disse acima (Capítulo II, §3, n. 3) sobre o limite adicional estabelecido ao dever-poder de revogação, constituído pela subsistência de um interesse da mesma ordem e natureza do inerente à edição do provimento a revogar.[37]

d) Mais delicado é o caso da revogação — representando uma possibilidade *anormal* — de provimentos, no que diz respeito a direitos vinculados com o próprio provimento, no sentido de que este último configura a eliminação de um obstáculo ao seu livre exercício. Na verdade:

aa) A indenização é excluída sempre que a revogação esteja vinculada, de qualquer maneira, a um elemento de *culpa* do particular destinatário do provimento de autorização: o que ocorre, por exemplo, em caso de *abuso*, por parte dele, da atividade autorizada;[38] ou em caso de revogação em seguida à verificação de circunstâncias, relativas ao autorizado, que, se conhecidas, haveriam imposto ou aconselhado a recusa da autorização;[39] ou, ainda, no caso de revogação em seguida à superveniência de circunstâncias *imputáveis ao autorizado*, que tornem oportuna a revogação.[40] [41]

---

37 N.T. Sobre nossa posição, vide Cap. II, Seção I, §4º, rodapé 11; neste capítulo, rodapé 35.

38 Cf. ALESSI, Renato. *La responsabilità della pubblica amministrazione.* 3ª ed. Milano: Giuffrè, 1955, pp. 264 e ss.

39 Cf. ALESSI, Renato. *La responsabilità della pubblica amministrazione.* 3ª ed. Milano: Giuffrè, 1955, pp. 264 e ss.

40 Cf. ALESSI, Renato. *La responsabilità della pubblica amministrazione.* 3ª ed. Milano: Giuffrè, 1955, pp. 264 e ss.

41 N.T. Para nós, a primeira e a segunda hipóteses mencionadas por Alessi são típicos casos de cassação; a terceira hipótese é um caso de invalidação.

bb) Ao contrário, a indenizabilidade pode ser admitida sempre que tal vinculação entre a revogação e um elemento de *culpa* por parte do autorizado falte de modo absoluto: é o que ocorre, por exemplo, em caso de revogação havida como oportuna após verificadas circunstâncias absolutamente independentes do autorizado;[42] ou no caso de revogação após uma mudança de critérios de valoração de oportunidade sobre a continuidade do exercício da atividade autorizada.[43]

e) Pode-se questionar, enfim, se a aposição de uma *reserva de revogação* no provimento a ser revogado poderia ter a eficácia de evitar, no caso de revogação efetiva, o surgimento de uma obrigação, por parte da administração, de indenizar o privado, destinatário do provimento.

Certamente, se a aposição de uma reserva de revogação com tal escopo fosse considerada admissível, ela poderia ter tal eficácia, sob a perspectiva de que a aposição da reserva viria a criar um estado de maior e anormal precariedade da relação, incompatível com a admissibilidade de um verdadeiro direito do destinatário, de modo que possa ser lesado pela revogação. Pode-se, porém, duvidar fortemente da admissibilidade de uma reserva de revogação aposta com tal finalidade, sob a perspectiva de que, com isso, a administração viria a ampliar, tão somente pelo efeito da própria vontade, os limites estabelecidos pela norma ao dever-poder de revogação que lhe foi concedido, o que, como se disse no lugar próprio, não parece inadmissível.

---

42 Cf. ALESSI, Renato. *La responsabilità della pubblica amministrazione.* 3ª ed. Milano: Giuffrè, 1955, pp. 264 e ss.

43 Cf. ALESSI, Renato. *La responsabilità della pubblica amministrazione.* 3ª ed. Milano: Giuffrè, 1955, pp. 264 e ss., com maiores explicações sobre as autorizações em matéria sanitária.

6 Eventual ressarcibilidade do dano decorrente de uma revogação *ilegítima*

Tudo isso vale, naturalmente, para o que se refere a uma revogação *legítima*; no caso de revogação *ilegítima*, como se sabe, não é o caso de uma *indenização*, mas de um *ressarcimento*, verdadeiro e próprio, do dano, com base em uma verdadeira e própria *responsabilidade* da administração.[44] Responsabilidade que encontra sua base jurídica constituída pela *violação* de um direito subjetivo,[45] não apenas nos casos de revogação que represente uma possibilidade *anormal* — subsistindo então a violação de direitos perfeitos — mas também nos casos em que a revogação represente uma possibilidade *normal*: na verdade, como se sabe, os direitos vinculados ao provimento revogado devem ser considerados enfraquecidos somente em face e no âmbito de um dever-poder de revogação legitimamente exercido;[46] ao revés, em face de uma revogação ilegítima — vale dizer, fora dos confins do dever-poder discricionário de revogação, em vista do qual existe justamente a possibilidade de enfraquecimento — há lesão do interesse considerado na sua natureza de direito verdadeiro e próprio.[47]

---

44 Para a diferença entre as duas ordens de conceitos v. a minha obra *La responsabilità della pubblica amministrazione*. 3ª ed. Milano: Giuffrè, 1955, pp. 115 e ss.

45 Cf. ALESSI, Renato. *La responsabilità della pubblica amministrazione*. 3ª ed. Milano: Giuffrè, 1955, p. 78.

46 Cf. ALESSI, Renato. *Sistema istituzionale del diritto amministrativo italiano*. Milano: A. Giuffrè, 1953, p. 458.

47 N.T. Concordamos parcialmente com Alessi. Quando afirmamos (Cap. II, Seção I, §4°, rodapé 3) que a revogação, para nós, não gera direito à indenização (na terminologia do autor, ressarcimento, com as ressalvas já efetuadas – cf. rodapé 18 deste Capítulo), referimo-nos à revogação válida. Caso o ato de revogação seja inválido, a revogação pode, sim, ocasionar a responsabilização civil do Estado e, pois, impor o ressarcimento dos danos. Cf. MARTINS, Ricardo Marcondes. *Efeitos dos vícios do ato administrativo*. São Paulo: Malheiros, 2008, pp. 554 e ss.

Naturalmente, será possível propor a ação de ressarcimento — tratando-se geralmente de revogação *discricionária* — apenas depois da anulação do provimento de revogação pelos órgãos da jurisdição administrativa, porquanto apenas a partir desse momento é excluído o elemento discricionário que impede ao juiz ordinário de conhecer a ação de ressarcimento segundo os princípios expostos em outra ocasião.[48] [49]

7 Problema dos efeitos da revogação em relação a terceiros

Vejamos agora, por último, a questão relativa aos efeitos da revogação em relação a terceiros,[50] que sejam titulares de relações vinculadas, de qualquer modo, à relação principal, intercorrente entre a administração e o destinatário do provimento revogado.[51]

Também aqui a solução da questão é grandemente facilitada pela noção de revogação por nós acolhida, pela qual se deve considerar que a própria revogação não atinge o ato revogado, em si, e sim a relação que dele decorre, e o faz com eficácia meramente *ex nunc*.

---

48 Cf. ALESSI, Renato. *Sistema istituzionale del diritto amministrativo italiano*. Milano: A. Giuffrè, 1953, pp. 456 e ss.

49 N.T. Como se sabe, o Direito brasileiro adotou o modelo inglês, de jurisdição una, e não modelo francês, de contencioso administrativo. Inexistindo contencioso administrativo, a ressalva feita por Alessi não se aplica. A propósito, inexiste no Direito brasileiro, ressalvada a justiça desportiva (CF/88, art. 217, §1º), instância administrativa de cunho forçado: não se faz necessário aguardar a decisão da Administração Pública para propor a ação judicial.

50 Deve-se notar, contudo, que, nessa posição de terceiros encontram-se também os próprios destinatários, no que se refere às relações e direitos secundários, que são titulares, distintos da relação principal e, portanto, apenas indiretamente vinculados ao ato revogado. Também a eles se referem — *mutatis mutandis* — o que for dito em relação aos terceiros.

51 No que se refere à revogação de concessões e de autorizações, v. RANELLETTI, Oreste. "Facoltà create dalle autorizzazioni e concessioni amministrative". *Rivista italiana de scienze giuridiche*, 1897, pp. 289 e ss.

Com base numa tal concepção, realmente é, de fato, claro que as repercussões da revogação sobre direitos de terceiros vinculados ao provimento revogado, devem ser bem menores do que seriam se fosse considerado que a revogação atinge o provimento em si mesmo.

De outra parte, é claro que a própria solução está estritamente ligada à questão referente às relações entre dever-poder de revogação e direitos de terceiros, que estão indiretamente vinculados, de qualquer modo, ao provimento a ser revogado, questão que já foi tratada, substancialmente, (Capítulo II, §4, n. 5) quando se examinou exatamente os direitos indiretamente vinculados ao provimento revogado. Basta, portanto, resumir as conclusões lá formuladas:

a) Com a revogação do provimento com a qual estão indiretamente vinculados, caem também os direitos de terceiros, cujo exercício pressuponha, necessariamente, a permanência da situação jurídica constituída pelo provimento;

b) ao contrário, permanecem os direitos cujo exercício não pressuponha necessariamente a permanência da referida situação.

No primeiro caso, pode-se apresentar a questão sobre uma eventual indenizabilidade pela *lesão* que indubitavelmente advém para o terceiro em consequência da queda de seu direito, após a revogação do provimento ao qual o direito estava indiretamente vinculado.

Essa questão só pode receber resposta negativa, e isso também nos casos em que a revogação representa uma *anormal possibilidade*: na verdade, também nesses casos a lesão resultante para o terceiro não é uma direta consequência da atividade administrativa, pelo que não pode ser considerada consequência de um *sacrifício* do direito do terceiro pela administração, faltando, assim, qualquer base para a indenização.

Tudo isso, naturalmente, no que concerne às relações diretas entre o terceiro e a administração: diversa, na verdade, é a situação em que o terceiro se apresenta na qualidade de *avente causa*[52] do destinatário do provimento revogado: em tal caso, como se admite geralmente,[53] os terceiros têm a possibilidade de propor, contra a Administração, a ação sub-rogatória (art. 2900 C. Civil),[54] agindo em face da própria Administração em substituição do destinatário, no exercício dos direitos deste em face dela. Além disso, o terceiro poderá fruir da ação de regresso, enquanto terceiro credor, da indenização que eventualmente cabe ao destinatário; bem como, enfim, tem a ação contra o destinatário para obter a parte da indenização que lhe possa competir (por exemplo: frutos pendentes, benfeitorias, reparações)[55] em decorrência de contratos privados.

---

52 N.T. Expressão italiana que significa "sucessor a título particular por ato *inter vivos* ou *causa mortis*". Cf. ZINGARELLI, Nicola. *Vocabolario della lingua italiana*. 12ª ed. Bologna: Zanichelli Editore, 2006, p. 186 (N. T.).

53 Cf. RANELLETTI, Oreste. "Facoltà create dalle autorizzazioni e concessioni amministrative". *Rivista italiana de scienze giuridiche*, 1897, pp. 283 e ss.; RESTA, Raffaele. *La revoca degli atti amministrativi*. Milano: A. Giuffrè, 1935, pp. 282 e ss.

54 N.T. Trata-se do art. 2900 do Código Civil italiano de 1942, *in verbis*: "O credor, para garantir que sejam satisfeitas ou conservadas as suas pretensões, pode exercer os direitos e as ações que cabem, contra terceiros, ao próprio devedor, desde que os direitos e as ações tenham conteúdo patrimonial e não se trate de direitos ou de ações que, pela sua natureza ou por disposição de lei, não podem ser exercidas senão pelo seu titular. O credor, quando agir judicialmente, deve citar também o devedor ao qual se pretende sub-rogar". O assunto é disciplinado no art. 349 do Código Civil brasileiro, *in verbis*: "sub-rogação transfere ao novo credor todos os direitos, ações, privilégios e garantias do primitivo, em relação à dívida, contra o devedor principal e os fiadores".

55 Cf. RANELLETTI, Oreste. "Facoltà create dalle autorizzazioni e concessioni amministrative". *Rivista italiana de scienze giuridiche*, 1897, pp. 283 e ss.; RESTA, Raffaele. *La revoca degli atti amministrativi*. Milano: A. Giuffrè, 1935, pp. 282 e ss.

REFERÊNCIAS BIBLIOGRÁFICAS

ALESSI, Renato. *La revocabilità dell'atto amministrativo*. Milano: Giufrrè, 1936.

_____. *Intorno ai concetti di causa giuridica, illegittimità, eccesso di potere*. Milano: Giuffrè, 1934.[1]

_____. *Sistema istituzionale del diritto amministrativo italiano*. Milano: A. Giuffrè, 1953.

_____. "Sul concetto di attività discrezionale della pubblica amministrazione". *Foro Amministrativo*, 1935.[2]

_____. *La responsabilità della pubblica amministrazione*. 3ª ed. Milano: Giuffrè, 1955.

_____. "Ancora in tema di causa del negozio e di legittimità sostanziale dell'atto amministrativo". *Foro di Lombardia*, 1936.

AMORTH, Antonio. *Il merito dell'atto amministrativo*. Milano: A. Giuffrè, 1939.

---

1 Esse estudo foi posteriormente publicado em: ALESSI, Renato. *Scritti Minori*. Milano: Giuffrè, 1981, pp. 1-111 (N.T.).

2 Esse estudo foi posteriormente publicado em: ALESSI, Renato. *Scritti Minori*. Milano: Giuffrè, 1981, pp. 113-134 (N.T.).

_____. "Figura giuridica e contenuto del diritto subiettivo affievolito". *In*: ______. *Scritti giuridici in onore di Santi Romano*. Padova: CEDAM, 1940.[3]

_____. *La nozione di gerarchia*. Milano: Vita e pensiero, 1936.

BARASSI, Lodovico. *Istituzioni di diritto civile*. 2ª ed. Milano: Vallardi, 1921.

_____. *La notificazione necessaria delle dichiarazioni stragiudiziali*. Milano: Società Editrice Libraria, 1906.

_____. *La teoria generale delle obbligazioni*: le fonti. vol. 2. Milano: A Giuffrè, 1946.

BARBERO, Domenico. *Contributo alla teoria della condizione*. Milano: Giuffrè, 1937.

BATTAGLINI, Giulio. "Le pene in rapporto alle sanzioni civili e amministrative". *Rivista di Diritto Pubblico*, Roma, 1924.

BEKKER, Ernst Immanuel. *System der heutigen Pandektenrechts*. Weimar: Hermann Böhlau, 1886.

BENEDICENTI, Luigi. *Contributo allo studio dell'autorità della cosa giudicata nelle giurisdizioni amministrative*. Genova: La Poligrafica Ligure, 1930.

BERNATZIK, Edmund. *Rechtsprechung und materielle Rechtskraft*. Viena: Manz, 1886.

_____. "Kritiche Studien über den Begriff der iustichen Person". *Arch. f. öff. Recht*, 1890.

BERNHÖFT, Franz. *Zur Lehre von den Finktionen, Aus röm. und bürg.* R.f.E., I.

BETTI, Emilio. *Lezioni di diritto processuale civile italiano*. Roma: Il Foro Italiano, 1933.

_____. *Diritto Romano*: parte generale. Padova: CEDAM, 1935.

BODDA, Piero. *I regolamenti degli enti autarchici*. Torino: Fratelli Bocca, 1932.

BONFANTE, Pietro. *Istituzioni di diritto romano*. 8ª ed. Milano: F. Vallardi, 1925.

3 Alessi refere-se ao ano de 1940, mas segundo nossa pesquisa a obra foi publicada em 1939. (N.T).

_____. "Il silenzio nella conclusione dei contratti". *Foro italiano*, 1900.

BORSI, Umberto. *La giustizia amministrativa*. 3ª ed. Padova: CEDAM, 1933.

_____. "Il silenzio della pubblica amministrazione". *Giurisprudenza italiana*, 1903.

_____. "Le funzioni del Comune italiano". *In*: ORLANDO, Vittorio Emanuele (Coord.). *Primo Trattato Completo di Diritto amministrativo italiano*. vol. II, parte II. Milano: Società Editrice Libraria, 1915.

BRONDI, Vittorio. "Autarchia". *In*: _____. *Atti della R. Accademia delle scienze di Torino*. Torino: F.lli Bocca, 1927.

CAMMEO, Federico. *Corso di Diritto Amministrativo*. Padova: La Motolitotipo, 1911.

_____. *Commentario delle leggi sulla giustizia amministrativa*. vol. 1. Milano: Vallardi, [s.d.].

_____. *L'equità nel diritto amministrativo*, 1924.

_____. "Le manifestazioni di volontà dello Stato nel campo del diritto amministrativo". *In*: ORLANDO, Vittorio Emanuele (Coord.). *Primo Trattato Completo di Diritto amministrativo italiano*. vol. III. Milano: Società Editrice Libraria, 1901.

_____. "Sull'abrogazione dei regolamenti per effetto di leggi posteriori". *Giurisprudenza italiana e la legge riunite*, 1914.

_____. "Monopoli comunali". *Archivio Giuridico*. vol. LV, 1895.

CARNELUTTI, Francesco. *Lezioni di diritto processuale civile*. Padova: CEDAM, 1933.

_____. *Istituzioni del nuovo processo civile italiano*. Roma: Foro Italiano, 1941.

_____. *Metodologia del diritto*. Padova: Cedam, 1939.[4]

_____. *Sistema di diritto processuale civile*. vol. 1. Padova: Cedam, 1936.[5]

CARRÉ DE MALBERG, Raymond. *Confrontation de la théorie de la formation du droit par degrés avec les idées el les institutions*

---

4 N.T.: Alessi citou a obra, de modo incompleto, na nota 1 do item 1 do §1 do Cap. II, mas não a inseriu nas referências bibliográficas.

5 N.T.: Alessi citou a obra, de modo incompleto, na nota 3 do item 2 do §1 do Cap. II, mas não a inseriu nas referências bibliográficas.

consacrées par le droit positif français relativement à sa formation. Paris: Sirey, 1933.

CHIOVENDA, Giuseppe. *Istituzioni di diritto processuale civile.* Napoli: Jovene, 1933.

_____. "L 'azione nel sistema dei diritti". *In*: _____. *Saggi di diritto processuale civile.* Roma: Foro Italiano, 1930.

CICALA, Francesco Bernardino. *Rapporto giuridico, diritto subiettivo, e pretesa.* Torino: Fratelli Bocca, 1909.

CODACCI-PISANELLI, Alfredo. "Leggi e Regolamenti". *In*: _____. *Scritti di diritto pubblico.* Città di Castello:[6] S. Lapi, 1900.

CODACCI-PISANELLI, Giuseppe. *L'annullamento degli atti amministrativi.* Milano: A. Giuffrè, 1939.

_____. *L'invalidità come sanzione di norme non giuridiche.* Milano: A. Giufrrè, 1940.

COGNETTI-DE MARTIIS, Raffaele. *La rivocazione della sentenza nella procedura civile.* Torino: Fratelli Bocca, 1900.

COVIELLO, Nicola. *Manuale di diritto civile*: parte generale. vol. 1. Milano: Società editrice libraria, 1910.

CROME, Carl. *System des deutschen bürgerlichen Rechts.* Leipzig: Mohr, 1900.

D'ALESSIO, Francesco. *Istituzioni di diritto amministrativo italiano.* Torino: UTET, 1932-1934.

DE FRANCESCO, Giuseppe Menotti. "La retroattività della legge e la giurisdizione esclusiva del Consiglio di Stato e della Giunta provinciale amministrativa". *Rivista di diritto civile*, Milano, nº 2, nº 18, 1926.

DE RUGGIERO, Roberto. *Istituzioni di diritto civile.* 5ª ed. Messina: Giuseppe Principato, 1928.

DE VALLES, Arnaldo. *La validità degli atti amministrativi.* Roma: Athenaeum, 1917.

_____. "La revocazione degli atti amministrativi". *Foro italiano*, Città di Castello, vol. 44, 1919.

---

6 Alessi indica, erroneamente, a cidade de Milão.

_____. "I servizi pubblici". *In*: ORLANDO, Vittorio Emanuele (Coord.). *Primo trattato completo di diritto amministrativo italiano*. vol. VI, parte I. Milano: Società editrice libraria, 1930.

_____. *Teoria giuridica dell'organizzazione dello Stato*. Padova: CEDAM, 1931.

DONATI, Donato. "Il contenuto del principio della irretroattività della legge". *Rivista Italiana di Scienze Giuridiche*, Roma, ago. 1915.

_____. *L'abrogazione della legge*. Modena: Tipografica Modenese, 1914.

ESPOSITO, Carlo. *La validità delle leggi*: studio sui limiti della potestà legislativa, i vizi degli atti legislativi e il controllo giurisdizionale. Padova: CEDAM, 1934.

FAGGELLA, Donato. *La retroattività delle leggi*. 2ª ed. Torino: UTET, 1922.

FAGIOLARI, Giuseppe. *La giurisdizione di merito del Consiglio di Stato. Studi per il centenario del Consiglio di Stato*. vol. III. Roma: Istituto Poligrafico dello Stato, 1932.

FERRARA, Francesco. *Le persone giuridiche*. Torino: UTET, 1938.

FERRINI, Contardo. "Sulla invalidazione successiva dei negozi giuridici". *Archivio Giuridico*, 1901.

FITTING, Hermann. *Über den Begriff der Rückziehung*. Erlangen: Deichert, 1856.

FLEINER, Fritz. *Droit administratif allemand*. Paris: Delegrave, 1932.[7]

FORTI, Ugo. *Diritto amministrativo*: parte general. vol. I e II. Napoli: Jovene, 1931-1937.

_____. *Il realismo nel diritto pubblico*. Camerino: Tipografia Savini, 1903.

_____. "I controlli dell'amministrazione comunale". *In*: ORLANDO, Vittorio Emanuele (Coord.). *Primo trattato completo di diritto amministrativo italiano*. vol. II, parte II. Milano: Società editrice libraria, 1915.

7 Alessi menciona o título "Droit administratif allemand" e afirma que a tradução é de 1932. Contudo, salvo engano, o título correto é "*Les principes généraux du droit administratif allemand*", obra traduzida do alemão por Ch. Eisenmann e publicada em 1933. (N.T.).

_____. "La revocazione nei ricorsi amministrativi". *In*: _______. *Studi di Diritto Pubblico*. vol. II. Roma: Foro Italiano, 1937.

_____. *La revocazione nei ricorsi amministrativi*. Itália: UTET, 1908.

_____. "Sulla revocabilità dei decreti emessi su ricorso gerarchico". *Foro italiano*, ivi.

_____. "Il silenzio della pubblica amministrazione ed i suoi effetti processuali". *Rivista di diritto processuale civile*, 1932.

FRAGOLA, Giuseppe. "L'invalidità degli atti amministrativi". *Rivista di Diritto Pubblico*, 1910.

FRANCHINI, Flaminio. *La delegazione amministrativa*. Milano: Giuffrè, 1950.

GABBA, Carlo Francesco. *Teoria della retroattività delle leggi*. 3ª ed. Torino: Unione Tipografico Editrice, vol. 1, 1891; vol. 2, 1897; vol. 3, 1897; vol. 4, 1898.

_____. "Il silenzio nel diritto civile". *Giurisprudenza italiana*, 1901.

GALLI. "Recensione" a CODACCI-PISANELLI. *Bollettino bibliografico e rassegna sistematica di giurisprudenza*, Firenze, 1940.

GALLO, Mario. *I rapporti contrattuali nel diritto amministrativo*. Padova: CEDAM, 1936.

GIANNINI, Massimo Severo. *Lezioni di diritto amministrativo*. vol. 1. Milano: Giuffrè, 1950.

GIORGIANNI, Michele. *Il negozio d'accertamento*. Milano: Giuffrè, 1939.

GIRIODI, L. Massimo. "I pubblici uffici e la gerarchia amministrativa". *In*: ORLANDO, Vittorio Emanuele (Coord.). *Primo trattato completo di Diritto amministrativo italiano*. vol. 1. Milano: Società Editrice Libraria, 1900.

GUARINO, Giuseppe. "Potere giuridico e diritto soggettivo". *Rassegna di diritto pubblico*. Napoli: Jovene, 1949.

GUICCIARDI, Enrico. "L'abrogazione degli atti amministrativi". *In*: _____. *Scritti di diritto pubblico in onore di Giovanni Vacchelli*. Milano: Vita e pensiero, 1937.

HAURIOU, Maurice. *Précis de droit administratif et de droit public*. 8ª ed. Paris: Sirey, 1914.

HELLWIG, Konrad. *Anspruch und Klagerecht*. Jena: G. Fischer, 1900.

_____. "Grenzen der Rückwirkung". *In*: _____; FRANK, Reinhard (Coord.). *Festschrift für die Juristische Fakultät in Giessen zum Universitätsjubiläum*. Giessen, 1907.

_____. *Wesen und subjektive Begrenzung der Rechtskraft*. Leipzig: Deichert, 1901.

HENRICH, Walter. "Zur Theorie der Rechtskraft". *Archiv des öffentlichen Rechts*, vol. 46, nº 3, 1924.

IACCARINO, Carlo Maria. *Studi sulla motivazione (con speciale riguardo agli atti amministrativi)*. Roma: Foro Italiano, 1933.

IHERING, Rudolf von. *L'Esprit du droit romain dans les diverses phases de son développement*. Trad. franc. Octave de Meulenaere. Paris: A. Marescq, 1878.

INGROSSO, Gustavo. "Le forme in diritto amministrativo". *Giurisprudenza italiana*, Torino, 1908.

IPSEN, Hans Peter. *Widerruf gültiger Verwaltungsakte*. Hamburg: Kommissionsverlag von Lütcke & Wulff, 1932.

JELLINEK, Walter. *Verwaltungsrecht*. 2ª ed. Berlim: Springer, 1929.

_____. *Gesetz und Verordnung*. Freiburg: Mohr, 1887.[8]

JÈZE, Gaston. "Du retrait des actes juridiques". *Revue du droit public*, 1913.

KELSEN, Hans. *Allgemeine Staatslehre. Enzyklopädie der Rechtsund Staatswissenschaft*. vol. 23. Berlim: J. Spinger, 1925.

_____. *Grundriss einer allgemeinen Theorie des Staates*. Berlim: Rohrer, 1926.

KOHLER, Josef. *Juristische Enzyklopädie*. [s.d.], [s.n.].

KORMANN, Karl. *System der rechtgeschäftlichen Staatsakte*. Berlim: Springer, 1910.

LAUN, Rudofl von. *Das freie Ermessen und seine Grenzen*. Leipzig: Franz Deuticke, 1910.[9]

8 N.T.: Alessi citou a obra, de modo incompleto, na nota 12 do item 2 do §4 do Cap. I, mas não a inseriu nas referências bibliográficas.

9 N.T.: Alessi citou a obra, de modo incompleto, na nota 77 do item 7 do §3 do Cap. I, mas não a inseriu nas referências bibliográficas.

LIEBMAN, Enrico Tullio. *Efficacia ed autorità della sentenza*. Milano: A. Giuffrè, 1935.

LONGO, Carlo. *Corso di diritto romano*. Milano: A. Giuffrè, 1935.

LUCIFREDI, Roberto. "In tema di giurisdizione di merito". *Arch. giuridico*, 1940.

_____. "Forma scritta e prova testimoniale in materia di atti amministrativi". *Rivista di diritto civile*, Milano, 1933.

_____. *L'atto amministrativo nei suoi elementi accidentali*. Milano: A. Giuffrè, 1941.

MANIGK, Alfred. *Willenserklärung und Willensgeschäft*. Berlim: Vahlen, 1907.

_____. *Das Anwendungsgebiet der Vorschriften für die Rechtsgeschäfte*. Breslávia: M&H Marcus, 1901.

MARCHI, Teodosio. *L'istituto giuridico dell'autarchia*. Modena: Società Tipografica, 1904.

MAUNZ, Theodor. *Verwaltung*. Hamburg: Hanseatische Verlagsanstalt, 1937.

MERKL, Adolf. *Allgemeine Verwaltungsrecht*. Vienna & Berlin: Julius Springer, 1927.

_____. *Die Lehre von der Rechtskraft entwickelt aus dem Rechtsbegriff*. Viena: Deuticke, 1923.

MESSINA, Giuseppe. "Sui cosiddetti diritti potestativi". *Studi in onore di Carlo Fadda*, vol. VI. Napoli: L. Pierro, 1906.

MIELE, Giovani. *La manifestazione di volontà del privato nel diritto amministrativo*. Roma: Anonima Romana Editoriale, 1931.

_____. *Principi di diritto amministrativo*. vol. 1. Padova: CEDAM, 1953.[10]

MONTAGNA, Raffaele. "Il silenzio della pubblica amministrazione". *Studi per il centenario del Consiglio di Stato*, vol. II. Roma: Istituto Poligrafico dello Stato, 1932.

MOREAU, Felix. *Le règlement administratif*. Paris: Albert Fontemoing, 1902.[11]

---

10 N.T.: Alessi citou a obra, de modo incompleto, na nota 3 do item 2 do §1 do Cap. II, mas não a inseriu nas referências bibliográficas.

11 N.T.: Alessi citou a obra, de modo incompleto, na nota 12 do item 2 do §4 do Cap. I, mas não a inseriu nas referências bibliográficas.

MORTATI, Costantino. *La volontà e la causa nell'atto amministrativo e nella legge*. Roma: R. De Luca, 1935.

ORLANDO, Vittorio Emanuele. "La giustizia amministrativa". *Trattato di Diritto Amministrativo*, vol. 3, 1901.

OTTAVIANO, Vittorio. "Studi sul merito degli atti amministrativi". *Annuario di diritto comparato e di studi legislativi*, vol. XXII, nº 3. Roma: Istituto Italiano di Studi Legislativi, 1947.

PAPPALARDO, Nino. "In tema di invalidità dell'atto amministrativo per vizi di merito". *In*: _____. *Scritti giuridici in onore di Santi Romano*. Padova: CEDAM, 1940.

PETROZZIELLO, Modestino. *Il rapporto di pubblico impiego*. Milano: Società editrice libraria, 1935.

PICCARDI, Leopoldo. "La distinzione tra diritto e interesse nel campo della giurisdizione amministrativa". *In*: _____. *Studi per il centenario del Consiglio di Stato*. vol. II. Roma: Istituto Poligrafico dello Stato, 1932.

PRESUTTI, Enrico. *Istituzioni di diritto amministrativo italiano*. 3ª ed. Messina: Principato, 1931.

_____. *I limiti del sindacato di legittimità*. Milano: Società editrice libraria, 1911.

_____. *Discrezionalità pura e discrezionalità tecnica*. Torino: Unione tipografico-editrice torinese, Estr. da Giurisprudenza Italiana, vol. 62, 1910.[12]

RAGGI, Luigi. "Sull'atto amministrativo: concetto, classificazione, validità: la revocabilità degli atti amministrativi". *Rivista di diritto pubblico*, 1917.

_____. "Contributo all'apprezzamento del concetto di equità". *Filangieri*, 1919.

_____. *Contributo alla dottrina della rinuncia nel diritto pubblico*. Roma: Athenaeum, 1914.

RAGNISCO, Leonida. "Revoca ed annullamento di atti amministrativi". *Il Foro italiano*, 1907; *Rivista di Diritto Pubblico*, 1911.

---

12 N.T.: Alessi citou a obra, de modo incompleto, na nota 77 do item 7 do §3 do Cap. I, mas não a inseriu nas referências bibliográficas.

_____. *I ricorsi amministrativi*. Roma: Foro Italiano, 1937.[13]

RANELLETTI, Oreste. *Le guarentigie della giustizia nella pubblica amministrazione*. 4ª ed. Milano: A. Giuffrè, 1934.

_____. *Istituzioni di diritto pubblico*. 4ª ed. Padova: CEDAM, 1933.

_____. *Istituzioni di diritto pubblico*. 6ª ed. Padova: CEDAM, 1937.

_____. *Istituzioni di diritto pubblico*. 8ª ed. Padova: CEDAM, 1942.[14]

_____. *Principi di diritto amministrativo*. Napoli: L. Pierro, 1911.

_____. "I poteri del superiore nella gerarchia amministrativa". *Foro Amministrativo*, 1930.

_____. "Il silenzio nei negozi giuridici". *Rivista italiana per le scienze giuridiche*, vol. XIII, 1892.

_____. "Teoria generale delle autorizzazioni e concessioni amministrative". *Giurisprudenza italiana*, vol. 46, 1894.

_____. "Facoltà create dalle autorizzazioni e concessioni amministrative". *Rivista italiana de scienze giuridiche*, 1897.

RAVÀ, Paolo. *La convalida degli atti amministrativi*. Padova: Cedam, 1937.

REGELSBERGER, Ferdinand. *Pandekten*. Leipzig: Duncker & Humblot, 1893.

RESTA, Raffaele. *La revoca degli atti amministrativi*: parte generale. Milano: A. Giuffrè, 1935.

_____. "Revoca, revocazione, abrogazione di atti amministrativi". *Foro Amministrativo*, 1936.

_____. "L'onere di buona amministrazione". *Scritti in onore di Santi Romano*. Padova: CEDAM, 1940.

_____. *Il silenzio nell'esercizio della funzione amministrativa*. Roma: Il Foro Amministrativo, 1932.

ROCCO, Alfredo. *La sentenza civile*. Torino: Fratelli Bocca, 1906.

13 N.T.: Alessi citou a obra, de modo incompleto, na nota 105 do item 10 do §3 do Cap. I, mas não a inseriu nas referências bibliográficas.

14 N.T.: No original consta que se trata da 8ª edição, publicada em 1942. Ocorre que a 8ª edição foi publicada em 1941. Em 1942 foi publicada a 9ª edição.

ROMANELLI, Vincenzo Maria. "Atto di fondazione e riconoscimento della persona giuridica". *Riv. Dir. Comm.*, 1934.

_____. *L'annullamento degli atti amministrativi.* Milano: A. Giuffrè, 1939.

ROMANO, Salvatore. *La revoca degli atti giuridici privati.* Padova: Cedam, 1935.

ROMANO, Santi. *Corso di diritto amministrativo.* 3ª ed. Padova: Cedam, 1937.

_____. *Corso di Diritto Costituzionale.* 4ª ed. Padova: Cedam, 1933.

_____. "Osservazioni sull'invalidità successiva degli atti amministrativi". *In*: _____. *Studi in onore di G. Vacchelli.* Milano: Giufrrè, 1937.

_____. "Teoria dell'annullamento nel diritto amministrativo". *In*: _____. *Nuovo Digesto Italiano.* Verbete: Annullamento. Torino: UTET, 1937.

_____. "La teoria dei diritti pubblici subiettivi". *In*: ORLANDO, Vittorio Emanuele (Coord.). *Primo trattato completo di Diritto amministrativo italiano.* vol. 1. Milano: Società Editrice Libraria, 1897.

_____. "Il Comune". *In*: ORLANDO, Vittorio Emanuele (Coord.). *Primo trattato completo di Diritto amministrativo italiano.* vol. II, parte I. Milano: Società Editrice Libraria, 1908.

_______. *Principi di Diritto Amministrativo Italiano.* Milano: Società Editrice Libraria.

ROUBIER, Paul. *Les conflits de lois dans les temps.* Paris: Sirey, 1929.

SALEILLES, Raymond. *De la déclaration de volonté.* Paris: LDDJ, 1929.

SANDULLI, Aldo M. *Il procedimento amministrativo.* Milano: Giuffrè, 1940.

SATTA, Salvatore. *L'esecuzione forzata.* Milano: Giuffrè, 1937.

SAVIGNY, Federico Carlo Di. *Sistema del diritto romano attuale.* Trad. de Vittorio Scialoja. Torino: [s.n.], 1888.

SCAVONETTI, Gaetano. "L'equità nella pubblica amministrazione". *In*: _____. *Studi in onore di Federico Cammeo.* Padova: Cedam, 1933.

SCIALOJA, Vittorio. *Negozi giuridici.* Roma: Società editrice del foro italiano, 1933.

SECKEL, Emil. *Die Gestaltungsrechte des Bürgerliche Rechts.* Berlin: Otto Liebman, 1903.

SIMONCELLI, Vincenzo. *Studi per Scialoia*, I.[15]

_____. *Il silenzio nel diritto civile*: note a proposito d'una teoria del professor Ranelletti. *Rendiconti del Reale Instituto Lombardo di Scienze e lettere*, série 2, vol. 30, 1897.

SOFIA, Rosario. *La potestà regolamentare dello Stato*. Palermo: Vena, 1930.

SOHM, Rudolf. *Der Gegenstand*. Leipzig: Duncker & Humblot, 1905.

SOMLÓ, Felix. *Juristische Grundlehre*. Leipzig: Meiner, 1927.

SRAFFA, Angelo. "Il silenzio nella conclusione dei contratti". *Giurisprudenza italiana*, 1898.

TEDESCHI, Guido. "Negozi giuridici incompatibili". *Archivio giuridico*, 1929.

TEZNER, Friedrich. *Zur Lehre von dem freien Ermessen der Verwaltungsbehörden als Grund der Unzuständigkeit der Verwaltungsgerichte*. Wien: Manz, 1888.[16]

THON, August. *Norma giuridica e diritto soggettivo*. Padova: CEDAM, 1939.

TRENTIN, Silvio. *L'atto amministrativo*. Roma: Athenaeum, 1915.

TREVES, Giuseppino. *La presunzione di legittimità dell'atto amministrativo*. Padova: CEDAM, 1936.

VAREILLE-SOMMIÈRES. "Une nouvelle théorie sur la rétroactivité des lois". *Revue Pratique de législation*, 1899.

VERDROSS, Alfred. "Zum Problem der Rechtsunterworfenheit des Gesetzgebers". *Juristische Blätter*, nº 45, Jahrgang, 1916.

VITTA, Cino. "La revoca degli atti amministrativi". *Foro amministrativo*, 1930.

_____. *Diritto amministrativo*. 4ª ed. Torino: Unione tipografico-editrice torinese, 1955.

_____. *Il potere disciplinare sugli impiegati pubblici*. Milano: Società editrice libraria, 1913.

---

15 N.T.: Não conseguimos maiores elementos dessa obra, citada por Alessi no rodapé 27 do §1 do Cap. I, sem incluí-la nas referências bibliográficas.

16 N.T.: Alessi citou a obra, de modo incompleto, na nota 77 do item 7 do §3 do Cap. I, mas não a inseriu nas referências bibliográficas.

_____. "La nozione degli atti amministrativi e loro classificazione". *Giurisprudenza italiana*, vol. 58, 1906.

WINDSCHEID, Bernhard. *Diritto dele Pandette*. Trad. com notas de Emilio Fadda e Paolo Bensa. Torino: Unione Tipografico-Editrice Torinese, 1930.

ZANOBINI, Guido. *Corso di diritto amministrativo*. 7ª ed. Milano: Giuffrè, 1955.

_____. "L'attività amministrativa e la legge". *Rivista di Diritto Pubblico e la Giustizia amministrativa*, nº 7-8, Roma, jul.-ago. 1924 [Alessi faz referência ao ano de 1922].

_____. "A proposito dell'errore di fatto come vizio degli atti amministrativi". *Rivista di Diritto Pubblico*, 1927.

_____. *Le sanzioni amministrative*. Torino: Bocca, 1924.

_____. "L' esercizio privato delle pubbliche funzioni e dei servizi pubblici". *In*: ORLANDO, Vittorio Emanuele (Coord.). *Primo trattato completo di Diritto amministrativo italiano*. vol. II, parte III. Milano: Società Editrice Libraria, 1935.

_____. "Sull'amministrazione pubblica di diritto privato". *Rivista di Diritto Pubblico*, 1918.

ZITELMANN, Ernst. *Internationales Privatrecht*. vol. 2. Leipzig: Erster Band, 1895.

REFERÊNCIAS BIBLIOGRÁFICAS DA INTRODUÇÃO E DAS NOTAS DE TRADUÇÃO

ALESSI, Renato. *Principi di diritto amministrativo*. vol. 1. Milano: A. Giuffrè, 1966.

_____. *La responsabilità della pubblica amministrazione*. 2ª ed. Milano: Giuffrè, 1951.

ÁVILA, Humberto. *Teoria da segurança jurídica*. 3ª ed. São Paulo: Malheiros, 2014.

BANDEIRA DE MELLO, Celso Antônio. *Curso de direito administrativo*. 34ª ed. São Paulo: Malheiros, 2019.

_____ *Ato administrativo e direito dos administrados*. São Paulo: Revista dos Tribunais, 1981.

_____. *Discricionariedade e controle jurisdicional*. 2ª ed. São Paulo: Malheiros, 1996.

BATALHA, Wilson de Souza Campos. *Direito intertemporal*. Rio de Janeiro: Forense, 1980.

BOSCO, Umberto. *Lessico universale italiano*. Roma: Istituto della Enciclopedia Italiana, 1968.

DI PIETRO, Maria Sylvia Zanella. *Direito administrativo*. 25ª ed. São Paulo: Atlas, 2012.

DUGUIT, Léon. *Las transformaciones del derecho público*. Trad. de Adolfo Posada e Ramón Jaén. Reimpr. Navarra: Analecta, 2006.

FARIA, Ernesto. *Dicionário latino-português*. Belo Horizonte: Garnier, 2003.

FERRAZ JUNIOR, Tercio Sampaio. *Introdução ao estudo do direito*. 5ª ed. São Paulo: Atlas, 2007.

FERREIRA, Douglas Dias. *Verba juris* – dicionário latim jurídico e dos costumes. Leme: LiberLux, 2019.

GARCÍA DE ENTERRÍA, Eduardo; FERNÁNDEZ, Tomás-Ramón. *Curso de derecho administrativo*. vol. 1, 11ª ed. Madrid: Civitas, 2002.

GARCÍA DE ENTERRÍA, Eduardo; FERNÁNDEZ, Tomás-Ramón. *Curso de direito administrativo*. vol. 1. Trad. de José Alberto Froes Cal. São Paulo: Revista dos Tribunais, 2014.

GORDILLO, Agustín. *Tratado de derecho administrativo*: el acto administrativo. tomo 3. Belo Horizonte: Del Rey, 2003.

GORDILLO, Agustín. *Tratado de derecho administrativo*: el acto administrativo. tomo 3. 2ª ed. colombiana. Medellín: Biblioteca Jurídica Diké; Fundación de Derecho Administrativo, 2001.

HOUAISS, Antônio; VILLAR, Mauro de Salles (Coord.). *Dicionário Houaiss da língua portuguesa*. Rio de Janeiro: Objetiva, 2009.

ITALIA, Vittorio; LANDI, Guido; POTENZA, Giuseppe. *Manuale di diritto amministrativo*. 30ª ed. Milano: Giuffrè, 2002.

KELSEN, Hans. *Teoria pura do Direito*. Trad. de João Baptista Machado. 6ª ed. Coimbra: Armênio Amado, 1984.

MARTINS, Ricardo Marcondes. "Ato administrativo". *In*: ______; BACELLAR FILHO, Romeu Felipe. *Tratado de direito administrativo*: Ato administrativo e procedimento administrativo. vol. 5, 2ª ed. São Paulo: Revista dos Tribunais, 2019.

______. "Descentralização administrativa e contrafações". *Interesse Público*, Belo Horizonte, ano 21, nº 114, mar.-abr. 2019.

______. *Estudos de direito administrativo neoconstitucional*. São Paulo: Malheiros, 2015.

_____. *Efeitos dos vícios do ato administrativo*. São Paulo: Malheiros, 2008.

_____. *Teoria jurídica da liberdade*. São Paulo: Contracorrente, 2015.

_____. "Cassação de aposentadoria de servidores públicos". *Revista Internacional de Direito Público* (RIDP), Belo Horizonte, ano 4, nº 6, jan.-jun. 2019.

_____. "Estatuto das empresas estatais à luz da Constituição Federal". *In*: _____; DAL POZZO, Augusto Neves. *Estatuto jurídico das empresas estatais*. São Paulo: Contracorrente, 2018.

_____. *Regulação administrativa à luz da Constituição Federal*. São Paulo: Malheiros, 2011.

_____. "Princípio da liberdade das formas no Direito Administrativo". *In*: BANDEIRA DE MAXIMILIANO, Carlos. *Hermenêutica e aplicação do direito*. 16ª ed. Rio de Janeiro: Forense, 1997.

_____. "Princípio da liberdade das formas no Direito Administrativo". *In*: BANDEIRA DE MELLO, Celso Antônio (*et al.*). *Direito administrativo e liberdade*. São Paulo: Malheiros, 2014.

MEIRELLES, Hely Lopes. *Direito administrativo brasileiro*. 2ª tiragem, 16ª ed. São Paulo: Revista dos Tribunais, 1991.

MELLO, Celso Antônio (*et al.*). *Direito administrativo e liberdade*. São Paulo: Malheiros, 2014.

MOUSSALLEM, Tárek Moysés. *Fontes do direito tributário*. São Paulo: Max Limonad, 2001.

_____. *Revogação em matéria tributária*. São Paulo: Noeses, 2005.

OLGUÍN JUÁREZ, Hugo Augusto. *Extinción de los actos administrativos*: revocación, invalidación y decaimiento. Santiago: Editorial Jurídica de Chile, 1961.

OLIVEIRA, Regis Fernandes. *Delegação e avocação administrativas*. 2ª ed. São Paulo: Revista dos Tribunais, 2005.

PONTES DE MIRANDA, Francisco Cavalcanti. *Tratado de direito privado*. vol. XXVI. São Paulo: Revista dos Tribunais, 2012.

RABINOVICH-BERKMAN, Ricardo D. *Derecho Romano*. Buenos Aires: Astrea, 2001.

ROMANO, Santi. *Frammenti di un Dizionario Giuridico*. Milano: Giuffré,1947.

SANDULLI, Aldo M. *Manuale di diritto amministrativo*. Napoli: Casa Editrice Dott. Eugenio Jovene, 1952.

SILVA, De Plácido. *Vocabulário jurídico*. 31ª ed. Rio de Janeiro: Forense, 2014.

SILVA, José Afonso da. *Curso de direito constitucional positivo*. 42ª ed. São Paulo: Malheiros, 2019.

SUNDFELD, Carlos Ari. "Discricionariedade e revogação do ato administrativo". *Revista de Direito Administrativo e Infraestrutura – RDAI*, São Paulo, ano 2, vol. 6, jul.-set. 2018.

TALAMINI, Daniele Coutinho. *Revogação do ato administrativo*. São Paulo: Malheiros, 2002.

VIRGA, Pietro. *Il provvedimento amministrativo*. Milano: Giuffrè, 1968.

_____. *Il pubblico impiego dopo la privatizzazione*. Milano: Giuffrè, 1995.

ZANICHELLI. *Dicionário italiano-português/português-italiano*. 8ª ed. Bologna: Zanichelli; Porto, 2006.

ZINGARELLI, Nicola. *Vocabolario della lingua italiana*. 12ª ed. Bologna: Zanichelli Editore, 2006.

NOTAS

NOTAS

NOTAS

NOTAS

NOTAS

NOTAS

NOTAS

NOTAS

NOTAS

NOTAS

NOTAS

A Editora Contracorrente se preocupa com todos os detalhes de suas obras!
Aos curiosos, informamos que este livro foi impresso no mês de maio de 2022, em papel Pólen Natural 80g, pela Gráfica Grafilar.